新知
文库

46

XINZHI

Climate Made
History

气候创造历史

[瑞士] 许靖华 著　甘锡安 译

生活·讀書·新知 三联书店

Simplified Chinese Copyright © 2014 by SDX Joint Publishing Company.
All Rights Reserved.

本作品中文简体版权由生活·读书·新知三联书店所有。
未经许可，不得翻印。

本书中文简体字版由联经出版事业公司授权，原著名为 *Climate Made History*，中文繁体字版名为《气候创造历史》，本书译稿由联经出版事业公司授权出版。

图书在版编目（CIP）数据

气候创造历史／（瑞士）许靖华著；甘锡安译．—北京：生活·读书·新知三联书店，2014.5（2019.3 重印）
（新知文库）
ISBN 978–7–108–04787–8

Ⅰ.①气… Ⅱ.①许… ②甘… Ⅲ.①气候变化–影响–世界史–研究 Ⅳ.① K109

中国版本图书馆 CIP 数据核字（2013）第 273594 号

责任编辑		徐国强
装帧设计		康　健
责任印制		徐　方
出版发行		生活·讀書·新知 三联书店
		（北京市东城区美术馆东街 22 号 100010）
网　　址		www.sdxjpc.com
图　　字		01-2018-6025
经　　销		新华书店
印　　刷		北京隆昌伟业印刷有限公司
版　　次		2014 年 5 月北京第 1 版
		2019 年 3 月北京第 7 次印刷
开　　本		635 毫米 × 965 毫米　1/16　印张 18.5
字　　数		242 千字
印　　数		30,001–35,000 册
定　　价		36.00 元

（印装查询：01064002715；邮购查询：01084010542）

新知文库

出版说明

在今天三联书店的前身——生活书店、读书出版社和新知书店的出版史上，介绍新知识和新观念的图书曾占有很大比重。熟悉三联的读者也都会记得，20世纪80年代后期，我们曾以"新知文库"的名义，出版过一批译介西方现代人文社会科学知识的图书。今年是生活·读书·新知三联书店恢复独立建制20周年，我们再次推出"新知文库"，正是为了接续这一传统。

近半个世纪以来，无论在自然科学方面，还是在人文社会科学方面，知识都在以前所未有的速度更新。涉及自然环境、社会文化等领域的新发现、新探索和新成果层出不穷，并以同样前所未有的深度和广度影响人类的社会和生活。了解这种知识成果的内容，思考其与我们生活的关系，固然是明了社会变迁趋势的必需，但更为重要的，乃是通过知识演进的背景和过程，领悟和体会隐藏其中的理性精神和科学规律。

"新知文库"拟选编一些介绍人文社会科学和自然科学新知识及其如何被发现和传播的图书，陆续出版。希望读者能在愉悦的阅读中获取新知，开阔视野，启迪思维，激发好奇心和想象力。

生活·读书·新知三联书店
2006年3月

目 录

关于本书——将绘画风格融入写作 　　1

前　言 　　6
第一章　小冰川期的大饥荒 　　11
第二章　别怪匈奴，祸首是气候 　　32
第三章　中世纪温暖期的贪婪征服 　　54
第四章　雅利安人原来是北欧人 　　80
第五章　从尼安德特人到雅利安人 　　103
第六章　离开寒冷的北方 　　139
第七章　气候变化的循环 　　163
第八章　新世界与其他地区的全球变迁 　　183
第九章　气候创造历史？ 　　206
第十章　盖亚与它的温室 　　219
第十一章　太阳与气候 　　237
第十二章　气候学的意识形态、宗教与政治 　　254
后　记 　　277

关于本书——
将绘画风格融入写作

科学家经常讲自己的一套语言，但一般大众往往不容易理解这种语言。其实我们不一定非得使用科技行话或数学公式不可，以日常生活语言传达的科学往往也很合乎科学要求。有些人认为完整的科学概念和浅显易读两者不可兼得，因为如果要顾及浅显，就必须牺牲科技词汇的精确性。这点我不同意。为一般大众写过三本科学书之后，我仍在继续努力。我学音乐的儿子安德鲁说过，科学家的职责是寻求真理，画家、雕塑家或作曲家也是一样。艺术家或许有值得我们学习之处，我也可以试着以艺术家作画的方式来写作。

画画时首先要考量的是画布大小。画布的尺寸可能依直觉选择，也可能是随意决定。我写作的习惯是将一本书分成十二章。出版社也很喜欢这样，我们签的合约是将我的想法分成十二章，每章为二十页左右，因此我有十二张画布可以发挥。

在尺寸限制下，画像或信息必须呈现不同形式的清晰和简洁。必须具备相关的经济性，同时必须浅显易懂。添加趣闻或明显无关的东西可以缓和过度集中的精神，这和伦布兰特（Rembrandt）的画作《夜巡》（Nightwatch）中黑色背景衬托出光的信息一样。

插图能更容易地将信息传达出来，但本书完全没有插图。我接受了一位编辑的建议：参阅图解或插图容易让读者分心，而且不应该企图以插图取代差劲的文字。达尔文深知这一点，因此在他的《物种起源》一书中，除了一张图表之外没有其他任何插图。

本书并不是包罗万象、针对所有人撰写的一本书，不过如果大众有兴趣更深刻地了解一些常识，就很适合看这本书。我采用日常生活语言，尽量少用人名、科学名词或数学符号。人名可能是必要的。对唐、宋、元、明、清诸朝历史熟悉程度不及一般中国学童的外国读者，可能会觉得有几章不大好懂，而对外国语言学了解不多的中国读者，因此同样也会对个别繁衍族群和语言的散播感到困惑。读者或许可以先跳过看不懂的章节，等日后对民族、地方、语言、历史、科学和宗教等许多领域普遍有兴趣以后再回头阅读。

优异的学术水准需要依据参考文献。我有责任为一般读者提供充足的氛围，但是步调要有所改变，必须有紧有松。我也有责任为学术界的同僚提供脚注。

选定主题之后，我必须寻求达成目标的方法。主题素材可说包罗万象，从一般常识到"不可知的"都包括在内。我的朋友阿尔弗雷德·特拉韦尔斯（Alfred Traverse）读了德文译本，他告诉我说，我应该写四本书：第一本是文集《气候创造历史》——也就是本书德文版的书名；第二本是学术著作，探讨"印欧人的起源"；第三本表达我对人类进化和史前史重建工作的个人意见；最后一本则是谈论气候变迁、政治和宗教的文集。书的内容很广，而我个人的经历也很复杂，我表达了一个国籍为瑞士和美国，但居住在英国的中国人的感想。我不可能以相同的方式写四本不同的"书"，因此我开始向视觉艺术大师学习，尝试以四种不同的风格写四本"不同"的书。

四本书中的第一本是针对学历史的学生而写。工业革命之前，国家经济的主要基础是农业。边缘地区遭遇恶劣气候，将造成农作物歉收和农村居民移出。这是本书前三章的主题。我曾经认为，全球暖化对人类而言说不定反而是好事，但仔细读过中世纪最适期的历史后，我的想法很快就改变了。没错，良好的气候带来丰收，但丰衣足食不一定会带来和平。粮食供给增加造成人口压力增加，进而导致军事扩张。全球暖化反而显露出人类最恶劣的天性——贪婪，从而造成历史的大不幸。

　　这里采取的写作风格是印象派。历史事实都是有些含糊，显而易见的东西也不必多所着墨。在中国水墨画风格中，简单几笔就能传达出意象。由于读者应该已经很清楚史实，所以不需要详细讲述。相反地，夸张地描写人物和主观地诠释事件，效果或许会比较好。我试着在最初两章中提出一点，就是人类在走投无路时会铤而走险，人民会造反、劫掠，会因为需求而发动战争。距今最近的两次小冰川期中，就曾出现这样的危急之秋。当然，在这些时期还发生了许多事，但这两章特别着重在气候对人类迁徙的影响。

　　第三章的撰写方式类似莫奈绘制最后的《睡莲》，这些画作看来模糊迷蒙，似乎缺乏焦点。我必须提到许多民族和许多地方：阿布扎比的巨石建造者、阿拉伯的贝都因人、宁夏的西夏人、西藏的羌人、亚洲中部塞尔柱和奥斯曼的突厥人、金人、辽人，还有西伯利亚和蒙古的蒙古人、俄罗斯的斯拉夫人、阿勒曼尼人（Alemanni）、法兰克人、德国的撒克逊人，以及瑞典、挪威和丹麦的维京人等等。我介绍了他们的征服历程，范围遍及数十个国家和民族的历史，时间则横跨五六个世纪。

　　这样不会太混乱吗？

　　没错，这一章看起来很混乱，因为征服时代本身就是一段混乱的时期。人类受贪婪所驱策，每个人都投入行动。如果记不住这么多名称、这么多地方，或者这么多事件也没关系，我只想传达一个信息，就是气候最好的这六百年，也是充满贪婪和征服的战争时期。

　　选择以历史作为主题，无疑是让自己身陷险境。每个人都知道一点历史，某些人对某些事物的了解可能比我多出许多。为了浅显易懂，偶尔我会放纵一下，在事实显得枯燥时来点不一样的变化。我也可能有错误之处，但我应该已经成功传达了丰衣足食和需求具有循环性的印象。

要解决在科学上相当复杂、在政治上也相当敏感的印欧人的起源、尼安德特人（Neanderthal）的进化，以及美洲原住民史前史这些争议问题，印象主义是行不通的。四本书中的第二本《气候与史前史》介绍片段的事实，同时呈现许多想法。在这里我使用另一种技巧，就如修复人员准备复原拜占庭的马赛克作品，但保留下来的马赛克碎片极少，就必须聪明地加以猜测。我们对雅利安人、尼安德特人、瓮棺墓地人、阿纳萨齐人（Anasazi）、玛雅人或印加人所知太少。维科列夫斯基或丹尼肯（Erich von Daniken）可能会让想象力不受控制地自由奔驰。但科学家有语言学、考古学、人类学、遗传学和古气候学的发现所加诸的限制——这些碎片都是保留下来的马赛克碎片。 然而修复人员有一项优势，就是整体性。 由于是一个整体，因此每片马赛克碎片都属于同一张画，而且只有一张画。尽管不完整，但它们一定互相吻合，才能构成一张画，也就是一个范例。这个范例就是气候和人类迁徙的关联。

撰写四本书中的第三本时，我必须大胆采取主观方式，探讨历史理论和气候理论。气候变迁的范围是否遍及全球？气候对"新世界"造成了什么冲击？而对其他地区，尤其是气候变迁对农业经济影响不那么明显的地区，气候又有什么冲击？在提出个人的主观诠释时，我自作主张模仿了表现主义派画家。一个人看到拜占庭的玛丽亚或哥特的圣母像时，看到的不是各部分比例都不对的拙劣画像，只会看到虔诚、平静和爱，这不是言语所能描述的。我不应该称自己的文字作品已经达到这种主观感受的最高境界，只是想传达一种信息。本书有一种主观看法，认为气候是驱动机制；有一种主观看法，认为全球暖化对人类原本应该是好事，但贪婪可能弥漫全世界；有一种主观看法，认为"大地之母盖亚会给予我们必要的东西"；还有一种主观看法，认为太阳神掌管人类的最终命运。

参与公众资讯服务之后，我觉得我应该可以在最后添加几则逸闻，表达一些个人观点，同时描写一位偶像。第四本书是我近五十年职业生涯即将告一段落时的总结。我和宋朝理学家一样，发现了主宰宇宙、生命、社会、个人身体与心灵的共通定律。当我们得以一窥上帝广阔无边的智慧时，气候学的政治和科学似乎都显得无关紧要了。

我并没有为了背离我的知识的外表面貌而沉迷于这种与视觉艺术对照的快乐。我写作时已经预料到读者可能不满意，以及可能加以批评，于是只能寄望读者手下留情。

许多人在本书撰写过程中提供了大力协助。我要特别感谢我的家人的耐心，他们有不少晚餐时间花在跟我反复争辩上。另外，我还想特别向凯尔特（Celt）、吉什（Daniel Gish）、马古利斯（Lynn Margulis）和其他几位曾经读过全部或部分初稿的朋友致谢，他们的指教使这本书更加完善。

前　言

　　1996年夏初，我在结束长假返回苏黎世时，我的秘书拿给我一叠信件，其中有一位英国学生寄来的几封长信，信中问了许多问题：

　　"生态灭绝"是否真的可能发生？
　　我们是否正目睹一场规模大到难以想象的生物大浩劫？
　　孟加拉国是否很快就会变成水下国家？
　　沙特阿拉伯是否会在2100年之前完全无水可用？
　　我们是否会接受政府间气候变化专门委员会（IPCC）的预测，认为全球暖化将造成大洪水、干旱和暴风雨？
　　我们是不是快没有时间了？
　　盖亚是否能拯救我们？

　　当时我不在瑞士，没办法回信。这位年轻人显然相当心急，甚至在最后一封信里提到愿意付费取得服务。我觉得这个家伙八成是疯了，还是他想成立某种奇怪的宗教？因为好奇，我回了他一封信，表示可以受聘当他的顾问。后来我就接到电话：

　　"许先生，请问您的顾问费用怎么算？"
　　"通常是一天一千美元。"

"我愿意付这个费用,但我还在念书,可以给我个折扣吗?"

"你想知道些什么?你是在某个宗教教派工作的狂热分子吗?"

"喔,不是的,我把希望都寄托在盖亚上,而且我看过您在《地质杂志》上写的文章。"

他说的是我针对詹姆斯·洛夫洛克(James Lovelock)的构想所提出的解释:地球女神盖亚一直在照料我们这个行星,让它适合居住。当然,地球一直都会适合居住,但不一定适合智人居住。

经过冗长的讨论之后,这位求知欲极强的年轻人博得了我的同情,我很想为他做些什么,后来我问:

"你为什么问了这三十七个问题?你打算怎么用我的答案?"

"因为我很害怕。我只想知道我们是不是快没有时间了。或许现在我们得做点什么,或许现在我必须做点什么!"

"这样的话,年轻人,你确实有理由担心,但也不需要杞人忧天。我能理解你有很好的理由想当个环保行动人士。我很乐意帮忙,我可以回答你的三十七个问题,你也不用付钱给我,我是个教授,现在已经退休了,而且我不会跟学生收钱。我只是不确定什么时候找得到时间。除此之外,恐怕我必须写一本书才能充分解答。"

"您为什么不写一本书?"

"没错,只要我找得出时间,有何不可?"

"但是您必须找出时间。您必须让我们知道人类是否面临灭绝。"

"不是的,人类并没有面临灭绝。世界末日或许哪天会到来,但在你我有生之年应该不会到来。"

"温室灾难不是生态灭绝吗?我上星期刚刚听过一次演讲。

那位教授说，燃烧化石燃料会使地球变得无法居住。他认为人类会在未来几十年内灭绝，除非我们下定决心彻底改变。"

"他讲得完全是无稽之谈。我们只是刚脱离小冰川期，目前的全球暖化现象是自然趋势。而且最重要的是，全球性地球暖化对我们是好事。"

"我好像更糊涂了，请把您的书写好吧！"

1995年12月，一位访客从英国前来造访，而且显得相当急切。他说服了我，让我认为我应该投身公众服务，也就是写一本书以及参与生态运动。我跟他说我没有时间，而且我也不想当行动派人士。我很清楚意识形态的危险之处。进化论在德国助长了邪恶的意识形态蔓延，引发了第一次和第二次世界大战。

他认为我可以写畅销书赚大钱。这一点听起来很有吸引力，但我很快就打消了这个念头。要写作畅销书，作者必须牺牲一些东西：他必须迎合大众，但我并不擅于此道。不行，我不想写"普及型书籍"。现在我的目标是针对想一窥人类智慧传承的一般大众，写一本浅显易读的专门论著。我对人类的历史很有兴趣，而且一直想学历史或考古学，但我还是因为孝顺而遵照父亲指示，选择了比较有用的东西：地质学。但直到从大学教职退休之后，我才发现，我的专业经验就是为了破解人类过去的谜团。

我们都想了解我们的过去。我们从何处来？我们称为"民族"的个别繁衍族群的起源是什么？我们如何学习说话？人类如何从"露西"进化成现代的智人？我一直很好奇，而在毕生投身研究气候学之后，我才找到答案：气候创造历史。

我们是第一批人类的后代，他们可能居住在非洲某地。几百万年后，直立人族群散播到"旧世界"所有的大陆。基因突变在非洲造成了第一批智人，并于十万年前迁徙到中东地区。他们可能是史上第一种会讲话的动物，而且将语言教给世界各地的原有居民，也在世界各地和不同族群的直立人混血繁衍后代。他们跟尼安德特人混血的后代是克罗马侬人（Cro-Magnon），后来又进化成欧洲北部的第一批印欧人。在世界其他地方，混血族群是欧洲的非印欧人族群，例如巴斯克人（Basque）、伊特鲁里亚人（Etruscan）、高加索人等。印度的前阿莱亚斯族群，中国的"山顶洞人"，东南亚、大洋洲、澳大利亚地区的原住民，亚洲北部的部族后来成为使用乌拉尔—阿尔泰语系、汉藏语系，以及美洲—印第安语系各种语言的民族。

我撰写此书原本的目的是援引历史，主张近年来的全球暖化不是人类造成的，详读历史就能发现它的循环形态。史前史与历史上的人口迁徙，其起因也都是气候的周期性变化。全球冷化时期，边缘可耕作地区的民族（例如印欧人、日耳曼人、亚洲北部人、阿纳萨齐族群等）都必须到其他地区寻找更肥沃的土地。而在全球暖化时期，人口过剩和贪婪反而成为征服和殖民的动机，包括巴比伦人、埃及人、腓尼基人、罗马人和中国的汉族人，接下来是维京人、阿拉伯人、突厥人、蒙古人，最后则是19世纪和20世纪的欧洲帝国主义。

我认为历史上的气候变迁不完全是温室效应所造成，而且发现它与太阳有关。在自省的时刻，向宗教和人性中潜藏的善寻求慰藉。我们是智人，应该懂得控制我们的聪明才智。

跨越地质学、古气候学、考古学、人类学、语言学、遗传学和天文学各个领域时，我必须仰赖各领域的专家验证我的理解。我专精的领域一直是地质学和古气候学，因此得力于其他专家甚多，尤其是读过本书全部或部分手稿的彼得·詹姆斯（Peter James）（考古学）、罗伯特·艾克哈特（Robert Eckhart）（体质人类学）、王士元（William S. Y. Wang）和维克多·梅尔（Victor Mair）（语言学）、林恩·马古利斯和阿尔弗雷德·特拉韦尔斯（遗传学）以及查尔斯·佩里（Charles Perry）（天文学）等。

我希望撰写一本浅显易读的专门著作，但各章之间互相独立。如果只对这个议题的某些部分有兴趣,而不打算全面了解,或许可以只读某几章,而略过其他章节。研究历史的人或许不需要知道盖亚和太阳,而自然科学家或许不会对人类迁徙的可怕详情感兴趣。探讨气候学的科学、政治与宗教的最后一章,是适合所有人阅读的散文。这是我的座右铭:生命是对上帝的服务,死亡则是收获。

第一章
小冰川期的大饥荒

> 崇祯六年至十六年间，全国大旱，遍地饥荒。人民在饥饿下相食。
>
> ——据《明史》

台湾某座湖中黑色泥土里两道白色的沙尘，促使我开始研究过去的气候。较上面一道的年代是16—17世纪，来自曾经是中国谷仓的黄土盆地。当时远东地区寒冷干旱，饥饿的农民向北京蜂拥而至。当时欧洲正值小冰川期，阿尔卑斯山冰川向前推进，欧洲北部夏季潮湿，冬季非常寒冷。各地农作物歉收，瓦伦斯坦的铁骑蹂躏欧洲中部。这是一段极为艰苦的饥荒时期。

大鬼湖中的沙尘

我进大学时本来想念历史，但因为父亲要我学比较有用的科目而改变主意。因此我读了自然科学，但一直对历史很有兴趣。成年之后，我因为工作的关系经常出差，手边一定会带一两本所要造访国家的历史书，另外我也经常读历史小说当作消遣。我对成为历史学者已经不抱希望，但命运将改变这一切。我退休后来到台湾，在因缘际会之下，我竟然找到了专业和业余兴趣之间的关联。

1948年我从上海前往美国，那时候我从来没有到过台湾。我们这些年轻学生不是共产党员，就是共产主义的支持者。毛泽东成立中华人民共和国后，我们都想为人民服务，但我回不了中国。当时朝鲜战争已经爆发，正值所谓的"麦卡锡时代"。美国担心我们这些敌对外国人可能会协助中国制造原子弹，不容许我们离开美国。我们的确也不可能回去，因为美国总统颁布行政命令，规定不准发给来自中国的科学家和工程师出境许可。朝鲜战争停战之后，我才得以回到中国，但为时已晚，我已经在美国定居了。

我第一次回去的机会是1977年，也就是"文化大革命"之后，后来我每年夏天都回中国大陆。我在台湾的朋友也很想跟我碰面，但我都拒绝了，因为我不想跟蒋介石的追随者扯上关系。后来，我的想法开始改变，我加入一群志同道合的海外华人中，开始为台湾的华人服务。

我写信给在台湾的朋友，说我要去台湾。他知道我在史前气候学方面有相当经验，安排我担任台湾全球气候变迁计划的技术顾问。我于1994年7月来到台湾，准备前往台湾大学就任新工作。不过，不需要我负责教学或研究工作，我的职责只是跟研究人员讨论，给他们一些想法。

我的女老板是位史前植物学家。她研究沉积物成分中的花粉，探讨台湾的气候变迁。不过，研究成果的精确程度受到研究方法本身特性的限制。海相沉积岩分析可解析的最小时间单位只能达到十万年或一万年。因此，史前植物学家只能看到持续这么长时间的重大变化。她知道我们以纹泥（也就是湖中每年的沉积层）当作气候的编年史时，就向我们寻求协助。她一位学生研究的正是湖内沉积物，或许我可以提供一些意见给他。

他来找我，给我看了大鬼湖的钻心样本照片，跟我说："高雄一所大学的陈教授给了我们这些钻心。他负责分析地质化学成分，我负责研究沉积物。"

我看了照片，钻心看来没什么不寻常。这座湖位于海拔 2000 米以上，沉积物主要是黑泥，成分是来自周围森林的岩屑和植物碎片。不过真正吸引我注意的东西，是里面有两层薄薄的沉积物，看起来相当显眼，因为这两层沉积物不是黑色，而是接近雪白的白色。

我问道："这是什么？"

他说："我不知道，陈教授叫它'两道白带'。"

"它为什么是白色的？"

"不知道，刘教授研究过黑泥中的花粉。黑泥来自森林，但白带里面没有花粉。"

"不是从森林里来的，会是从哪来的？"

"不知道，陈教授说是从外地来的。"

"他这么说是什么意思？"

"意思是这不是台湾本地的东西，而是从大陆来的。"

"它怎么跑到海拔这么高的湖里？走上来的吗？"

"当然不是，它必须先越过台湾海峡。"

"它是游泳过来的吗？"

"当然不可能，即使游泳过来，也不可能从海边走上来。"

"那么它是飞过来的啰？"

这位年轻人犹豫了一下，回答道："不知道，可能是这样。"

"那它是怎么飞的？"

"应该是风吹过来的。"

"什么样的沉积物会被吹过来？"

"是风吹沙吗？"这位学生总算想到了。

"你有没有听过'黄土'这种东西？"

"听过，黄土是中国北部黄土高原的沉积物。"

"这种白色沉积物可能是黄土。你应该进行一下分析，告诉我这两道白带的成分是不是黄土。你应该知道，黄土颗粒是均匀的石英与长石角形细粒，平均直径大约是 10 微米。"

这位精力充沛的年轻人开始工作。他发现大鬼湖中的白色沉积物确实含有非常均匀的石英与长石角形细粒,平均直径大约是 10 微米。但他再跟我见面时斩钉截铁地说:"这一定不是黄土!"

"为什么?"

"陈教授说不是。"

"他为什么这么说?"

"他要我去看基础教科书中关于黄土的矿物组成,黄土不只含有石英和长石,还有百分之三十的方解石。"

方解石这种矿物的化学成分是碳酸钙,和水壶里的水烧干后留在壶底的锅垢成分相同。黄土是被方解石黏结起来的风吹沙;方解石也是沉积物中的水分蒸发后残留在沙尘间细缝的残余物。吹进大鬼湖中的沙尘没有黏结在一起,因为泥沙细粒空隙间的水没有蒸发。既然没有蒸发的残余物,也就不会有方解石黏结物。接着我向这位困惑的学生解释,黄土高原上黏结起来的沙和大鬼湖中没有黏结的沙尘,两者之间有何不同。他还是半信半疑,陈教授是台湾科学界颇受尊崇的科学家,他说的怎么可能有错? [1]

李希霍芬(Ferdinand von Richthofen)在 19 世纪曾到过中国北方各地,遍地厚厚的黄土使他大感惊讶。由于方解石将沙尘黏结在一起,侵蚀作用得以在黄土地带切削出陡峭的悬崖。当地人在悬崖下挖掘洞穴当作居所。举例来说,革命时期毛主席就在延安住过所谓的窑洞。

那么这种黄土是怎么生成的?

我曾经目睹过黄土沉降。有一年春天我在北京暂住,日正当中时突然一片漆黑。强烈的沙尘暴来袭,黄土沙尘在风暴中大量落下。

---

[1] 高雄市中山大学的陈镇东教授说错了,但他立刻更正错误,认可了大鬼湖中"两道白带"的成因是风,并在《科学月刊》(台北)中发表了《大鬼湖的秘密》,载第 29 卷,第 224—230,306—311,412—418 页。

这些风吹沙是从哪里来的？

它来自西北方的戈壁。

戈壁是蒙古南部的一片岩石荒漠，"戈壁"在蒙古语中就是"岩石荒漠"的意思。这片岩石荒漠从蒙古一路延伸到中国西北部的新疆自治区，荒漠里的石块是风棱石，表面有一层黑色的荒漠岩漆。

戈壁是一片不毛之地，连能在塔克拉玛干沙漠中存活的柽柳都没办法生长。没有植物的主要原因是戈壁没有土壤，也没有沙和水。来自中亚地区高压中心的西北风非常强劲，较细小的沉积细粒都被吹走，只留下碎石，形成放眼望去一片石块的特殊景观。

戈壁的南边和东南边，是甘肃省和宁夏省的沙漠地带。荒漠之所以成为荒漠，是因为气候干旱，而沙漠则是荒漠的一种，是一片平地上散布着沙丘，沙丘的沙则是风吹来的。中国西北部沙丘的沙来自戈壁。风速开始减慢时，所携带的沙粒随之掉落。

大沙漠的南边和东南边是黄土高原。这里的黄土沙尘也是风吹来的。中国北方的黄土来自戈壁和邻近的沙漠。风速进一步减慢时，所携带的细沙粒（所谓粉沙）随之掉落。

许多沙尘随着风速逐渐降低而掉落在中国北方。沙尘可能会被带到更南边的地方吗？它有没有可能到达台湾？

中国南部和台湾都没有黄土层。黄土高原南边是中国南部的红土地带。这种黏土大体上是当地的风化作用所形成的，不过有些混杂在红土中的细小沙尘颗粒可能来自戈壁。一般说来，西北风由戈壁吹来时，携带的沙尘颗粒大小和黏土相仿，也会被带到同温层喷射气流中。送到太平洋、北美洲和北极圈。格陵兰冰川的冰块样本中，就出现过来自中亚地区的风吹沙土。来自戈壁的沙尘在中国南方则少到难以化验出来。

来自戈壁的沙尘在台湾沉积物中同样少到难以化验出来。为了侦测沙尘，科学家在台湾海滨设置称为"沉积物收集器"的特殊设备，用来收集浮质。浮质的成分包含风吹沙，以及溅起的海水和工业污染等。只有在春季西北风非常强时才会出现沙尘,沙尘则是来自中国西北方的戈壁地带。

大鬼湖的两道白带中含有很多黄土颗粒,代表气候状况相当反常。显然在那数十到数百年间,西北风强得异乎寻常,大量来自戈壁的沙尘被携带到远远超过中国北方,跨越台湾海峡,最后落在大鬼湖底。

当时西北风为什么会那么强?这又是什么时候的事?

明朝的覆亡

1994年10月,台湾的"国家全球变迁计划"举行年会,陈教授和我在会中见面。我恭喜他发现这两道白带,并问他是否测定过这两道白带的年代。

"有的,我们试过碳14法,目前只有初步结果。"

他给我看了结果。图形中有很多杂讯,但有两个清楚的讯号。两道白带的沙尘分属两段时期,分别是公元420—520年和1350—1800年。

后面这个年代立刻引起我的注意。我在瑞士得知,欧洲的小冰川期开始于公元1300年,结束于19世纪某个时期[1]。小冰川期的平均气温比现在低1摄氏度以上。当时在中国和台湾是否也有小冰川期?是否有全球冷化现象?

我们在中国长大的人都知道,强烈西北风通常伴随着寒冷的天气一同出现。上面那道白带中的沙尘是不是那个时候跨越台湾海峡?参考中国历史很快就可得到答案。17世纪初,李自成率领造反的农民攻进北京,明朝就此告终。[2]崇祯皇帝自缢身亡,李自成登上大位,

---

[1] 关于小冰川期这个主题的相关文献相当多,例如畅销书 U. Schotterer,*Climate: Our Future*,Bern: Kummerly & Frey, 1990。

[2] 阿尔多·马泰乌齐(Aldo Matteucci)看过初稿,认为其中人名太多。他的意见很好,因此我删除了本章中绝大部分人名,只留下李自成、崇祯和乾隆,个别人的名字在文明史上其实并不重要。

不过他没能享受到革命的成果。来自中国东北的满洲人赶走李自成，取得中国的统治权。清朝从此延续近三百年，直到孙中山于1912年革命成功为止。

导致李自成革命的政治形势是历史事实。当时中央与地方政府普遍腐败，但在明朝接连几位昏君统治下，政府已经腐败了一百多年，明朝最后一位皇帝其实还算是例外。他还算是聪明勤奋，同时尽全力维护国家的法律和秩序。因此，明朝覆亡的直接原因并不是政府腐败，而是连续八年大旱。根据《明史》记载，崇祯六年至十六年间，全国大旱，遍地饥荒。人民在饥饿下相食。

中原地区一向是谷物生产中心。中国北方气候干旱，正常雨量不到800毫米，不足以发展稻米义化，因此小麦是北方的主要作物。连年干旱可能使农作物产量减少到形成灾害。最糟的状况正如历史上的记载，中原地区连续三年一滴雨都没下。没有降雨就没有收成，连年没有收成，饥荒也就随之而来。跟巴黎市民为自由、平等、博爱起而革命不同的是，中国农民虽然同样起而革命，但他们的理由是饥饿。

八年大旱中，大批饥饿的群众聚集在一起。造反的农民猛攻一座座城池，打开公家谷仓。流匪四处流窜，抢夺劫掠。组织松散的农民暴动就如三国时代的黄巾之乱一样，原本应该相当容易镇压。不过后来李自成出现，开始将农民组织起来，带领农民打进北京。但李自成的胜利不是最终的胜利，反而是结束。满洲人入关，李自成手下的军队酒足饭饱，没有人愿意牺牲生命保卫这个篡位者。他们只想回家，因此纷纷离去。李自成的大军连决战都没开始便告瓦解。

明朝末年的农民造反不仅限于中国中部，其他地区也有所谓的"盗贼"。历史学家认为，这些盗贼是使中国另一处谷仓——四川省人口减少的主要原因。这些盗贼也被弭平之后，满洲人发现这个省份已然空空如也，只剩下少数居民。气候改善让四川得以恢复耕作时，才开始有人由南方人口过剩的省份移居进来。

明朝灭亡于小冰川期最寒冷的时期，中原地区已经成为沙尘盆地。①部分沙尘被强烈西北风携带越过台湾海峡之后落下，成为大鬼湖上层白带中的沉积物。

当时欧洲又是什么状况？

小冰川期

冰川向前推进时，前端会将经过之处的所有东西推到移动的冰块前方。冰川"退去"时，其实冰块并没有后退。冰流仍在继续向前移动，但在较为温暖的时期，前端融化的速度比冰向前推进的速度快。前端的冰块融化后，留下的碎片堆形成一道由所谓"端碛石"（end moraine）构成的墙。科学家研究连续的端碛石后，即可断定冰川已经"退去"。

冰川退去的证据可证明20世纪中叶以来明显的全球暖化现象。阿尔卑斯山上的端碛石位置显示，不久之前，各地山中的冰川曾经相当深入山谷。端碛石的年代测定也证明，17世纪时欧洲中部气候最冷的历史证据相当正确。欧洲冰川前进幅度最大的时期，正好也是中国明朝末年最干旱的一段时间。

李自成造反前后数百年，中国发生饥荒和农民造反。欧洲科学家也发现了小冰川期中冰川在阿尔卑斯山区重复前进的证据。②其中最重要的资料来自瑞士的阿雷奇冰川（Grosser Aletchgletscher）、戈尔内冰川（Gornergletscher）、格林德瓦冰川（Grindelwaldgletscher）、隆河

---

① 中国历史上有许多关于气候的记载。我参考的摘要取自刘昭民：《中国历史上气候之变迁》，台北：商务印书馆，1982年。
② "全新世冰川撤退"是欧洲科学基金会《欧洲古气候与人类》（*European Paleoclimate and Man*）杂志第16辑出版的特刊（Stuttgart：G. Fischer Verleg，1997）。该特刊中包含许多近一万年间气候史上的详尽摘要。

冰川（Rhonegletscher），以及法国勃朗峰地区的冰川。举例来说，隆河冰川在1350年前进的幅度超过其后数年。另外还有相当明确的证据，证明瑞士与法国阿尔卑斯山区冰川在小冰川期最高峰（1600—1650）的前进幅度。高加索地区中部的冰川在1640—1680年扩大。中欧地区的冰川分别在1770—1780年和1815—1820年这几年间再度前进，当时也是意大利阿尔卑斯山冰川面积最大的时期。小冰川期最后一次冰川大幅前进是1850年，距今相当接近。从那个时候到现在，阿尔卑斯山区东部冰川面积缩小了大约185平方公里（相当于原先冰川覆盖面积的百分之四十）。

科学验证了历史。举例来说，格林德瓦冰川的异常前进，就记载在当地方志中。现在还有人谈论当年茂密的阿尔卑斯山草地被冰川覆盖这件事，距离现在不算太久。①

斯堪的纳维亚地区的冰川在15—18世纪也向前推进。大片农地和无数农庄被冰川摧毁或损坏。当地受灾最惨重的时期是1680—1750年，其他地方则晚至1880—1890年这十年间。②

我的邻居瓦尔特·赫恩（Walter Höhn）是位退休教师，他知道我对气候变迁很有兴趣，给了我一张他阅读古代方志时抄下的中世纪欧洲气候异常现象的年代与记录。

  1186年 1月果树开花，2月结出核桃大的苹果，5月小麦收成，8月葡萄收成
  1232年 7月和8月，鸡蛋放在太阳下的沙中可以焖熟
  1288年 圣诞节时树木开花，人可在溪中游泳
  1289年 草莓于1月14日开花
  1322年 东海和亚得里亚海结冰

---

① U. Schotterer, *Climate: Our Future*, Bern: Kummerly & Frey, 1990.
② 欧洲科学基金会, *European Paleoclimate and Man*, Stuttgart: G. Fischer Verleg, 1997。

1342 年　非常潮湿、大洪水、人可划船越过科隆城墙

1387 年　又干又热，人可涉水渡过科隆附近的莱茵河

1473 年　旱年，6 月底到 9 月底没有下雨，10 月树木第二次开花

1529 年　樱桃树于 12 月 11 日开花

1530 年　果树于 2 月开花，谷物于 3 月开花

1539 年　紫罗兰于 1 月 6 日开花

1607/1608 年　葡萄酒在桶中结冰，5 月 15 日可在但泽港中溜冰

1665 年　6 月 15 日，法国有葡萄被霜冻伤

1739/1740 年　10 月 24 日与 6 月 13 日，荷兰须德海（Zuiderzee）结冰

这些正史之外的记载基本上跟 12 及 13 世纪欧洲地区异常温暖、13 世纪末又突然变冷的现象相当一致。科学证据也显示小冰川期开始于 1300 年。14 世纪刚开始几十年极为寒冷。不过并不是整整六个世纪气温都一直很低，而是起起落落。举个例子，中欧古代地方志记载的天气异常现象中，就提到 15 世纪和 16 世纪初气候比较温暖。菲斯特（Pfister）指出，主要的连续寒冷冬季开始于 16 世纪 50 年代，接着就是小冰川期的最高峰。① 兰姆也指出，英国在 16 世纪初比较温暖，18 世纪前半也是一段比较温暖的时期。②

---

① C. Pfister, "An Analysis of the Little Ice Age Climate in Switzerland and Its Consequences for Agricultural Production", in *Climate and History: Studies in Past Climates and Their Impact on Man*, edited by T. M. L. Wigley, M. J. Ingram and G. Farmer, Cambridge: Cambridge University Press, 1981, pp. 214-248.

② H. H. Lamb, "An Approach to the Study of the Development of Climate and Its Impact in Human Affairs", in *Climate and History: Studies in Past Climates and Their Impact on Man*, edited by T. M. L. Wigley, M. J. Ingram and G. Farmer, Cambridge: Cambridge University Press, 1981, pp. 291-309.

欧洲的高山湖泊每年都会结冰，但低地湖泊极少结冰。举例来说，苏黎世湖大概每三十年左右才会结冰一次。距现在最近的一次结冰是1963年。那年特别冷，康斯坦斯湖也结冰了，这种状况相当罕见。不过湖泊结冰在小冰川期的一开始几世纪比较常见。举例来说，这座湖在1573年严寒的冬天曾经完全结冰。一条长长的队伍可走过结冰的湖面，带着门徒圣约翰的彩绘像到湖对面的城市。

在小冰川期中，欧洲北部和西北部经历许多年寒冷又多风暴的日子。英国和法国当时在葡萄酒制造方面竞争得很激烈，但全球冷化结束了这场竞争。1431年，严寒天气甚至还为法国葡萄园带来一场浩劫。勃鲁盖尔（Pieter Brueghel）的著名画作中描绘有人在结冰的运河上玩游戏，这是17世纪初荷兰冬天的严寒景象，但现在这些运河已很少结冰。勃鲁盖尔并没有过度夸大，有人发现当时的地方志中已有记录，欧洲北部著名的水道经常结冰。举例来说，1683—1684年冬天有许多个星期，查理二世和廷臣就从伦敦的一边走过结冰的泰晤士河到另一边。①小冰川期的历史记录一直延续到19世纪。19世纪前半有几十年相当冷，例如1812年拿破仑在俄罗斯惨败那个值得纪念的冬天。

小冰川期全球平均气温仅降低略微超过1摄氏度。例如1550—1650年，英格兰中部的平均气温比现在低1.5摄氏度。这样的温度变化虽然看来似乎不起眼，却对欧洲的社会结构造成了巨大的影响。

欧洲和中国一样，寒冷与饥饿经常一同出现。乌云密布时更冷，潮湿的夏季几乎也永远那么冷。②由于经常下雨，农民没办法把草晒干。潮湿的草逐渐腐烂，牲口在接续潮湿夏季之后而来的冬季没有东西可吃。畜牧农民在小冰川期面临极大的困境。

天气寒冷潮湿，在欧洲就等于农作物歉收。在小冰川期最冷的时

---

① Lowell Ponte, *The Cooling*, Englewood Cliffs, NJ：Prentice Hall, 1976.
② Lamb, op. cit., Fig. 11.2.

期,由于春天冰雪覆盖时间过长,或是秋天霜雪来得太早,使得瑞士收成非常差。①生长季节时间不够长,收成当然就不会好。17世纪90年代,严寒连续八年摧毁苏格兰北部的农作物。②可以想见,欧洲冷化同时带动食物价格上扬。举例来说,英国的牲畜价格在1550年后寒冷潮湿的一个世纪间上涨到六倍之多,谷物的价格在小冰川期最高峰则为七到八倍。③

农业社会中,受收成影响的不只是财富,还有健康。饥荒时不是所有人都会饿死,但饥民对疾病的自然抵抗力会因而降低。气候对社会的影响反映在人口统计数字上。1000—1300年,欧洲人口持续成长。举例而言,中欧城市人口在13世纪中成长到两倍或三倍。小冰川期开始后,14世纪前半人口数量大幅减少。1347—1350年的大瘟疫据称夺走欧洲四分之一人口的生命。在这场传染病浩劫之前,还有1315—1317年因歉收而带来的大饥荒。另外,1342—1347年则是这个千禧年间最潮湿、最阴冷的夏季。大瘟疫后复原的速度相当缓慢,人口成长率也不算高。最后,小冰川期的最高峰到来,人口成长趋于停滞。事实上在16和17世纪,欧洲人口数量不升反降。

英国零工的日薪变化,也反映了气候和人口的变化。12和13世纪收成好、农作物价格低,但由于当时人口成长迅速,劳力过剩,所以实际薪水也低。到了14世纪,特别是黑死病大流行后,农作物价格上升。尽管人口减少,但实际薪水依然很低,原因是收成不佳,劳力需求不高。15和16世纪初,农作物收成较佳,因此价格持平或下降。不过人口成长的速度不够快,劳动力短缺,因此薪水上涨。接着小冰川期状况最坏的时期到来,人口略微减少,但农作物价格大幅上

---

① Pfister, op. cit., pp. 235-238.
② Ponte, op. cit., p. 78.
③ 此处及以下关于气候对农业社会造成冲击的相关讨论,取自 D. B. Grigg 的研究。他的作品 *On Population Growth and Agrarian Change—An Historiyical Perspective* (Cambridge: Cambridge University Press, 1980) 提出统计数据,说明气候与农业生产的直接关联,以及与农业社会的间接关联。

涨。工人虽然赚到高薪，但相对购买力不高，17世纪前半，实际薪水降到最低点。1800年开始，实际薪水开始稳定上升。薪水上升的主要原因是尽管人口增加，但工业化社会的生产力提高。

欧洲滨海国家人民在小冰川期可到海外谋生。举例而言，北美地区的殖民地大多就是建立于17世纪：

> 卡罗来纳州，1663年；康涅狄格州，1635年；特拉华州，1638年；缅因州，1622年；马里兰州，1632年；马萨诸塞州，1629年；新罕布什尔州，1622年；纽约州，1623年；新斯科舍，1604年；新泽西州，1664年；宾夕法尼亚州，1681年；罗得岛，1636年；鲁珀特兰德，1670年；弗吉尼亚州，1607年；新法兰西，1608年；路易斯安那，1682年。

英国人移民表面上的原因是宗教动机，实际上的理由却是经济因素。①在经济萧条时期，即使人口成长十分缓慢甚至减少，英国人口仍然过剩，失业相当普遍。有一份递交给英国国会，支持殖民美洲的请愿书中提到英国的能力与状况：

> 证诸人口过多的现势而言更属必然，并为大众普遍接受之想法。人口过剩将剥夺国民获取充分营养与就业的权益。②

过剩其实只是相对说法。促成移居的人口压力来自食物供应短缺，而不是人口成长过快。移居美洲的人主要是想获得充其量只能算是不甚稳定的生活，移民公司则主要是想投下资金赚取利润。西班牙、葡萄牙、法国、荷兰和北欧各国，也纷纷在南北美洲、亚洲和澳

---

① G. L. Beer, *The Origins of the British Colonial System*, Gloucester, Mass.：Peter Smith, 1959.
② "Petitions to the British Parliament", cited by G. L. Beer, 1959, p. 41.

大利亚建立殖民地。

号召民众移居北美洲遇到很大的困难,因此出现了各种移民鼓励办法。举例来说,伦敦市就投下大笔金钱,让一些民众迁居到弗吉尼亚州。除了支付费用之外,还采取了其他非常手段。流浪汉被抓起来,送到殖民地担任军警单位实习人员,青少年罪犯和成人罪犯只要愿意前往海外,就可获得缓刑。

殖民者同样遇到很大的困难。许多人到了北美洲后连第一个严寒的冬天都活不过。第一个降生在"失落的殖民地"北卡罗来纳州的白人小孩弗吉尼亚·戴尔(Viginia Dare)出生于1587年,和第一个殖民地的其他人一同葬身于此。弗吉尼亚州的殖民先锋同样受疾病和饥饿所苦。他们从一种不幸的生活跳进另一种不幸的生活,两种生活的共同点是"挨饿"。如果这些移民知道自己是在小冰川期状况最坏的时期在殖民地建立新家园的话,他们大概不会想离开原来的家。

欧洲中部的人没有前往海外,但他们即将面临更糟的命运。他们在"三十年战争"中遭到军人劫掠,许多人饿死。德国人口在战争中减少了一半以上。这样的趋势在《威斯特伐利亚和约》后有些反转的趋势,但欧洲人口快速增加和经济大幅跃进则要等到工业革命后才真正开始。

1648年是欧洲历史上的里程碑,《威斯特伐利亚和约》于当年签订,"三十年战争"结束。我从席勒的《瓦伦斯坦》(*Wallenstein*)读到了关于这场战争的故事。一开始是布拉格只做了一百天的"冬季国王"。接着是哈布斯堡皇帝的天主教军队来到,屠杀新教徒。接踵而至的是丹麦国王,他和莱茵河地区的新教徒贵族统治者结盟,联手打赢战役,最后瓦伦斯坦出现,赢得这场战争。他的事业结束之后却遭到罢免。接着是来自瑞典的新教徒常胜战士古斯塔夫·阿道夫,然后又是瓦伦斯坦执政,瑞典军队被阻挡在吕岑(Lutzen),这位"白雪国王"在战斗中丧生。席勒的剧本在瓦伦斯坦遭到谋杀而死后结束,但"三十年战争"又持续了十五年。法国天主教国王也加入战局，协助信奉新教的瑞典人，同时新教的克里斯蒂娜女王前往罗马，改信天主教。席勒的剧本相当引人入胜，也相当复杂难解。

我到苏黎世戏剧院观赏布莱希特（Berthold Brecht）的《勇气妈妈》（*Mutter Courage*）之后，才真正体会到"三十年战争"的重要程度。这出戏的主题是和平主义者悲叹战争的残酷。战争中没有胜利者，只有输家，人民就是唯一的输家。

真的没有胜利者吗？

有的，唯一的胜利者是瓦伦斯坦的军队。

中世纪时，欧洲的战争是由以此为业的佣兵所执行。国王和皇帝必须借钱招募军队。权力极大的神圣罗马帝国与日耳曼诸国的皇帝查理五世，也必须向奥格斯堡（Augsburg）的银行世家富格尔（Fugger）借钱。"三十年战争"爆发后，这位皇帝破产，不得不违约拖欠借款。

他为什么没钱？

他确实没钱，因为征收来的税款不足支应。税收不足则是因为连续数年歉收。

农民生活困苦，皇帝也不好过。没有收成就没有税收，没有钱就养不起军队。哈布斯堡皇帝于1624年战败。接着登上舞台的是瓦伦斯坦，他是军人也是冒险家，从小贵族努力往上爬，最后成为弗里德兰（Friedland）和梅克伦堡（Mecklenburg）地方的公爵。瓦伦斯坦成功是因为他有个很聪明的办法：这位大元帅不需要自己准备钱，只要下令准许军队征服后劫掠就行了。

在正常状况下，劫掠者部队要壮大声势只能靠吸收流寇。小冰川期让瓦伦斯坦取得机会。所谓的"有产阶级"是少数勉力生活的殷实农民，"无产阶级"则是遍地饥饿的农民。到了必须为了生存而采取各种手段时，"无产阶级"必须取得劫掠"有产阶级"的许可。

粮食收成不佳，农民没有全都坐以待毙。瓦伦斯坦没有向皇室拿一分钱，由仅有二万四千人的军队开始发展。他的战功逐渐扩大，越来越多农民自愿前来加入军队，为了取得抢劫和掠夺的许可。军队开到，抢走可怜农民的财物之后又走了。这位战胜的将军到达德国北部，新教徒怕得畏缩不前。当时已经没有土地可以征服，也没有新的领土可以劫掠。停战之后，流窜的士兵没有了奖励，公爵没办法支付薪水给军队，皇帝也没有钱。瓦伦斯坦的军队在他成功后随即瓦解，跟当时在中国的李自成一样。瓦伦斯坦被罢免很可能并非政治阴谋所导致，而是经济上必然的结果。

饥饿的农民逃离饿死的命运，成为军阀手下的士兵，实际上他们是为了谋生而打仗。17 世纪前半这段时期格外艰苦，但在此之前已有过艰苦时期，未来也还有苦日子要过。理查二世在位时发生了"农民暴动"，英国则爆发了玫瑰战争。英国和法国间发生了百年战争，中世纪卡斯提尔晚期和布列塔尼初期四处动荡不安。[①]路德德国有农民造反，由贝利欣根（Gotz von Berlichingen）在背后支持。瑞士联邦（Swiss Confederation）则有农民战争对抗贵族阶级，各种战争不一而足。法国大革命尚未到来。小冰川期这六个世纪间，出现了许多饥饿的农民和以劫掠为业的士兵。

中国既有大旱又遇严寒

中国的状况和欧洲完全相同。只要到中国历史博物馆看看，就可体会到在贫困时期，农民叛乱是无可避免的一件事。欧洲的小冰川期是否导致全球气候冷化？长达六百年的恶劣气候是否也笼罩了中国？在这数百年间，干旱和饥荒是否不是例外，而是常态？

---

① 请参阅 A. Macke and D. M. G. Sutherland, in *Climate and History: Studies in Past Climates and Their Impact on Man*, edited by T. M. L. Wigley, M. J. Ingram and G. Farmer, Cambridge: Cambridge University Press, 1981, pp. 356-376, 379-403。

即使不是气象专业人员，答案也十分显而易见。我们都知道西伯利亚高气压团移动到中国时，天气会变得非常寒冷。如果气压不降低，"好天气"就会持续下去。晴天对北欧人是好事，但根据我在中国西南方农村长大的经验，"好天气"在中国反而是"坏天气"。

中国中部与沿海地区的降雨来自东南季风或台风。高气压团持续停留在中原地区上空时，来自热带太平洋的锋面不是转向北方的日本与韩国，就是转向西边的南中国海和越南。

我跟台湾的朋友谈到关于明朝末年气候干旱，当时中国可能非常寒冷这个想法时，他告诉我用不着猜测，这点有书面记录可查。我收到一份台湾地理学家撰写的一般气候记录。①

这份书面记录并非含混不清。小冰川期的影响范围确实遍及全球。明朝最后四十年，也就是1600—1643年，是中国历史上最冷的一段时间。举例来说，中国西南部的云南省向以气候温和著称，1601年却遭到强烈暴风雪侵袭。广东省位于亚热带，但1618年12月却下了八天的雪。中国的编年史分别于1620年、1623年、1624年、1629年、1631年、1632年和1649年记载在中国南方各地出现不寻常的暴风雪。研究古代沉积物中花粉记录的科学家估计，这段时间的年平均气温低了1.5—2摄氏度。②

小冰川期在中国大约开始于13世纪末。元朝末年历史中有许多次关于异常寒冷天气的记载：

1280年　5月降霜（中国北部）
1290年　6月与8月农作物遭到霜害（中国北部）
1301年　6月农作物遭到霜害（中国中部）、8月下雪，马与牲畜冻死（中国北部）

---

① 刘昭民：《中国历史上气候之变迁》。
② 同上书，第134页。

1302 年　9 月初农作物遭到霜害（中国北部）

1303 年　5 月与 6 月农作物遭到霜害（中国中北部）

1306 年　3 月出现强烈暴风雪（中国北部）

1311 年　8 月降霜

1317 年　7 月农作物遭到霜害（中国中北部）

1328 年　7 月出现暴风雪，牲畜与士兵冻死（中国北部）

1329 年　柑橘收成受损（湖南省）太湖结冰厚达 1 米（中国东部）

1331 年　5 月出现暴风雪，牲畜冻死（中国中北部）

1335 年　4 月积雪厚达 2 米，九成牲畜冻死，造成饥荒（中国北部）

1339 年　淮河冻结（中国东部）

1346 年　10 月初出现冰雪（中国北部）

1350 年　4 月积雪超过 1 米，有人冻死（中国北部）

1363 年　3 月积雪厚达 2 米（中国南部昆明）

1367 年　6 月农作物遭到霜害（中国北部）

1368 年　5 月农作物遭到霜害（中国北部）

根据估计，当时中国的年平均气温比现在低了 1 摄氏度以上。寒冷气候一直延续到明朝初年：

1382 年　中国南部下雪

1443 年　4 月降霜（中国南部）

1450 年　2 月积雪厚达 3 米（中国东部）

1453 年　春季连续下雪四十天（中国南部）

1454 年　冬天各地积雪厚达 1—2 米（中国东部）、中国东海有浮冰，有人冻死与饿死

1474 年　5 月降霜（中国南部）

1477年　8月降霜（中国中北部）

1493年　5月农作物遭到霜害（中国北部）

1498年　7月严寒（中国南部），人与鸟类冻死

1499年　中国南部冬季严寒，溪流结冰

1502年　中国南部冬季严寒，溪流结冰

1506年　亚热带海南岛降雪

1509年　中国南部降雪

1513年　太湖结冰（中国东部）

当时的年平均气温比现在低1—1.5摄氏度，但1458年和1469年这两年温暖无雪，在连续两百年的严寒中穿插喘息的机会。16世纪后半出现了比较长的温暖时期：

1557年　冬季无雪

1560年　冬季无雪

1561年　冬季无雪（中国北部），谷类枯萎

1562年　5月降雪（中国南部）、收成不佳

1572年　中国北部没有结冰

1578年　8月农作物遭到霜害（中国中部）

1585年　冬季无雪

气候好转没有持续很长的时间。16世纪末，严寒再度降临：

1587年　8月降霜

1588年　7月降霜，9月降雪（中国北部）

1595年　5、6月间降雪四十天（中国东部）

1596年　5月降雪（中国北部）

1598年　夏季出现暴风雪，8月农作物遭到霜害（中国南部）

和前面列出的这些记录同样寒冷难耐的时间，一直延续到所谓的"八年大旱"，终于导致叛变的农民打进北京。

在欧洲的记录中，小冰川期开始于1280年，中国比欧洲早了二十年左右。另外，最高峰来临前的连续严寒冬季，在两个地方的开始时间也不相同。在欧洲中部开始于16世纪50年代，但中国则晚了三四十年。但另一方面，我们从这两个地方可以看出，"旧世界"出现了为期六百年的全球冷化现象。

小冰川期带来饥荒，主要原因是长达数百年的严寒冬季。尽管如此，降雨模式在寒冷时也大不相同：欧洲北部相当潮湿，中国中部则十分干旱。但有一点相同的是，这两种状况都对耕作非常不利。霜过早出现会破坏农作物，干旱带来的灾害则更加严重。中国在1288年、1325年、1328年、1331年、1333年、1352年这几年干旱又寒冷，饥荒导致许多地方出现农民叛乱。可以想见，元朝最后一个皇帝被赶回蒙古，叛乱农民的首领于1368年登上大位。

小冰川期仍然持续下去。在明朝皇帝统治下，中国人并没有享受到像汉朝和唐朝那样的太平盛世。干旱经常出现，农作物歉收也成了常事。1458年、1465年、1476年、1478年、1479年、1483—1504年，以及1506—1521年的饥荒中都传出人吃人事件，大批饥民迁移到其他地方。1509年的状况尤其危险，中国处处有农民叛乱，接连不断的动乱延续近二十年之久。16世纪有一段时期比较温暖，情况似乎稍有缓和，但接踵而至的是小冰川期最寒冷的数十年。1618年、1622—1629年，以及1633—1643年的饥荒极为悲惨：饿死的人倒在路边，人吃人经常可见。李自成手下走投无路的农民已经约束不了，明朝于1644年覆亡。这个朝代起于旱灾，同样也终于旱灾。

18世纪清朝开国后几位君主手中，中国恢复和平富庶的生活。乾隆在位六十年间，中国人口增加将近一倍。

人口增加当然和绿色革命有关，将森林开垦成农地，用来种植谷物。历史学家也指出，小冰川期中这段温暖时期，与欧洲在18世纪时的温暖时期大致相同。

饥荒、农民叛乱和小冰川期

法国著名历史学家布罗代尔（Fernand Braudel）指出："14 世纪与 16 世纪，欧洲各地发生多次农民叛乱。"①在欧洲，叛乱造成国家独立行动。瑞士于 1291 年起而对抗奥地利哈布斯堡皇室，1412 年成为实际上的独立国家，并于 1648 年正式独立。尼德兰省份联盟也于 1577 年开始对抗西班牙哈布斯堡皇室，于 1648 年获得胜利。在中国，这几百年间的农民叛乱分别推翻了元朝和明朝两个朝代。在欧洲，"饥荒时代"在三十年战争期间达到最高峰，最后造成日耳曼帝国兴起。欧洲人开始大规模移居海外其他大陆。后来中国引进玉米和马铃薯之后，饥荒危机也只算暂时缓和。等到工业革命之后，人口压力才算终于解除，接下来则是一直持续至今的全球暖化。

我们现在知道了大鬼湖底上面那道白带形成时，中国与欧洲当时的状况。下面那道白带则形成于耶稣诞生后最初几世纪，当时的历史又能告诉我们什么？

---

① Fernand Braudel, *A History of Civilization*, New York: Penguin Books, 1993.

第二章
别怪匈奴，祸首是气候

> 是岁谷一斛五十余万钱，人相食，民反叛。
> ——陈文德《曹操争霸经营史》

耶稣基督诞生后几世纪，中国农民离开位于中原的田地，日耳曼蛮族横扫欧洲。根据历史学家表示，罪魁祸首是匈奴，因为匈奴入侵造成日耳曼蛮族溃散流窜。但事实上根据历史记载，早在匈奴入侵之前，这些民族就已离开家乡。他们饱受饥荒所苦，因此向南迁移，就像旅鼠朝大海前进，所以别怪匈奴！

三国演义

《三国演义》是中国最受欢迎的历史小说，大多数中国人都多少读过。戏曲和说书人也经常从其中撷取故事加以演出。这部小说的中心主题是"义"。"义"这个美德在中国被过分强调，就像"爱"在西方一样。"义"这个字很不容易翻译，它可以说是"友谊"，但比一般所谓的友谊更进一步，应该说是带着盲目忠诚、无止境地自我牺牲，以及完全不顾常理的友谊。通俗历史在中文里的惯用说法是"演义"，也就是"义的敷衍"（译注：此说法有待商榷）。中国人创作历史小说歌颂"义"，就如莎士比亚创作《罗密欧与朱丽叶》歌颂爱情一样。

汉朝末年，头戴黄巾的盗贼在各地起而作乱，饥荒遍地。数百万乱民蹂躏一省又一省。朝廷束手无策，只能靠军阀及其手下的佣兵维持法律与秩序，叛乱像野火燎原一般快速蔓延。不过，毫无组织的黄巾贼当然没办法抵挡专业佣兵。叛军最后悉数瓦解，战败的农民转而效忠地方政权，以便继续抢夺劫掠。"三国"在一片混乱中产生，在220—280年统治中国。

这部"义"的小说一开始是段虚构的邂逅故事，三个素未谋面的人在小镇市场相识。当时正值黄巾之乱，各地诸侯也在争权夺利。这三位流浪汉兼机会主义者发现彼此都效忠于朝廷。他们在桃树园结拜为兄弟，以"义"结盟。最后军阀篡夺了皇位，这三位其中之一成为"蜀帝"。不过这个故事中提到的"义"不仅限于这三个结拜兄弟之间，真正最重要的主角其实是蜀国的丞相。在战场上惨败后，垂死的蜀帝要他的朋友辅佐完全没有治国能力的太子。在那个篡位已成为常态的时代，这位受托的朋友是个例外。他知道做人要有"义"，并且至死不渝。

"三国"确实存在，蜀帝、两位将军和丞相也真有其人。不过这部中国历史小说的作者并不十分在意历史的真实程度，而是着重在描写美德的模范。三国中另一个魏国的建国者是曹操，中国人都知道他是京剧中"白脸奸臣"的典型，他是背叛的代表人物，"义"的反面角色。

《三国演义》依据史实创作小说，但正史编写者对这些事实的看法却不相同。[①]魏国相当强盛，但延续时间并不长，因为这个国家的建立者心术不正。魏国击败另外两国是因为曹操是聪明又有远见的领导者。

《三国演义》的故事开始于汉朝逐渐步向衰亡。十常侍（十名太监）和无知的皇太后擅权专政。中国史家一向对太监和女性参与政治没

---

① 请参阅公元3世纪时陈寿所修《三国志》。

有好感，而且经常将朝代的覆亡归罪于他们。

奸诈的太监喜欢收受贿赂。地方军阀不愿意顺从时，中央政府就失去控制能力。佣兵领导者不愿意与别人分享他们打胜仗得来的战利品，凭什么要他们这么做？毕竟他们提供经费，拥有军队，而且他们打了胜仗，战利品是他们应得的。此外他们也确实需要钱，不只是为了自己，也是为了继续招募军队。这些诸侯为什么要贡献财物给太监和朝廷呢？

这些太监为什么敢开口要钱呢？

他们要钱是因为朝廷需钱孔急。朝廷需钱孔急，是因为农作物歉收。收到的税金太少，不足以支应政府所需。皇太后必须依赖太监，因为帝国行政机构已经几乎完全停摆。由于财政上无法独立自主，因此朝廷必须依赖地方军阀。曹操很清楚这一点：汉朝皇帝必须靠他保护，但代价是早晚必须交出皇位。曹操打败其他军阀，从而挟天子以令诸侯。

除了背叛之外，曹操成功的秘诀是什么？

他是卓越的行政人才，也是优秀的将领。《魏史》中有如下评论：

> 光和末（183年），黄巾起。拜骑都尉，讨颍川贼。迁为济南相，国有十余县，长吏多阿附贵戚，赃污狼藉，于是奏免其八；禁断淫祀，奸宄逃窜，郡界肃然。……
>
> 初平三年（186年）……青州黄巾众百万入兖州，杀任城相郑遂，转入东平。刘岱欲击之，鲍信谏曰："今贼众百万，百姓皆震恐，士卒无斗志，不可敌也。观贼众群辈相随，军无辎重，唯以钞略为资，今不若畜士众之力，先为固守。彼欲战不得，攻又不能，其势必离散，后选精锐，据其要害，击之可破也。"岱不从，遂与战，果为所杀。信乃与州吏万潜等至东郡迎太祖领兖州牧。遂进兵击黄巾于寿张东。信力战斗死，仅而破之。购求信

丧不得，众乃刻木如信形状，祭而哭焉。追黄巾至济北。乞降。冬，受降卒三十余万，男女百余万口，收其精锐者，号为青州兵。①

他当时做了什么？一位现代历史学家告诉我们：

是岁谷一斛五十余万钱，人相食，民反抗。

军队领导人不了解士兵是为求生而加入军队。饥民获得许可动手劫掠，但抢够之后往往开小差离开军队。大多数状况下，军队往往没打过仗就已瓦解。在地方诸侯中，只有曹操了解人民的需求。饥民投入他的军队，曹操将军队开往徐州，在灌溉及有效管理之下，军队每年生产的谷物多达百万斛。由于不需抢劫，军队纪律俨然，曹操也得到人民爱戴。最后曹操击败所有对手，国家获得和平繁荣。②

由三国时代至今，价值观已经有所不同，现代学者也已体认到经济状况在历史上扮演的角色。现在一位"西化的东方绅士"写出的三国演义可能完全不同，可能会以席勒的《瓦伦斯坦》或布莱希特的《勇气妈妈》为蓝本。

曹操创建的魏国仅延续六十年。魏国一位将军仿效了开国者的篡位行为，于280年自立为晋帝，消灭了另外两国，中国再度统一。不久之后，北方的战士打了下来。由于长年内战而积弱不振，晋朝皇帝不得不弃守中原地区，迁都到中国东部，人民也跟着迁徙。

他们真的是因为匈奴侵略而逃离家园吗？如果真是如此，匈奴离开后为什么不回去呢？

---

① 《三国志·魏书武帝纪一》。
② 陈文德：《三国曹操争霸经营史》，北京：九州出版社，2006年。

他们为什么不回去？

1948年我离开中国时，我父亲拿给我两大本族谱。当时他似乎料想到日后会发生"文化大革命"，红卫兵将四处搜寻及破坏旧文化的遗产。这份宝贵的历史文件得以幸存，数以百万计的中国家族的族谱则毁在毛主席的红小兵手中。

族谱中说明我是中国春秋时代中部诸侯许文叔的后代。族谱开始的时间是公元前1130年，我是第九十七代。后来楚国于战国初期（前6世纪）灭了许国。最后一代许侯逃到北方，其中一支在河北省高阳县定居，因此我们是高阳许氏。①

我花了不少篇幅介绍许氏族谱，不是为了吹嘘家族当年的光荣历史，因为无论如何，许氏都是"无用之人"。②我介绍这本族谱是因为它提供了历史上中国人口迁徙的翔实资料。

"许"这个姓在中国北部不算普遍，跟张、王、李、赵这些大姓不同。不过中国南部姓许的人很多，尤其是在台湾。台湾曾有一位中央银行总裁姓许，反对党党主席也姓许，有位极受欢迎的作家也姓许。事实上在位于台湾海峡的七美岛上，墓地中的墓碑上刻的名字大部分也姓许，而且是高阳许氏。姓许的人全都来自中原，是第一位诸侯的后代。

那么我们是什么时候来到南方的呢？

我们在念书时学过，"五胡乱华"时代有中国许多家族离开中原，迁徙到南方。所谓的五胡十六国来自北方。他们赶走晋朝皇帝，本身也互相争战。与此同时，中国南方在接连篡位下出现了六个朝代。直到6

---

① "许"为地名。许国诸侯其实是姜姓后裔。如果以日耳曼方式表示这个姓，第一代许侯应该称为"驻地在许的姜男爵"。最后一代许侯流亡到高阳，所以应该称为"驻地在许与高阳的姜男爵"。
② 请参阅许靖华：《孤独与追寻》，北京：生活·读书·新知三联书店，2003年。

世纪末南方与北方再度统一,统一与和平才真正降临中国。

我们的族谱证实了这些日期。第四十三代高阳许氏曾担任晋朝大臣,他的家人于公元300年迁往杭州。历史学家认为五胡乱华时代大规模人口迁徙的主要因素是匈奴。教科书告诉我们,中国人之所以迁徙是因为五胡南下。其实我们的祖先身为朝廷官员,必须跟随皇帝迁徙。同样是朝廷官员的传统历史学家,是由于匈奴侵略而跟着南下。但是中原农民都是因为相同理由南下吗?

我个人曾经历过蛮族入侵:日本于1937年侵略中国,占据了半个中国。我的家庭于1937年逃离位于沿海平原的扬州,迁往中国西南方的重庆。1948年对日抗战结束,我的家人便于1948年回到老家。

五胡乱华时代,高阳许氏向南方迁徙。中国恢复统一后,身为朝廷官员的祖先回到北方,但其他许多人没有回去,就此定居南方。为什么?住在广东、福建和台湾的高阳许氏为什么没有回去?这些"胡人"被平定或不再是外来入侵者之后,他们为什么不回去?

人民迁移是为了谋生。如果必须依赖它,他们就会回去。如果没有东西可以回去,他们就不会回去。现代史说明了这个普遍想法:越战结束至今虽然已有三十年,但越南船民大多不想回家。他们回去做什么?他们在新家园不是也过得不错吗?

想想看,背井离乡的人可能选择不回去,但也不是每个人都选择背井离乡。没错,我的家庭在对日抗战期间迁居到重庆。我父亲在政府单位工作。没错,也有其他家庭迁移,这些家庭的父亲也在政府机构工作。在政府机构工作的人必须跟着政府迁移。但不是每个人都在政府机构工作。

其他人迁移了吗?他们在战争中是否也朝西迁移?

没有,完全没有!

我在学校的许多朋友孤身来到重庆念书。他们的双亲有事业在上海、南京或其他沿海城市,没办法来,因为他们到外地没办法谋生。

还有谁没搬到中国西南部?

农村人口就完全没有迁徙！他们在属于自己的土地上，依赖土地为生。中国西南部没有闲置的土地，土地面积也无法满足每个人。

公元4—5世纪时，中国南方有充裕的生活空间。乡间当时仍树木丛生，人口稀少，新来的人可以开垦土地。中原的农人可能因躲避战乱而迁居到南方，但他们是为了躲避战乱吗？他们是因为匈奴侵略而离开家园吗？

我们可以用常识加以推断。一般人，尤其是农业人口，除非迫不得已不会轻易迁徙。如果侵略者确实是纯粹的蛮族，农民或许会暂时离开，以免遭到劫掠的士兵伤害。但只要侵略者成为统治阶级，局势恢复和平之后，他们就会回家。事实上"北朝"中所谓的胡人其实并不是蛮族。北魏的皇帝甚至还是中国历史上最有文化的皇帝。五胡乱华时代和欧洲的黑暗时代无法相比。魏朝时佛教传入，而且相当兴盛。大同和龙门的佛像，以及敦煌石窟中的绘画，在在证明了公元5—6世纪这些"胡人"在文化上的成就。事实上，当时的北方统治者还将中国南方称为"南蛮"。

这些来自亚洲北方的统治者很有文化。战胜的侵略者骑兵相当有纪律。他们都是专业军人，不是四处流窜的饥饿农民。北朝皇帝没有赶走农民，而且还希望他们留下。因为他们需要农民耕种田地，也需要农民缴纳税金和担任士兵。但是，农民一群群离去，没有人回来。公元4世纪末，中国中部许多地方毫无人烟。历史学家曾说有一位胡人君主苻坚被东晋打败后，在当时无人居住的荒野上骑马奔驰了数天数夜。后来这个君主非常饿，因为他找不到农民提供食物，农民都已经离开了。

他们为什么都离开了？为什么都没有回来？

我们只能在气候史上找到合理的答案。当时全球冷化，当时是小冰川期。农村人口必须向南迁徙，因为中原的土地已经无法耕作。他们离开是因为饥饿，不得不离开家乡。

人民不想回来，是因为他们在其他地方过得比较好。晋朝一位战胜的丞相于 363 年向皇帝建议迁都回洛阳，人民也跟着北返。① 他知道中原地区已经一片荒芜，但他并不知道，也可能是没注意到，中原的土地已经不适合居住。作战士兵的粮食补给必须从南方运去②，因为这片"沙尘盆地"③ 已经种不出东西了。

移民当然不想回去。他们已经在南方肥沃的田地耕种了好几代。公元 4 世纪气候进一步恶化，连原本留在北方的少数农民也离开了。

高阳许氏的农民没办法耕作土地之后，就离开了中原地区。他们在南方找到可以种植稻米的"丰足之地"，没有再回北方。

黄巾贼四处流窜时，中国正值大旱，胡人南下中原的时候呢？五胡乱华前后的气候又是如何呢？

公元纪年开始前数个世纪，中国拥有良好的气候。酷寒的第一个前兆出现于公元前 29 年，那一年 5 月下雪。公元前 18—28 年冷得超乎寻常，还有干旱和饥荒。农民叛乱推翻了篡夺汉朝江山的王莽。④

小冰川期于 2 世纪后半正式到来。公元 164 和 183 年的冬季非常寒冷，193 年的夏季还吹着来自西北方的冷风。干旱随着严寒而来，176 年、182 年和 194 年农作物歉收格外严重，当时正值东汉末年农民起义的时代。

三国时代气候持续恶化。《三国演义》中有这么一段逸事，225 年非常寒冷，魏国的水军甚至无法在长江中航行，因为长江都结冰了。

寒冷的天气同时也十分干旱。魏国开国后四十年内（220—260年）有三十年干旱。有降水时又经常是下雪，例如 271 年 6 月。277年极为寒冷，不仅 8 月下雪，中国中部甚至有五个郡的河流结冰。

恶劣气候一直持续到公元 3 世纪末。晋朝开国后十年（280—290

---

① 司马光：《资治通鉴》，卷二五。
② 同上。
③ 此处借用英语中的词 "dust bowl" 来形容遭受干旱侵袭的中原地区。这个词原先是用于形容 20 世纪 30 年代的俄克拉何马州，当时土地干旱，谷类无法生长，地面覆盖着被强风吹来的沙尘。
④ 刘昭民：《中国历史上气候之变迁》，第 259 页。

年），每年都十分寒冷干燥。农作物被提早来到的霜破坏，各地民生用品的价格大幅上涨。

不过，4世纪和5世纪还有更糟的状况。西伯利亚高气压在中国上空徘徊不去。当时天气极度严寒，同时干旱到难以忍受。从以下这些历史记录可以看出当时的恶劣状况：

306年　中国中部9月下雪
331年　中国西南部9月下雪
343年　中国东南部9月下雪
347年　中国中部9月下雪，有人冻死
354年　中国西北部6月下雪
355年　中国东南部5月下雪
398年　冬季严寒
404年　1月严寒①
426年　11月严寒
447年　中国中部6月下雪，有人冻死，出现政治危机
465年　中国中部5月下雪
480年　中国北部10月积雪3米
485年　中国北部夏季降霜
496年　6月寒冷，数十人冻死
500年　中国北部5月降霜
501年　中国北部6月下雪，数十人冻死
504—509年　中国北部春夏季降霜
521年　中国北部5月下雪

---

① 中国古代历史以农历纪年，农历正月比格列高利历（目前通用的公历）的1月晚三十到四十天。我在书中已将此差异计算在内，并加以适当换算，例如将农历的12月变换为次年1月。

540 年　中国北部 6 月下雪 ①

天气寒冷时，雨也随之缺席。公元 309 年，黄河和长江全都干涸，人可以涉水过河。此后干旱气候持续了一段时间。336—420 年这段时间，干旱的年份超过三十年。其后的 5 世纪降水也不算多。473 年是中国历史上饥荒最严重的一年，饿死的人多达数千。整个 6 世纪，中国中部在晚春或初夏经常下雪，干旱和饥荒依然没有绝迹，不过已经没那么频繁。不过，中国在 600 年走出了小冰川期。中原地区从 7 世纪后半到 8 世纪的这 150 年间，共有 19 年的冬季没有下雪。

公元 309 年长江干涸这件事相当令人匪夷所思。如果实际看过长江，就知道这次旱灾有多么严重。长江发源于青藏高原，穿越中国西南部的雨林后，成为汹涌壮阔的大河。通过陡峭狭窄的三峡后，庞大的水量无法完全疏导，因此有许多水流入洞庭与鄱阳两个大湖。长江在三角洲地区规模相当大，江面非常宽。我小时候在扬州等搭乘横越长江的渡船时，完全看不到对岸。另外，长江也相当深。中国工程师在南京建造长江大桥时，地基深达 60 米。地理学家应该可以提供更精确的数字，但从这些叙述可以看出，长江的水流量非常庞大，这么大的河怎么会干涸呢？

它确实会干涸，庞大的长江在公元 309 年就干涸了。当时完全没办法灌溉，当然也种不出东西。中原地区的土地成了"沙尘盆地"。沙尘乘着强烈的西北风，选择台湾中央山脉大鬼湖的湖底作为最后长眠之地。

沙尘盆地中也种不出农作物。中原地区的人民离开了，和约翰·斯坦贝克（John Steinbeck）《愤怒的葡萄》（Grapes of Wrath）中的奥基耶一样。他们背井离乡，因为不得不这么做。历经小冰川期两段为期三十年的干旱后，他们已经无法在这里耕作。

---

① 刘昭民：《中国历史上气候之变迁》，第 75—81 页。

游牧民族入侵占据中原地区数百年后，气候逐渐好转。朝廷官员和公务员，包括我的祖先等，都回到了北方。但包含许多高阳许氏族人在内的农民，离开中原后并没有回去。新一代的乡村人口是已经被汉人同化的胡人。就这方面看来，我们不能完全归罪于匈奴。赶走人民的不是他们，而是变迁的气候。

找个有阳光的地方

西方历史学家将日耳曼蛮族大迁徙归罪于匈奴。匈奴于375年首次进入欧洲。他们将阿兰人（某个高加索部落）赶到西边，阿兰人再将东哥特人赶到西边，东哥特人又将西哥特人赶到西边，西哥特人向西迁移到意大利，消灭了罗马帝国，就像骨牌一个推倒一个。

匈奴本身于451年在阿提拉率领下来到欧洲，再度将其他民族向西推移对抗匈奴。拯救危局的主要英雄是一位罗马将军。在蛮族助手的协助下，他坚守领土，打赢卡塔洛尼亚（Catalaunian）平原战役[1]，挽救了西欧地区。

现代历史学家依据经典资料来源，撰写给学童读的教科书。他们告诉我们，真正的麻烦开始于395年，阿拉里克（Alaric）被选为西哥特人的领袖。[2]这位年轻的领袖没能打败东罗马人，而且屡战屡败，最后于400年在君士坦丁堡遭到惨败。阿拉里克和手下没有就此放弃，他们朝西前进，于一年后打进意大利。他分别在波伦提亚（Pollentia）和维罗纳（Verona）被西罗马人击退，族人伤亡惨重。尽管如此，阿拉里克仍坚持不懈，西哥特人也在其后数年蹂躏巴尔干

---

[1] 这位罗马将军的名字是埃提乌斯（Aetius）。人名往往难以记忆，而且个人的姓名也与人民的历史无关。但在需要提供明确参考资料处，我会在脚注中给出人名。例如埃提乌斯就是个值得记住的名字。
[2] 撰写关于哥特人的内容时，我的主要参考资料为沃尔弗拉姆（Herwig Wolfram）的学术著作《哥特人史》(*History of the Goths*, Berkeley: University of California Press, 1988)。这部著作参阅了许多古代的资料来源，尤其是卡西奥多鲁斯的《哥特史》。

半岛的达尔马提亚（Dalmatia）、潘诺尼亚（Pannonia）和伊利里亚（Illyria）。408年春天在一场和谈中，阿拉里克向皇帝要求4000磅黄金，购买谷物给他手下十万名族人，但皇帝拒绝了他的要求。因此阿拉里克率领士兵前往罗马，他的军队横渡波河时"像某种庆典行列一样"。接着他们取道埃米利亚大道，经过博洛尼亚到里米尼。接下来，他们绕过拉维纳，往安科纳进攻。这支军队由此转向西，攻到罗马城外。双方再度展开和谈，哥特人同意于408年年底回到托斯卡纳。

阿拉里克于408及409年再度围攻罗马，并于410年攻下这个城市。他带走了皇帝的姐姐，同时蹂躏了整个意大利。但根据他自己宣称，他并不想这么做。他只是想找个有阳光的地方，在罗马人的土地上建立永久的哥特王国。躲在拉维纳城墙后的流亡皇帝相当固执，他没有接纳哥特人。阿拉里克在失望下转往法国南部再到西班牙，他最想去的地方是罗马帝国的谷仓非洲，但他没有海军可让族人渡海。

这位西哥特人的领袖于410年去世。一年后，新皇帝登上罗马皇位，他清楚这些状况。他让西哥特人到法国南部去建立王国。阿拉里克的族人最后在高卢得到了他们的土地。阿基坦（Aquitaine）王国于418年成立了。西哥特人获得可以耕种田地的新家园后，性情也变得温和起来，成为罗马人的盟友，还协助罗马人抵抗斯维比人、汪达尔人、撒克逊海盗，同时还在卡塔洛尼亚平原战役中帮了罗马人很大的忙。

另外，当时还有东哥特人。他们于376年被匈奴打败后逃到拜占庭，迁徙到马其顿。后来东哥特人和阿提拉一同远征，并在453年的战役中跟西哥特人对垒。战败之后，东哥特人回到东欧。

狄奥多里克（Theodoric）于474年成为东哥特王国国王。他放弃马其顿，搬回北方位于罗马尼亚的密西亚（Moesia）。此后十年间他经常掠夺偷袭，最后狄奥多里克被平定，并于484年被征召到君士坦丁堡，担任东罗马帝国的执政官。和平并没有延续下去，这位执政官又回到密西亚，率领人民向南方发动掠夺偷袭。状况并未好转，因此狄奥多里克于478年开始大规模攻击君士坦丁堡。但罗马帝国能成功地抵挡住他。

在北边的匈奴、南边的罗马人和东边的黑海阻隔下，狄奥多里克的东哥特王国只能向西发展，而且他也这么做了。他们带着家当，于488年出发前往意大利。整个王国共有十万人左右，其中有两万人是战士。他们侵入匈牙利，等收成收获之后才离开。这些侵略者在斯洛文尼亚度过冬天，必须再等一年才有新的收成。到了489年9月，狄奥多里克终于进入意大利。西罗马帝国国王被打败，逃往拉维纳。战争持续了数年，后来狄奥多里克于493—526年担任哥特与意大利王国国王。他和继任者为意大利带来近半世纪和平，后世为表彰他的功绩，称他为狄奥多里克大帝。

两次哥特人远征也是匈奴造成的吗？

没错，就某方面而言是这样。匈奴确实将东哥特人赶出乌克兰与俄罗斯南部，也确实将西哥特人赶到多瑙河以南。哥特人曾经是乐天知命的农人，但匈奴一向"如狼似虎"，他们从不耕作，靠抢夺哥特人的收成为生。

从历史的长期观点看来，我们不应该怪罪匈奴。匈奴来到欧洲以前，哥特人早就开始四处生事。他们从238年起就经常骚扰罗马帝国边境，劫掠及蹂躏乡村地区。罗马人执行搜寻毁灭任务，打了一场又一场胜仗，"敌尸数目"也十分惊人。但是哥特人与其他蛮族很难打垮，仍然一再侵扰。238—248年这十年间就有数次入侵记录。土地饱受蹂躏，土地上的人被杀害，不得不离开家园，死于流行病或饥荒。罗马人开始还击，一位皇帝还可于248年庆祝胜利。一年后他和"打胜仗"的军队一同开回罗马，边境又变得毫无防备，骚扰劫掠事件只会变得越来越多。

其实是匈奴没有来以前，西哥特人早已在250年已越过多瑙河，进入罗马尼亚和保加利亚，在战役中打败并杀死一位皇帝。新的罗马皇帝即位，打赢了几次战役，但哥特人每次都会卷土重来，接下来十年内几乎年年骚扰，包含陆路及海路。最后他们在希腊登陆，罗马人必须还击。在269年一场可能是"彻底击垮"的战役中，克劳狄二世（Claudius II）自称为"哥特库斯"（Gothicus，打败哥特人的皇帝）。

但哥特人并未被彻底击垮。虽然他们的战斗力因为饥荒、疾病和恶劣气候而大受影响。有些人确实放弃了，或是在多瑙河以南定居下来，成为开拓者。有些人加入游击战士队伍，隐身在山中，等到270年春天才重新现身。克劳狄死于流行病，继任者是奥勒利安（Aurelian）。新皇帝更胜一筹，自称为"哥特库斯麦西穆斯"（Gothicus Maximus，至高无上的打败哥特人的皇帝）。罗马书记夸耀地记述哥特人已经完全被征服，"他们现在必须维持和平好几百年"。

事实上和平不是打胜仗得来的，而是买来的；也没有维持好几百年，而只有几十年。罗马人放弃了罗马尼亚，西哥特人忙于占领喀尔巴阡山脉两侧的多瑙河以北地区。他们比以往更加深入帝国：先遣人员于280年定居在马其顿，其他国人于295年到达。新移民带来了新的入侵者。汪达尔人前来抢夺哥特人的土地，因为"他们在林木茂密山区的居住地已经没办法维生"[①]。

哥特人开始和罗马帝国发展一种特殊关系。他们的战士在罗马军队中担任副手，双方成了盟友。有些哥特人或许偶尔仍会劫掠，但多瑙河下游地区维持了一二十年的和平。315年，另一位"打败哥特人的皇帝"君士坦丁（Constantine）大帝即位。哥特人被赶回多瑙河对岸，因此他们向西移动，迁徙到特兰西瓦尼亚。皇帝再度打败他们，同时还为皇帝竖立了胜利雕像，歌颂他的丰功伟绩。不过哥特人并没有被消灭，他们还是经常前来骚扰劫掠。双方再度签署和约，罗马宫廷允许部分哥特人定居在多瑙河南岸马其顿部分地区。他们在和平时期以耕作维生，战时则在罗马军队中服役。但在348年极度严寒的冬季，更多西哥特人越过冰冻的多瑙河。有些定居在罗马尼亚南部，有

[①] 科尔内留斯·塔西佗（Cornelius Tacitus）：《日耳曼尼亚志》（*De Origine et situ Germanorum*），translated by C. Wolte, Reclaims Universal-Bücherei, Nr. p. 726。

些则劫掠马其顿。

所以是匈奴来到欧洲之前,哥特人的历史就是一幕幕战争与和平交错出现的乏味历程。在气候允许下,他们会留在家里,耕种田地。如果只能收割农作物,他们会是优秀的农人和勇敢的罗马佣兵。后来匈奴来了,只要这一年风调雨顺,收成足以养活自己和上缴给匈奴领主,就可以和平相处。哥特人只会在农作物歉收时才会劫掠。年复一年,只要农作物歉收,他们就到罗马来劫掠。有些人死于战争,但死于流行病和饥荒的人更多。最后哥特蛮族之所以朝西方迁徙,应该归罪于气候,而不是匈奴。

您应该还记得,哥特人不是在东欧土生土长的民族。他们来自北方,匈奴来了之后才被赶到南方。公元 1 世纪时,他们在波罗的海南岸畜养牲口和种植农作物。① 2 世纪后半或 3 世纪初,哥特人不得不离开这里。古老的歌谣述说了他们向南移居到西徐亚人土地的故事。战士们和妻子小孩一同前往。他们横越波兰和白俄罗斯的沼泽地,进入乌克兰,横越第聂伯河,征服了当地的伊朗人和萨尔马提亚人 (Sarmatian)。哥特人先定居在亚述海岸,几代之后逐渐向西发展。他们向罗马第一次大规模进攻是在 238 年。

罗马历史学家并没有详细记录哥特人大迁徙的事迹。但恺撒在此之前两世纪写下的《高卢战记》中,曾经描述了类似的大规模民族迁徙:

> 厄尔维几人 (Helvetti) 对离乡他迁的计划,仍旧毫不松懈地做着准备。最后,当他们认为一切准备工作都已就绪时,就烧掉自己所有的十二个市镇、四百个村庄以及其余的私人建筑物。他们除了随身携带的粮食以外,把其余的也都烧掉,这样,便把所有回家的希望断绝干净,只有拼命冒受一切危险去了。他们又命

---

① 科尔内留斯·塔西佗:《日耳曼尼亚志》, translated by C. Wolte, Reclaims Universal-Bucherei, Nr. p. 726。

令各自从家里带足够三个月用的磨好的粮食上路。①

当天是公元前58年3月28日。总数达三十五万人,成员包含战士、女性和儿童的行列攀越汝拉(Jura)山脉,要从瑞士迁徙到法国。恺撒拒绝他们进入罗马省份,但他们仍然继续前进,最后在比布拉克特(Bibracte)附近全军覆没。恺撒宣称十三万名幸存者都被遣送回了瑞士,事实上幸存人数远多于此数,而且没有全部回去。他们在法国中部建立了新的殖民地。

印欧部落离开家园大举向外迁徙,相当类似旅鼠半定期的强迫性迁徙。旅鼠迁徙是因为"食物来源改变,压力造成荷尔蒙改变和显然不具理性的行为"②。

印欧人迁徙会不会也是因为食物短缺,压力让他们别无其他选择?

很可能是这样。

耶稣基督出生前几个世纪,气候大致温和,德国北部农业经济相当繁荣。一直到1世纪,被塔西佗列为德国北部和平居民的部落包括易北河谷和荷尔斯泰因的斯维比人(Suebi)、易北河下游河谷的伦巴底人和赛姆侬人(Semnones)、石勒苏益格的撒克逊人、梅克伦堡的瓦里尼人(Varini)、波美拉尼亚的鲁吉人(Rugii)、波罗的海南岸的勃艮地人、维斯瓦河流域的汪达尔人和哥特人,以及维斯瓦河以东的斯拉夫部落。

这个千禧年结束时,气候不断恶化。西汉末年,中国因为严寒和干旱造成各地叛乱频仍时,欧洲北部则是寒冷潮湿。耕种季节也变得太短,收成则相对减少。可供牲口食用的饲料很少。③ 经济压力迫使

---

① 恺撒:《高卢战记》,任炳湘译,北京:商务印书馆,1979年,第9页。
② 布里奇斯(Robert Bridges)曾将第二次十字军东征与旅鼠迁徙相互比较。其实将哥特人迁徙比作旅鼠迁徙更加贴切。有些十字军最后回到家园,但哥特人和旅鼠一样并没有回去。参阅Charles Elton, *Voles, Mice and Lemmings*, New York: Wheldon and Wesley, 1965, p.214。
③ 罗马时代的日耳曼人可能还没有学会制作干草。他们的牲口在冬天可自由走动。小冰川期来到时,牲口在冰雪覆盖的地面很难找到吃的东西,因此在北欧不可能靠畜牧为生。

许多部落日耳曼人去当佣兵,但市场上没有食物可卖时,就算有钱也买不到吃的东西。在饥饿威胁下,农民和牧民没有选择,只能离开家园。厄尔维几人首先离开瑞士多山地区。波罗的海沿岸的哥特人于2世纪离开。接着汪达尔人、斯维比人和勃艮地人也纷纷离开。伦巴底人则是等到4世纪,气候恶化到极点时才离开。

罗马书记告诉了我们哥特人的历史,汪达尔人、斯维比人、勃艮地人和伦巴底人的历史也相当类似。他们都来自欧洲北部,原先大多居住在莱茵和奥得河之间的地区,后来移居到欧洲中部。匈奴入侵后,他们不得不再度迁移。他们和哥特人一样,或早或晚找到了最后的归宿:勃艮地人到了法国勃艮地和瑞士西部,斯维比人到了德国南部与西班牙,汪达尔人到了北非,伦巴底人则到了意大利北部。他们的国家是部落国家。全国人民在国王带领下齐心协力,一同迁移,边迁徙边打仗,或在和平时成群定居下来。他们像旅鼠一样离开欧洲北部的家园,寻找有阳光的地方,也和旅鼠一样,许多人就此消失,再也没有回家。

来到"十分之一之地"的拓荒者

日耳曼人并没有全部都朝南方大规模迁移,他们朝莱茵河谷殖民时,阿勒曼尼人(Alemanni)和法兰克人就没有跟进。

阿勒曼尼人是什么人?

塔西佗的《日耳曼尼亚志》中并没有这个部落。罗马人于4世纪用"阿勒曼尼亚"(Alemannia)来称呼莱茵河与多瑙河之间,也就是罗马行省中的日耳曼尼亚与雷蒂亚之间的地区,住在阿勒曼尼亚地区的人也就称为阿勒曼尼人。①不过黑森(Hesse)和德国西南部邻近地

---

① 撰写关于阿勒曼尼人的内容时,我的参考资料来源有好几个,包括:Dieter Geunich, *Geschichte der Alemannen* (Stuttgart: Kohlhammer, 1997); Siegfried Junghan, *Swaben, Alamannen und Rom* (Stuttgart: Theiss, 1986); Karlheinz Fuche et al., eds., *Die Alamannen* (Stuttgart: Landesmuseum Baden-Wurtfemburg, 1997).

区在 1 世纪时不是称为阿勒曼尼亚，而称为"阿格里戴可美特"(Agri Decumates)，也就是"十分之一之地"。公元 98 年，塔西佗在书中提到这片土地原本属于厄尔维几人，后来从高卢来了一些"野蛮的流浪汉"，占领了这片土地。他们完全不管土地所有权或法律纠纷，自顾自地开始垦荒或整地，畜养牲口或种植农作物。

3 世纪打了胜仗的罗马皇帝，包括卡拉卡拉（Caracalla）、马克西米努斯（Maximunus）、加列努斯（Gallienus）、克劳狄二世、普罗布斯（Probus）等，都自称为"日耳曼库斯"（Germanicus）或"日耳曼库斯马克西姆斯"（Germanicus Maximus）。显然这个地区的人原先称为"日耳曼人"，到了君士坦丁大帝时，"阿勒曼尼亚"这个名称首次出现在他的硬币上。

根据历史学家的意见，"阿勒曼尼"这个词的意思是"一群血统不同的人"。换句话说，他们不像黑森地区的卡蒂人（Chatti）、俄罗斯南部的哥特人，或是意大利的伦巴底人一样属于特定的部落。他们不是某个英明国王手下的征服者，也不是整个民族一同迁来阿勒曼尼。这些人是个别或三两成群来到这里开垦，时间可能还在塔西佗之前，后来他们成为阿格里戴可美特人。

公元最初几世纪的考古发现相当稀少，因此他们的开拓地一定相当稀少分散，大多建立在河边。陶伯河（Tauber）边一处开拓地的年代为 2 世纪。他们的陶器和为数不多的家庭用品，相当类似莱茵河与威悉河（Weser）下游流域的东西。这些人住的地方距离罗马防线上的城堡不远，一向和罗马人和平共存。

他们是什么人？又来自什么地方？

解答这些问题的关键就在"阿格里戴可美特"这个词的意义。塔西佗并没有解释这个名称。有人推测这个词可能代表占据这片土地的是有十个族的部落。不过，"戴可美特"这个词并不是"十"的属格，而是"十分之一"的属格，因此"阿格里戴可美特"不是"十个族的土地"，而是"每十分之一的土地"。

为什么要说"每十分之一"？又是什么东西的十分之一呢？

另外一位历史学家推测，或许他们要支付什一税，必须付出十分之一的收成。如果他们要支付什一税，那和其他人支付的税有什么不同？这所谓的十分之一有何特别之处，让"十分之一之地"成为这里的人的代称？

我们或许永远找不到真正原因，但席勒的《威廉·泰尔》（*Wihelm Tell*）提供了十分简单的答案。瑞士的传奇创建者施陶法赫尔（Stauffacher），告诉了我们阿勒曼尼人的起源：

> 请听，这是老牧人们传下来的故事。
> 从前，在遥远的地方，
> 有一个强大的民族，碰到一次大饥荒。
> 在紧急的时候，大家开会决议，
> 在每十个人当中抽签决定一人，
> 要离开故土，这项决议终于实行。
> 接着，男男女女，饮泣吞声，
> 组成一支大军，向南方远行，
> 仗着刀剑开路，穿过德国本土，
> 抵达这林木丛杂的山野。

席勒或许是由传奇故事了解历史，但罗马书记中也提到在困苦时刻，每十人中有一人必须离开的习俗。因此我们可以合理推论，"每十分之一的土地"是抽到坏签而必须离开故乡那十分之一的人所居住的地方。他们必须离开，让留下来的其他人能拥有更多资源。

塔西佗说这些流浪汉来自高卢，也就是罗马人统治下的欧洲西部，野蛮地占领厄尔维几人放弃的土地。这些新居民讲的是德语，不过不是高卢人，只是刚好经过高卢。在守法的罗马书记眼中，他们显得相当野蛮，因为他们从来不管合不合法。或许是因为别无选择，他们清理了土地或砍伐森林，在那里畜养牲口和种植农作物。他们的土地被称为"阿格里戴可美特"，因为这些土地属于那些"十分之一"的人，这十分之一的人被迫成为开拓另一个遥远地方的先锋。

这些移民不像哥特人是同时一起迁徙，而是一小群一小群来到这里。北美洲移民有英国人、苏格兰人、爱尔兰人、法国人、瑞典人、荷兰人、丹麦人等，来到"阿格里戴可美特"的先锋同样来自不同的日耳曼民族。这些人被称为"十分之一的人"，最后融合起来，得到了"阿勒曼尼人"这个新名称。

考古证据显示，260年罗马防线瓦解后，移民开始大举迁入。目前没有证据显示他们有像阿拉里克率领的西哥特人或狄奥多里克率领的东哥特人一样有组织的入侵行动。这些新移民正如历史学家一向的想法，是来自东方或东北方。许多是来自易北河谷的斯维比人，由布拉格到汉堡。有些人是来自埃尔斯特河（Elster）和萨勒河（Saale）以西的图林根盆地。还有一些人来自德国东部，包括石勒苏益格、荷尔斯泰因或梅克伦堡。

哥特人、汪达尔人和勃艮地人则是一同迁徙，他们的家园人口减少。另一方面，"十分之一的人"离开了，有十分之九留下来。除此之外，移民并没有忘记自己的根本。举例来说，许多斯维比人在死前会回到故乡。阿勒曼尼人是农民和手工业工人。他们在罗马军队中服役，但不喜欢住在罗马城市中。4世纪末一位罗马书记将阿勒曼尼人群分为布里加维人（Brigavi）、伦田西斯人（Lentiensis）、布其纳欧班提人（Bucinaobantes），以及拉托瓦里人（Raetovarii）。这些名称的命名依据都是殖民地的地理位置，而不是他们的种族来源。

阿勒曼尼人在君士坦丁一世执政时（306—337年）与罗马结盟，许多人还在罗马军队中担任高级军官。351年，阿勒曼尼人和法兰克人利用罗马军团前往东部打仗时劫掠普法尔茨（Pfalz）、阿尔萨斯和瑞士。罗马人回头痛击他们，君士坦丁二世自称为"阿勒曼尼库斯马克西姆斯"。但过了几年，他的继任者必须再度跟他们打仗。据说在

357年的斯特拉斯堡战役中，战死的阿勒曼尼战士多达数千人。

战胜之后带来的和平最后只是一场空。365年莱茵河结冰时，阿勒曼尼人越过莱茵河，在西岸定居，但于368年再度前来劫掠。罗马人出兵反击，打了多场胜仗。瓦伦提尼安一世（Valentinian I）也自封为"阿勒曼尼库斯"。他沿莱茵河建造新防线，公开宣称阿勒曼尼人是罗马帝国的敌人。当时居住在阿勒曼尼地区莱茵河以东的勃艮地人，以及莱茵河以西的法兰克人都受雇为佣兵，跟阿勒曼尼人作战。

尽管如此，阿勒曼尼人仍然一再找麻烦。东边的伦田西斯人得知罗马因匈奴入侵而国力衰弱时，开始起而叛乱。罗马皇帝和法兰克援军回头攻击，于378年击败为数四万或七万人的阿勒曼尼军队。据说阿勒曼尼生还者不到五千人，全都逃入黑森林地区，因此历史上又出现了一位"阿勒曼尼库斯马克西姆斯"。

罗马书记的描述或许有点夸大，但阿勒曼尼似乎确实安静了一阵子，接下来的半世纪，他们还被称为罗马的盟邦。匈奴王阿提拉向西侵略时，有些阿勒曼尼人再度叛乱，加入劫掠者的行列，但其他人则在罗马将军麾下并肩作战。

5世纪后半，罗马帝国解体，法国北部的法兰克人、阿基坦的西哥特人、西班牙的斯维比人，非洲的汪达尔人，以及匈牙利的匈奴等开始崛起。阿勒曼尼人再度试图进入莱茵河以西，但被法兰克国王克洛维所拦阻。世纪交替前后，阿勒曼尼人受挫的次数更多，但他们没有放弃独立。最后他们终于在莱茵河以南的瑞士找到避难所，受狄奥多里克大帝保护。

阿勒曼尼人和美国人一样，为了移民而来到德国西南部和瑞士的新家园。他们不是整个民族一同前来，也没有西哥特人的阿拉里克或东哥特人的狄奥多里克那样的英明君主。移民先锋于6—7世纪清除了瑞士中部的森林，成为自由农民，向修道院或国王的管理人纳税。因此瑞士成为现代史上第一个民主国家也就不足为奇了。

阿勒曼尼人没有将自己遭遇的困顿归罪于匈奴，抽到坏签的是他们自己。当时有饥荒，又正值全球冷化。

迁徙时代

瑞士的厄尔维几人大规模迁徙，以及中国农民叛乱推翻王莽政权，预告了耶稣基督诞生后不久，小冰川期即将到来。到了接近6世纪末时，斯拉夫人进入巴尔干半岛与德国北部，阿勒曼尼人入侵遍布森林的阿尔卑斯山前麓地带，以及中国进入隋朝后再度统一，代表寒冷时期结束。在这段六百年的时期，日耳曼部落大举迁徙，寻找有阳光的地方，中国农民则向南寻找新的耕作土地。历史学家将这些都归罪于匈奴。但事实上，匈奴也是因同样的气候变迁而迁移。他们原本是无忧无虑的游牧民族，在中亚地区放牧牛羊。后来根据亨廷顿于1915年的推测，气候变得又冷又干。[①]这些游牧民族必须离开，他们向西前往欧洲，向南来到中国，为的只是寻找食物和牧草。

所以祸首是气候变迁，别怪匈奴！

[①] 亨廷顿在著作《文明与气候》(*Civilization and Climate*, New Haven: Yale University Press, 1915) 中，首先提出气候影响文明史的推测。他在书中提到，文明往往随六百年的气候周期（而非本书所主张的一千二百年）而崛起或没落，恶劣气候往往造成游牧民族大量出走，例如匈奴迁徙。

第三章
中世纪温暖期的贪婪征服

> 飞蝗分为两型。散居型通常以小数量出现,群居型大量出现,而且通常相当密集。蚱蜢是散居型,不会群聚生活。但以群聚方式饲养散居型的幼虫,则幼虫会变为群居型,最后成为蝗虫,它们通常会大量成群行动。非洲西部的沙漠蝗虫往往可飞行5000公里,到达印度西部,在生长和交配期间,每天可吃下和体重相当的植物。
>
> ——《大英百科全书》,"蝗虫"条

> 军队四处劫掠,在各处带来血腥与悲惨。军队带着火把和长剑,毁坏了各地的教堂和修道院。他们离开时,只剩下残垣断壁。
>
> ——西米恩的达拉谟,《盎格鲁—撒克逊史》

饥饿的农民在需要没有获得满足时掀起战争,征服者则在富足时现身掠夺。一大群人集结起来之后,贪婪逐渐成为一种难以抵挡的情绪。7世纪初气候转好,同时也带来了一段征服时期。阿拉伯、突厥和蒙古骑兵从沙漠中倾巢而出,维京海盗则从北方向南进逼。

阿拉伯沙漠的绿化

我于 1948 年 9 月到达哥伦布市时,俄亥俄州立大学地质系主任是埃德蒙·施皮克尔(Edmund Spieker)。他是个很好的人,至少我这么认为。当时我十分羞涩,而且英语讲得非常差。

他说:"你想来这里学什么?"

我说:"我对造山运动很有兴趣。"

"现在不大可能,这个主题通常是院士才能做。"

"可是中国那边的老师要我做这个题目。"

"真的吗?"

"真的,他说我可以在图书馆念书。"

施皮克尔不大高兴,尴尬地沉默半晌之后,他发话了:"你读过吉尔伯特(G. K. Gilbert)的《邦纳维尔湖》(*Lake Bonneville*)吗?"

"没有。"

"没读过?这是美国地质调查所出版的第一本专题著作。"

当时我根本没听过吉尔伯特,也不知道邦纳维尔湖在哪儿。后来我才知道吉尔伯特是美国地质学家的偶像,但我在地图上还是找不到邦纳维尔湖。其实这是正常的,因为这座湖现在已经不存在,不过以前确实有。大约一万五千年前,犹他州是一座大湖的湖底。吉尔伯特发现刻画在瓦沙契山山坡上的古代岸线,从而发现了这座湖。冰川期末年,湖中满是融化的冰水,深度超过 300 米。最后湖边出现缺口,湖水流走,盆地干涸。盆地又有水时,水量仅足以形成浅滩和含盐的大盐湖。

我在图书馆花了一年时间研读吉尔伯特和其他大师的作品。1949 年暑假开始前几天,施皮克尔找我去,他说:"你要去犹他州上田野地质学的课。"

我说:"可是我没有钱。"

"你必须去观察岩石,我们会帮你出钱。对了,你的论文写得怎么样?"

"我一直在读书,觉得有点疑惑。每个人讲的都不一样,但都很有说服力。"

施皮克尔对面前这位经验尚浅的年轻人和他的远大计划笑了一下,不经意地随口问道:"你看过山吗?"

"没有,我在中国西南部红盆地长大,那里只有连绵不绝的山丘,后来我回到上海附近的三角洲地区。"

"现在你该看看山了,毕竟你要写关于山的东西。"

讨论到此为止。施皮克尔给了我一笔奖学金。我们到了美国西部,我看到了山,也看到了沙漠。

我对沙漠的认识仅限于看电影时得到的印象:沙漠就是一片黄沙占据的土地。现在施皮克尔告诉我,沙漠代表的是气候。一个地方的年蒸发量大于降水量,就称为沙漠。由于缺水,因此沙漠里植物相当少。施皮克尔的引介成为我持续一生的热情。我在犹他州沙漠接受田野训练,在加州沙漠完成博士论文中的工作,最后在受邀到苏黎世后,到阿拉伯沙漠完成第一次学术研究。

阿布扎比的沙漠海岸是个研究白云石起源的好地方,这种岩石组成了南提洛尔(South Tyrol)的白云石山脉。我的学生让·施奈德(Jean Schneider)在那里进行水文研究,我到那里监督他的工作。现场工作的最后一天下午,我们提早完成工作。天气很热,我们觉得很渴,但我们还想到周围看看,因此要贝都因司机带我们出去观光。

他在通往沙漠的路上停了下来,带我们看令人惊奇的巨石建筑。他说他之所以知道这个地方,是因为曾经帮丹麦考古队开车。

阿布扎比这些构造是大石块排列成的圆形结构。关于巨石结构的文献资料相当多。人类为什么建造它们?它们代表什么意义?又是谁在什么时候建造的?当时我不知道阿布扎比有很多巨石,也没有看到丹麦的考古报告。我们的司机没有什么东西可以告诉我们,但他回答了一个问题：他知道这些人在哪里取得饮用水，没错，他知道。那里有泉水，他带我们到附近一处泉水旁。水从岩缝中渗出，在悬崖下聚集成一个水坑。我喝了一口，差点吐了起来。水有点咸，味道像货轮的水龙头放出来的水。这种水不适合拿来喝，但建造巨石结构时一定是可以喝的。因此我们可以得到一个结论，当时的气候应该和现在不同。

阿拉伯半岛的降水量取决于所谓"热带辐合区"（Interopical Convergence Zone）的位置。来自南方、带来印度洋水汽的夏季季风，和来自西北方的风会合的地方就称为辐合区，目前位于阿拉伯半岛以南。阿拉伯半岛几乎完全没有降水，因为季风转向东北，把雨带往印度。不过气候较为温暖时并非如此，例如间冰期和冰川期后的几千年，季节雨能够更加深入北方。以前曾有一段时期降水非常多，地下水位也相当高，在阿曼的石灰岩洞中形成滴石。① 很久以前季节雨经常造访阿布扎比时，巨石群附近的水应该可以饮用，水量应该也足以供应大批纪念物建造工人。最近我再度回到阿布扎比时，确定了这些推测都没错，以往这里的气候确实没有那么干旱。②

巨石文化从欧洲西北部扩散到地中海沿岸，越过波斯湾，到达印度。阿布扎比的巨石群是由波斯湾商人所建立。没错，印度和埃及之间古时候有贸易通路，阿拉伯沙漠中也有几段文化发展时期。新石器时代的人为先人建造巨石群。铜器时代的人建立了居住地。铁器时代接着到来，这片海岸上的港口城市的商人非常有钱，甚至会在座骑下葬时以金马鞍陪葬。贸易通路从阿布扎比内陆通到阿拉伯半岛。希腊地理学家埃拉托色尼（Eratosthenes）曾描述过四个沙漠王国，其中有

---

① Stephen Burns，Albert Matter 与其他作者发表于 Geology [26 (1998), 499-502] 上的文章让我们进一步了解阿拉伯半岛的气候变迁。
② 1998 年撰写本书初版草稿时，我造访了阿联酋两座出色的博物馆，得知近五千年来四次温暖潮湿时期，这片沙漠有人居住。尽管新资料证实了本书对以往状况的推测，我仍决定删除本章中的细节探讨，以避免大幅度修改。

一个王国就是《圣经》上提到的被希巴（Sheba）女王统治的地方。

公元最初几世纪的全球冷化时期，降水量最少时，阿拉伯半岛上的古王国随之衰败。日耳曼国家的人民入侵欧洲各地时，阿拉伯半岛自成一个小世界。沙漠中的定居人民住在绿洲，不是开垦果园种植枣椰树，以农业为生，就是从商。当时还有贝都因人，他们在历史上的重要性主要在于他们经常偷袭沙漠边缘附近的定居者。

公元600年左右，世界因全球暖化而受惠，大量降雨次数增加。人口增加，食物供应增加，人口也随之增加，阿拉伯人开始大量离开沙漠。穆罕默德和信徒以传播伊斯兰教的名义，于628年开始一场大规模的人口移动，开放了伊斯兰时代。第一代哈里发阿布·贝克尔（Abu Bakr）和近五百年后的成吉思汗一样，平定了内部动乱，将人口大量增加的能量疏导到新的出口。他派遣了三批人，每批约三千人，到叙利亚开始宣教。他去世之后，继任者仍继续采行扩张政策。[1]阿拉伯军队从拜占庭王室手中夺取了埃及、利比亚和叙利亚，将伊拉克收为附庸国，并在占领波斯部分领土时消灭了萨珊帝国。

这些征服成果显然不足以完全吸纳部落的能量。阿拉伯半岛内发生内战，阿里于656—661年登基为伊拉克国王，并收服亚美尼亚和整个波斯。一个竞争对手在大马士革发号施令，他的继任者倭马亚（Umayyad）将在711年攻击印度和伊比利亚半岛。穆罕默德之后不到一百年，阿拉伯帝国成为世界最大的国家之一。伊斯兰军队将他们的宗教向东带到印度，向西远达西班牙，向北达到中亚地区，超越奥克苏斯河（Oxus）。

阿拉伯所能提供的人力也不是用之不竭，士兵数目开始捉襟见肘。700年后，非阿拉伯人也允许加入伊斯兰军队。非阿拉伯人开始担任指挥官和管理官员之后，帝国逐渐呈现穆斯林联盟的面貌。热闹

---

[1] 第二代哈里发为奥马尔一世（Omar I, 634—644年在位），继任者为奥斯曼（Othman, 644—656年在位）。除此以外，文内还删除了其他人名以便阅读。

的伊斯兰聚落继续在沙漠根据地生生不息，阿拉伯帝国却解体了，土地一块块成为外国领土。波斯人、塞尔柱突厥人、蒙古人、马木路克人相继统治帝国的大片领土。后来奥斯曼土耳其帝国于15世纪一统天下，成为伊斯兰世界的君主。

阿拉伯军队的征服和哥特人同样短暂，但有点不同。哥特人离开了位于波罗的海和本都（Pontus）地区的故乡。他们离开时是全体一起迁移，包含男人、女人和小孩，和旅鼠一样没有再回到这里。阿拉伯战士则只是先头部队。他们没有定居下来，成为土地的地主，他们的职责是打仗。他们靠打仗领薪水，有些士兵退役之后回到家乡，另外有些是留下来了，住在基地或军营城市，最后成为居民。举例来说，有一小部分进入西班牙的阿拉伯人，最后就在西班牙落地生根。

另外还有一个差别。哥特人在小冰川期离开，当时他们的土地已经没有生产力。他们离开家乡是因为气候恶劣使食物供应减少。阿拉伯人则是在气候最佳时期之初开始征服，当时他们故乡的土地正值最富饶的时期。他们离开是因为人口过剩而必须如此，再加上征服的欲望推波助澜。他们的集体行为比较不像旅鼠般别无选择，而像是蝗虫般四处出击。

俄罗斯昆虫专家凯平（T. Keppen）于1870年得出结论，认为飞蝗虽然有两种形态不同的外观，但其实是同一个物种的变种，或说是同一种昆虫的两种形态，分别是散居型（solitarious）和群居型（gregarious）。蚱蜢是散居型，幼虫是绿色。蚱蜢从小到大都是绿色，不会成群结队行动。群居型飞蝗生下的幼虫比较重，通常是深色甚至黑色。它们储存在体内的营养较多，因此耐受饥饿的能力也较强。①

散居型的蚱蜢同时出现的数量不多，群居型的蝗虫则会大群聚集在一起，通常分布得相当密。令人惊讶的是，这两种昆虫会互相变

---

① 请参阅 Boris Uvarov, *Grasshoppers and Locusts*, Cambridge：Cambridge University Press, 1966。

化。如果将散居型蚱蜢的幼虫集中饲养，就会变成群居型的蝗虫。群居型通常会群聚长距离移动。举例来说，非洲西部的沙漠蝗虫往往可飞行 5000 公里，到达印度西部，在生长和交配期间，每天可吃下和体重相当的植物。

蝗虫就像是成群结队的征服者。开始于 7 世纪初的全球暖化有助于人口繁衍，沙漠绿化更进一步提高了生育能力。人口越来越拥挤。人类体内似乎也和蝗虫一样发生了荷尔蒙改变。贝都因人聚集起来之后变得好战，散居的游牧民族变成群居的战士。散居的沙漠居民为贪婪所迷惑，征服了四分之一的世界。

其他地方又是什么状况？

其他地方也有蝗虫群，全球暖化时代也是征服的时代。

中亚的绿化

我在中国长大时见到的穆斯林被称为"回民"。他们都戴着白帽，除了鼻子之外，看起来跟我们没什么不同。回民现在主要居住在中国的宁夏回族自治区，但中国各地都有，就像欧洲的犹太人一样。学者对他们的来源仍没有定论。有些学者认为回民是古代西夏王国女性和成吉思汗军队中阿拉伯士兵结合所生的后代。

1991 年，我为了地质田野工作而造访宁夏。这个地区面积和瑞士相仿，人口仅略少于瑞士，但两地间的财富完全无法相提并论。接待我的是地区地质研究主任。在接风宴会上有人问我："瑞士地质调查局有多少位地质学家？"

"一位也没有，根本没有瑞士地质调查局这个机构。"

"瑞士没有地质调查局？"

"没有，没有地质调查局，你为什么这么问？"

"哦，我只是想知道你们政府派任了多少地质学家。宁夏有四百万人口，地质学家超过四千名，比例大概是千分之一。"

"瑞士有七百万人口，地质委员会雇用了三个人和一位半职秘书，这样算来是二百万分之一。私人机构是有地质学家，但我们不需要政府调查局。瑞士除了水之外没什么自然资源。"

"我们也没什么自然资源，连水都不大够。地质调查局是解放不久后为寻找矿藏而成立的，但什么都没找到。政府现在每年还在继续派地质学家来。"

"那么他们做什么？我在外面遇见过地质学家，但他们说是西安来的。"

"对，他们是大学的人，拿北京的经费在宁夏做田野测绘。这应该是我们的工作，但我们没经费。我们连付正常薪水的经费都没有。刚从学校毕业的年轻人拿的是退休金。他们没工作好做，等于是二十几岁就退休了。"

"政府为什么一直派地质学家来？"

"这是计划经济中解决失业问题的一种方法。如果年轻人没有上大学，就会去闹事。现在他们都被集中在地质学院，毕业之后就送到这里。供应他们最基本的生活需求，他们就不会聚集起来惹是生非。"

"这个省的收入是靠什么？"

"自治区是为回民成立的。他们本来是游牧民族，但现在都到大城市去了，沙漠里根本没有水。"

"没错，我们在田野工作时几乎没看过人。对了，我有一次一天才看到一头驴子。我们在蒙古和西藏看得到牧草地和羊群或牦牛群，也看得到人。这里只看得到石头。"

"但我们没有水可以供应黄河沿岸的灌溉土地。"

"不过宁夏曾经是西夏的土地，当时他们怎么过活？怎么养庞大的军队？"

西夏在 11 到 13 世纪曾是党项国。西夏领土最初以位于青藏高原北端的青海为中心。在西夏王国全盛时期，领土南达西藏，西到中距，北到戈壁，东到黄河沿岸。西夏王室于 11 世纪迁到银川，也就是自治区目前的首府。西夏王国曾收过中国宋朝的贡品,成为蒙古人的劲敌。金帐汗国轻易地打败了每个国家,但成吉思汗必须发动六场战役来对抗西夏。1227年,西夏王国被征服时,男性被杀死或流放,女性被分配给佣兵,其中许多是阿拉伯人。

我造访了银川南边的墓地,坟墓分散在沙漠中,面积广达40平方公里,几乎寸草不生。[1]站在大型墓塔前,我对这个古代沙漠王国的财富和国力感到惊讶。

它真的是沙漠王国吗?

其实不是。当初西夏人住的地方不是沙漠,而是草原。他们在有灌溉的土地上种植作物,在牧草地上畜养牲口。

现在牧草地到哪去了?

都不见了,气候变了。我们刚刚脱离上次小冰川期,但宁夏还是沙漠。不过气候比较温暖的时候,宁夏不是沙漠,西夏国王住在这里统治国家。这段时间是中世纪温暖年代最好的时期。当时土地十分葱翠。人口爆炸之后,这个畜牧王国有许多男性可充当士兵,许多马匹可供骑兵骑乘,许多骆驼可用于后勤运输,还有繁荣的经济可支持战争。

西夏人很会打仗,但并不贪婪。他们有自己的王国,也享有宋朝提供的贡品。不过他们习惯定居,不会沉溺于征服,不像是他们之前的西藏人,或是他们之后的突厥人或蒙古人。

很少人知道土生土长的西藏人。7世纪入侵建立图兰(Turan)王国的是羌人。后来佛教和中国文化传入西藏,其后两百年,这个王国成了军事强权。唐朝皇帝必须将公主嫁过去和番,安抚这些"胡人"。唐朝内乱后国势衰弱,西藏人入侵中国。他们于763年攻打唐朝首都西安,逼得皇帝逃出京城。西藏于9世纪后开始衰弱,王国分裂成数个畜牧或半畜牧国家。后来到10世纪,西藏北方的羌人再度

---

[1] 最近在银川西方的西夏古墓开始发掘,请参阅安金槐主编:《中国考古》,上海:中国古籍出版社,1992年,第768页。

统一,他们迁徙到宁夏,建立了西夏王国。

再往北方走,在亚洲外围,随着中世纪温暖期到来,当初的沙漠和冻土地带,逐渐变成茂盛的牧草地。供应人类的食物和供应牲口的饲料越来越多。人口爆炸,蒙古拥有取之不尽的人力。

突厥人首先于 8 世纪登上舞台。突厥人是谁?他们是从哪里来的?

突厥人是说突厥语的人,包括阿塞拜疆人、哈萨克人、吉尔吉斯人、塔吉克人、土库曼人、乌兹别克人、土耳其人,中国西北部的维吾尔人,以及伊朗、阿富汗和其他国家说突厥语的人。虽然说的是同样的语言,但突厥人并非完全相同。他们在人类学上有相当大的差别,从所谓的蒙古人到圆形头颅的哈萨克人和吉尔吉斯人,再到长形头颅的土库曼人等。

我在学校时念过很多关于这些作乱胡人的事。他们一直在北方徘徊活动,不时南下劫掠,像蝗虫一样。汉朝历史学家称他们为"匈奴",他们是匈奴。后来唐朝时出现了突厥人。后来蒙古人统治中国,成为元朝皇帝,最后满洲人统治中国,成为清朝皇帝。我们学到的是,他们都是亚洲北方人,说的语言属于乌拉尔—阿尔泰语系。但我们没学到匈奴什么在什么时候,怎么变成了突厥人。

目前住在中国西北部的是维吾尔人。[①]维吾尔是一个民族的名称,起初称回鹘,10—12 世纪,新疆曾经有回鹘王国。回鹘人不是当地人,他们是来自北方蒙古的入侵者。鄂尔浑的纪念碑竖立于 732 和 735 年,纪念突厥人脱离唐朝附庸国地位,表示回鹘人居住在西伯利亚色楞格河河畔。745 年,回鹘人成为全蒙古的统治者,但一个世纪后,叶尼塞河流域的吉尔吉斯人把他们赶走。回鹘人朝西南逃,在甘肃和新疆建立了王国。

在回鹘人到来之前,新疆早就已经有人居住。中国历史学家在西

---

① 在讨论新疆的吐火罗人时,我的主要参考资料为 Victor Mair, *The Bronze Age and Early Iron Age Peoples of East Central Asia*, Washingtion DC:Institute for the Study of Man, 1998。

域记载了蓝眼睛、红头发的巨人,他们是月氏人和乌孙人。他们说的语言相当奇怪,中国人听不懂,只有大诗人李白懂。

据说来自西北的胡人想羞辱唐朝皇帝,大使呈上的文书让中国宫廷博学多闻的学者也看不懂。

太监总管说:"赶快找李白来,他什么都懂。"

他们在酒肆找到李白,带到皇帝面前。虽然醉得昏昏沉沉,还是懂这种语言。他告诉皇帝,他需要先小睡片刻。太监总管帮他脱靴子,皇帝的爱妃帮他磨墨,让李白代表皇帝回复。

我们这些小学生没学过那种奇怪的语言是什么,老师也不知道。欧洲学者将蓝眼睛、红头发的胡人说的语言称为西北吐火罗语。这种印欧语言比印度伊朗语言更接近德语和凯尔特语。最近在塔里木沙漠中发现了木乃伊,这些木乃伊其实就是印欧人。公元前2000年左右,他们从欧洲西部来到中国西北部。①他们在这里定居繁衍,人数相当多,到耶稣诞生前数世纪间,人口多达五十万。

这些白皮肤金头发的西域人怎么了?

这些牧民仍然住在同一地区,距他们到达此地已超过两千年。举例来说,塔克拉玛干沙漠里曾有楼兰人,住在罗布泊旁边。其他吐火罗人住在丝路上的城市里。年代为500—700年的吐火罗手稿保存在沙漠岩洞中,20世纪被欧洲旅行者发现。手稿内容以两种方言写成,东吐火罗文A专门用于书写佛教文学。西吐火罗文B包含商业与宗教内容。突厥语刚传入时,东部方言似乎已是死语言,只保留在当地寺庙中。不过一直到8世纪初,位于丝路上的库车还有人讲西部方言,距李白展现神奇的胡语能力已有数十年之久。

DNA研究已经厘清维吾尔人的起源。遗传学者使用所谓的"遗传标记"区分族群。举例来说,狄亚哥因子通常属于蒙古人种所有,

---

① 在讨论楼兰人时,我的主要参考资料为一份中文专题著作《罗布泊科学考察与研究》,北京:科学出版社,1987年。

汉族的出现频率约为50%，蒙古人约为35%，但欧洲人则不到1%。另一方面，路德血型（Luthoeran blood group）通常属于欧洲人所有，欧洲人的发生率约26%，但中国人约为1%，蒙古人则完全没有。维吾尔人同时拥有蒙古人和白种人的遗传标记，他们的狄亚哥因子比率为40%（蒙古人为35%），路德血型为28%（欧洲人为26%）。蒙古人种和白种人基因比例这么高，证明了一件明显的事实：新疆的维吾尔人和土耳其的突厥人一样，都是当地印欧人和来自蒙古的入侵者结合所生的后代。

印欧人在公元前2000年后不久就在楼兰立足。楼兰是位于丝路两条岔路交会处的城市。居民饲养牲口、马匹和骆驼。他们在罗布泊、孔雀河和塔里木河里捕鱼，还种植小麦和小米。2世纪王陵中的骨骸提示有极少数蒙古人存在，他们不是汉人，也不是维吾尔人。

在中国皇帝采行扩张政策前，楼兰王国在政治上属于匈奴统治，前匈奴王遭到暗杀后服从于中国政权。为保护取道丝路的贸易，中国派高级官员驻守在楼兰和西域其他王国，楼兰因而繁荣起来。后来，他们突然于4世纪初离开楼兰，这是为什么呢？

放弃楼兰是个不解之谜。历史学家认为当时有气候变迁[①]，科学证据显示湖面一直上下不定。楼兰刚有人来到时，塔克拉玛干的气候相当干燥，后来气候转为温暖。当时有孔雀河的水从大山流下，罗布泊也是淡水湖。不过小冰川期来到之后，罗布泊干涸，楼兰人不得不离开。

为什么呢？公元前2000年开始就有人住在楼兰，以前也经历过一两次小冰川期，为什么公元3世纪末的干旱让他们离开？

楼兰的消失可能与人类起源的因素有关。他们来到这里之后，气

---

① 人类学者依据20世纪的文化观察结果，做出这个结论。最初数十年，罗布泊曾为咸水湖，当时埃尔斯沃斯·亨廷顿（Ellsworth Huntington）和斯文·赫定（Sven Hedin）可乘船探看楼兰。湖水来自孔雀河，因为当时上游很少人耕作。1949年之后，孔雀河的河水大量用于灌溉，湖水干涸，罗布泊变成一片盐地沙漠。

候有时变好、有时变坏，居民都能适应自然变迁。但汉人来到之后，大自然的和谐遭到破坏，他们教会了灌溉技术，孔雀河上的工程经营将荒野变成良田，天山山脚下的居民不断繁衍。三角洲地带的楼兰人做得相当好，耶稣诞生前的温暖时期有大量融化的雪水，但3世纪末开始全球冷化，天山的冰川扩大，上游农民只能用稀少的融化雪水来灌溉。孔雀河越来越小，罗布泊也随之干涸。①

考古学家在楼兰废墟发掘到许多人工制品，但全都是公元300年以前的东西。居民没有回到楼兰，即使中世纪温暖时期于7世纪开始，他们还是没有回去。移民留在丝路上其他城市，这些城市在唐朝时再度繁荣起来。汉人回来了，胡人也回来了。吐火罗人似乎渐渐消失，不过他们并未因种族净化而灭绝，因为现代维吾尔人继承了印欧人的基因标记，证明民族之间曾经混合。吐火罗人或许没有以完整的民族或一个独立的族群留存至今，但这个混血民族将构成新的个别繁衍族群，就是唐朝历史中的突厥人，以及现在新疆的维吾尔人。

唐朝历史学家记载了东突厥人和西突厥人。塞尔柱突厥人是西突厥人，曾出现在10世纪的西方编年史中。回鹘人离开蒙古的故乡后，蒙古北部的乌古斯土库曼部落向西迁徙。他们皈依了伊斯兰教，定居在哈萨克的锡尔河下游流域。起初塞尔柱人担任萨曼尼人（Samanid，来自伊朗的印欧人）的佣兵，打赢了许多次战役。最后他们想到，他们也可以建立自己的帝国。他们的确可以，而且也真的这么做了。托鲁尔·贝格（Toğrul Beg）征服了美索不达米亚和伊朗，并于1055年在巴格达由逊尼派哈里发任命为苏丹。

苏丹地位相当崇高，现在他们身负再度统一穆斯林世界的任务。他们随心所欲了数十年，不断扩张。1092年，塞尔柱的领土涵括伊

---

① 请参阅 D. B. Grigg, *On Population Growth and Agratian Change—An Historical Perspective*, Cambridge：Cambridge University Preess, 1980。该书提供了许多统计资料，印证本节中关于人口成长的探讨。

朗、美索不达米亚、叙利亚和巴勒斯坦全境。他们想取得适合畜牧的土地，他们想任意地征服和劫掠，现在他们找到了很好的借口沉溺其中。土库曼塞尔柱人入侵安纳托利亚。他们于1071年击溃拜占庭军队，俘虏皇帝，取得自由定居在小亚细亚的权利。取得畜养牲口的土地后，塞尔柱士兵没有什么诱因继续征服，帝国因内战而衰弱下来。成吉思汗的大军于1243年到来时，塞尔柱苏丹甚至连首都巴格达都保不住。

塞尔柱帝国最后完全解体，但小酋长国的土库曼部落人其实并不在意。他们不断和邻近的基督教国家打仗。在加扎（ghazi，伊斯兰勇士）理想的鼓励下，在吉哈德（jihad，圣战）的名义下，远征其实是为了掠夺。这股强大的力量最后驱使另一个突厥部落——奥斯曼人，在下次小冰川期的全球冷化中进行下一波扩张。

夏日最后的玫瑰

塞尔柱人打下的基础帮助了铁木真，也就是成吉思汗。他出生于1161年，父亲去世时年仅八岁，但失去父亲的铁木真艰苦求生，活了下来。他十五岁已经成了战士，在三十年惨烈战斗中百战百胜。1206年，铁木真被称为"成吉思汗"，也就是斡难河畔各部落的共主。他不仅统一了蒙古，还统一了蒙古境内说突厥语的各民族。他的功绩是亚洲征服行动"长夏"的最后一段强盛时期。蒙古人是阿尔泰人的主要分支。他们的祖先来自通古斯，在西伯利亚的亚北极地带森林中以渔猎及饲养驯鹿为生。这个民族的一个分支于公元3世纪迁移到中国东北地方树木丛生的高地，成为满洲人的祖先。其他部落学着变成游牧民族，畜养牲畜，住在毛毡帐篷中，他们就是蒙古人的祖先。

亚洲北部的部落不时侵扰南方，就像蝗虫一样。前面曾经提过，中国历史上最早的侵略者是匈奴。接下来是所谓的"五胡乱华"，但后来他们接受了文明，并于南北朝时期统治中国北部。后来在唐宋的文献中，开始出现"突厥"、"蒙古"和"金"等民族的名称。

第一批北方人是"辽"，或称"契丹"。10世纪末，历经二十年战争后，中国每年必须给予胜利者大批贡品。宋朝对此不满，因此与金结盟。金人是满洲人，在1123年协助宋朝除去辽国，但不久后自己也大举进攻宋朝首都开封，俘虏了皇帝和太上皇。宋朝因此迁都到长江以南，在中世纪温暖期的最后一段时间维持和平繁荣。南宋时期的艺术与科学复兴，成为中国文明史上辉煌的一页。在此同时，金人在中国北部定居下来，直到来自戈壁以北的成吉思汗打来为止。

以往一提到蒙古，我总是会想到戈壁。因此我到蒙古时觉得相当惊讶，那里居然没有岩石荒漠。我们开车横越近2000公里青翠的草地，从乌兰巴托到阿尔泰山。戈壁确实存在，不过那片岩石荒漠在南边，位于北极风暴影响范围之外的纬度。蒙古人不是沙漠民族，谁都没有办法居住在岩石荒漠中。

蒙古的面积是瑞士的四十倍，人口则只有瑞士的三分之一。我们在空旷的原野上高速奔驰时，我觉得奇怪，这个美丽的国家为什么人口这么少？

为什么这么少？以前应该比较多吧！否则成吉思汗哪来的人马征服世界？

成吉思汗的首都喀喇昆仑当年是庞大的帐篷城市。现代的哈尔和林（Harhorin）只是草原中的小镇。15世纪大型寺庙建立时，住在那里的人还是很多。在全盛时期，这里有一百座寺庙，僧侣多达一千人。现在这里已经成了荒漠，寺庙也已人去楼空。

农业要在蒙古发展今天看来似乎不可能，可耕种的土地不到百分之一，用来种植小麦和马铃薯。这里太干燥，耕种季节也太短。但在中世纪温暖期，状况一定好得多。

评估人口成长时必须顾及的一项因素，是婴儿死亡率。近代的人口爆炸与婴儿死亡率大幅下降有很大的关系。16和17世纪，法国的婴儿死亡率是20%—40%。1870年在英国的数字为15%，1900年时的美国大致相同。到 20 世纪中期，死亡率又分别降低到 2.5% 和 2.7%。一般都认为婴儿死亡率降低是因为这段时间的卫生有所改善，但联合国进行的一项研究却发现，婴儿死亡率和全球气候有令人惊讶的关系。如果知道新生儿多么难以承受严寒气候，就会觉得这样的关联不足为奇。我一直记得我母亲总是想着她的第一个孩子，他是农历除夕在北京出生的，因为房子里没有中央暖气系统，三天后就死掉了。另外一个必须考虑的因素是出生率：饥荒时出生率会下降，而饥荒经常出现在全球冷化时期。①

我们没有成吉思汗时代的蒙古人口数字。现在这里的人口密度是每平方公里略多于一人。空旷的原野和牧场相当多，在这里走上一整天可能看不到一个人，只看到远处有几群羊和 两顶帐篷。天空、岩石、山坡上的草地，既安静又孤单！

在这片疏远的土地上，犯罪几乎闻所未闻。我的学生格雷厄姆（Graham）在蒙古住了两个夏天。第二年时，他开车经过前一年住过的村庄。他停下来拜访先前在这里认识的朋友。

有人告诉他："马查多登不在家。"

"他去哪里了？"

"不知道，他去找马了。"

"他的马在哪里？"

"不知道，他也不知道。"

"我能找到他吗？"

"或许可以，他就在某个地方。"

格雷厄姆放弃了，朝西继续他的田野探勘。两天之后，他看到山腰有一群牲畜，有条狗在叫。他走上山坡，见到了马查多登。马查多登已经找到他放牧的马。

---

① Sagang Secen, *Geschichte der Mongolen und ihres Furstenhauses*, I. J. Schmidt 译成德文（Zurich: Manesse Verlag, 1817）。笔者将所引部分翻译成英文。

"你让马这样到处乱走？"

"没错。"

"你不担心它们被偷吗？"

"不会，没有人会偷。"

不过，铁木真时代状况相当不同。当时人口较多，人与人之间的互动也多得多。

故事开始于1161年的某天下午：

也速该和两个兄弟外出打猎，他们跟着白兔的足迹，到了一个地方，看见一个女人下了马车，也速该跟兄弟说："这个女人生下的孩子，长大后将成为英勇的青年。"这辆马车的主人是鞑靼人，要带着新娘回家去。也速该兄弟掳走新娘，让她成为也速该的妻子。一年之后，铁木真出生了。

铁木真八岁时，他父亲带着他去找新娘。他们到宇儿只斤氏族求亲，但他们只有一个九岁的女儿尚未订婚。也速该留下儿子，启程回家。他在路上遇见一群鞑靼人，他们正在饮宴，邀也速该一起吃喝。他忘记了鞑靼人对他还有夙怨，结果被鞑靼人毒害。

铁木真回家后，由寡母带大。一天他和弟弟到母亲面前说："别克帖儿和别勒古台偷走我们抓的鱼，还把鱼吃掉，我们要杀了他们！"两兄弟出去杀了偷鱼的人。

后来泰亦赤兀惕人带着一群人来，要取铁木真的首级。铁木真躲到斡难河旁的洞穴中，最后还是被抓到。胜利者庆祝饮宴。铁木真逃到一个村庄。第二天，泰亦赤兀惕人前来寻找，但好心人救了铁木真，让他躲在羊毛堆中。

铁木真于1178年十七岁时结婚。泰亦赤兀惕人又来偷走了八匹马。铁木真在后追赶，路上遇到宇儿只斤的岳父，跟他一起追赶他们。铁木真对泰亦赤兀惕人的世仇，成为征服世界的开端。①

我这个故事讲得比较仔细,以便描写铁木真时代的蒙古。当时和现在恬静的气氛大不相同。当时有绑票者、小偷和杀人犯等今日在贫民窟常见的犯罪和仇杀。当然,蒙古不是荷兰的哈勒姆(Haarlem),不过同样有社会压力,一种人口过多地区常见的压力。

成吉思汗的征服是众所周知的历史。突厥人和蒙古人都臣服于他,他们分散之后繁衍后代。

乌兹别克族目前有六七百万人。他们的祖先是蒙古金帐汗国乌兹别克大汗手下一小队蒙古人。他们成为伊斯兰,很快就融入在蒙古军队中占大多数,而且相当多样化的突厥族。

还有哈萨克族,他们是金帐汗国钦察部落的后代。钦察部落是俄罗斯南部的游牧突厥族,比成吉思汗早两世纪左右到达那里。

另外还有鞑靼族,他们是蒙古占领克里米亚后,占领军与当地人混血的后代。

另外还有土尔扈特族和准噶尔族。这两个位于西边的蒙古部落漫无目标地扩张及征服。土尔扈特族于1616年迁移到里海北边的大草原,后来于1770年回到中国,定居在新疆的伊犁。准噶尔族则于17世纪到了西藏与新疆西部。他们曾试图回到斡难河的世居地,但被赶到新疆北部,就在当地定居至今。

成吉思汗的孙子忽必烈征服了中国。百战百胜的蒙古人在各地留下驻军。这些驻军后来大多被同化,忘记了自己原本的民族。近年在中国西南部西藏少数民族中,发现了一个蒙古部落。蒙古军队于13世纪后半打算征服缅甸时,曾经到过藏区。

中世纪温暖期到来时,人口压力增加,亚洲蛮族分散到各地,包

---

① 这些日期取自指南手册,例如 *Sachsen-Anhalt*(N. Eisoid & E. Lautsch, Koln;Dumont 1991),并以当地资料来源印证。

括西藏人、西夏的羌人、塞尔柱突厥人、维吾尔人、辽国的蒙古人、金国的满洲人，最后则是成吉思汗的金帐汗国和忽必烈的占领军。独来独往的牧人成为成群结队的征服民族。不过就如他们突然集结一样，在下一次小冰川期来临时，散居的牧人又在空旷的草原找到和平，并以草原为家。

来到处女地的先锋

教堂和城堡是德国北部主要的观光景点，眼光敏锐的游客可能很快就可看出建筑年代的特定模式。柏林市建立于1237年，圣尼古拉斯教堂建造于13世纪。从柏林向西走，跨越易北河之前，可以看到几座12世纪的教堂，包括勃兰登堡的圣戈特哈特教堂、耶里肖（Jerichow）修道院，以及哈费尔贝格（Havelberg）的圣玛丽大教堂。到了易北河以西，另一座圣尼古拉斯大教堂也建造于12世纪，但唐格明德城堡则建造于1009年。南方50公里左右是马德堡，这里的大教堂是955年由奥托（Otto）大帝所建造。更老的还有哈茨山中的奎德林堡大教堂，奥托大帝的父亲亨利在这里接受加冕，成为神圣罗马帝国的皇帝，时间是933年，也就是希特勒所谓"千年帝国"的元年。最古老的教堂要往西得多，梅斯的圣彼得教堂是罗马人于400年建造的，当时法兰克人的国王还没有改信基督教。科隆大教堂现在的所在地，于313年就有教堂，波恩的圣卡修斯教堂和弗洛伦修斯教堂的底下则是一座建造于260年的小礼拜堂[①]。

另一方面，柏林以东的教堂年代没有那么久远。罗斯托克的圣玛丽大教堂自豪地展示1290年的洗礼容器。斯德丁的圣雅各教堂和格但斯克的圣玛丽教堂建造于14世纪。到了更东边的马林贝格和埃尔宾，教堂大多建造于13和14世纪。

---

① H. W. V. Temperley, *History of Serbia*, New York：Howard Ferig, 1969.

我向一位德国教师朋友提到我的"发现",她对我们美国人的天真报以微笑。

她说:"东部的教堂当然历史较短,连小学生都知道。这些教堂都是德国东部逐渐信奉基督教时建造的。"

"是谁信奉基督教?"

"是东日耳曼人。"(译者注:East German 一语双关。)

"可是那时候还没有东德。"

"我说的不是东德人,东日耳曼人指的是德语地区东部的日耳曼人。"

"我还以为东部的日耳曼人到意大利了。哥特人、汪达尔人、伦巴底人、勃艮地人、斯维比人,他们都在日耳曼民族大迁徙之前就离开了。"

"没错,他们是离开了,但8—9世纪时,东日耳曼还是有人的。"

没错,当时确实还有人,但他们是日耳曼人吗?他们说德语吗?

我的德国教师朋友说错了。他们不是"东日耳曼人",而是斯拉夫人。这些移民在东部基督化之前从欧洲东部来到此地。

希罗多德在介绍西徐亚人时曾经提到斯拉夫人。塔西佗曾经写到住在波罗的海沿岸地区和维斯瓦河以东的文德人(Wend)。当时西部有条顿人、凯尔特人和伊利里亚人。当时日耳曼部落(包括哥特人、格皮德人、鲁吉人、汪达尔人和勃艮地人)居住在维斯瓦河和奥得河下游。凯尔特部落居住在奥得河上游沿岸。伊利里亚人占据巴尔干半岛。斯拉夫人北边和东北边则是波罗的海人和芬兰—乌戈尔(Finno-Vgaric)部落。

斯拉夫人的故乡原本在黑海北边树木茂密、水源丰富的平原。他们开始威胁拜占庭帝国之前,西方对他们所知甚少。他们的"大迁徙"开始于日耳曼民族的"全民迁徙"之后。斯拉夫人于6世纪开始迁徙,出现在多瑙河沿岸。这次入侵人数众多,难以抵挡,前进速度也相当缓慢。他们不是一群有组织的军队,没有野心勃勃或目标明确的领袖指挥，因此不是军事侵略。他们就像"一大群蝗虫，数量、重量和质量都势不可当"。这是在人口过剩或迫切需要土地的压力下，推动着一大群人缓缓向前移动。①

南斯拉夫人于6世纪中叶前进入巴尔干半岛和希腊。当地许多伊利里亚人已经加入罗马军团。其中有些人，包括戴克里先（Dioclatian）和君士坦丁大帝等，出身行伍之中，最后被部队拥立为皇帝。罗马帝国瓦解后，斯拉夫人进入这片人口稀少的伊利里亚语地区。斯拉夫部落数量庞大但相当分散。最后克罗地亚、达尔马提亚、波斯尼亚、黑山、塞尔维亚和马其顿的一部分都成为斯拉夫人的土地，只有南边的阿尔巴尼亚人仍然是古代伊利里亚人的后裔。

西斯拉夫部落，包括波兰人、维斯瓦人、西里西亚人、波美拉尼亚人和马佐夫人（Mazovian）则向西迁徙，进入日耳曼人迁走后在易北河和维斯瓦河之间的土地。9世纪之前，他们占据从基尔、不伦瑞克、马德堡、班贝克到帕绍和的里亚斯特这条线以东的土地。日耳曼人离开后，这块土地鲜少有人居住。斯拉夫人的和平渗透没有英勇的战役可供纪念，传奇故事或传说中也没有提到他们有什么不凡的功绩。

7世纪初，气候开始变化，土地再度变得肥沃。斯拉夫人在日耳曼人离开后来到德国北部，在全球暖化时期一开始大举进入。日耳曼人这才突然发现，他们迁出之后留下的土地已被斯拉夫人占据。因此东日耳曼人以改信基督教为掩饰，展开收复失地的运动。撒克逊的亨利和奥托于10世纪由马德堡发动了这项行动。斯拉夫人在11世纪以地区暴动开始反击，但熊王艾尔布雷希特（Albrecht）和狮王亨利于12世纪卷土重来。他们威胁勃兰登堡和梅克伦堡，杀害或掳走斯拉夫领袖，同时建造修道院和教堂，作为"赎罪"之用。来自西边的日耳曼居民来到乡村地区，商人则到城市中。勃兰登堡的边地侯继

---

① P. R. Fischer, W. Schlapfer & F. Stark, *Appenzeller Geschichte*, Band 1, Urnasch: Schoop, 1964.

续采行扩张政策,在 13 世纪结束前在奥得河以东建立了"新疆界"。来自北方的丹麦人和挪威人也在 10 世纪和 11 世纪加入移民行列,居住在波罗的海沿岸和奥得河下游。条顿骑士团和从"圣地"回来的散兵游勇,受波兰国王邀请到波美拉尼亚和普鲁士。他们来到这里后留了下来,建立了埃尔宾城,以马林贝格作为征服东普鲁士的根据地。夺取斯拉夫人生存空间的传统一直延续下去。七年战争之后,波兰遭到分割,易北河与维斯瓦河之间的地区成为普鲁士领土。所谓的"东进"政策成为牢不可破的想法,一直到希特勒被阻于莫斯科城外。

不是所有的日耳曼人都是通过侵略取得生存空间。瑞士的阿勒曼尼人就是和平的开拓者。他们砍伐森林,开垦成牧草地和田地。地名的结尾记录了拓居地的扩大历程。[①] 5—6 世纪开拓的地名词尾多半是 ingen 和 heim,7—8 世纪的字尾则是 hausen, hofen, stetten, weiler, wil, kirchen 等。

举例来说,阿勒曼尼拓荒者于 7 世纪首次到达瑞士最东边的阿彭策尔州(Appenzell),这个州里就没有字尾为 ingen 的早期地名。阿彭策尔州最老的地名是"wil"词尾,如艾德许威尔、巴登威尔、迪特许威尔、恩格许威尔等。拓荒者以焚烧后砍伐的方式来砍伐森林。这些拓荒者从西部和北部向外散布,在 9 世纪后半到达东部边境。

凯尔特传教士圣加尔(St. Gall)于 612 年来到后,阿彭策尔州的人改信基督教。最后本笃会修道院于 720 年建立。自由农民在村中广场举行民主集会,他们向圣加尔修道院纳税,并将乳酪和葡萄酒储存在修道院的地窖。在这一小段气候温暖期,农村人口快乐地过了几世纪,直到 1402 年爆发阿彭策尔解放战争为止。革命发生在小冰川期开始的时候,或许不只是巧合。

---

① Y. Cohat, *The Vikings*, London: Thames and Hudson, 1987.

北方来的蝗虫群

跟欧洲中部和平殖民正好成对比的，就是暴力的维京征服。诺曼人——诺曼底的开拓者、英格兰的征服者——以及西西里岛的殖民者，被描述为"极度急躁又鲁莽的人，无法自制地贪求财富和权力"①。他们刚开始是异教徒的毁灭者，一心只想着"无意义的劫掠和屠杀"。

真的"无意义"吗？

或许有某种意义，至少刚开始是这样。斯堪的那维亚进入中世纪温暖期后，人口压力开始出现。耕作和放牧的面积扩大，生产力也增加。在此同时，人口也呈指数增长，需要更多生活空间。

挪威人先在人烟稀少的苏格兰北部、设得兰群岛、奥克尼群岛、赫布里底群岛定居。挪威掠夺者于8—9世纪从这些地方出发，入侵爱尔兰、英格兰和法国等地。他们的侵袭行动次数大幅增加，规模也越来越大。一小队人冲上海滩，发动攻击。防守的一方被击退，房屋和修道院遭到洗劫、金银财宝被抢夺一空，建筑物被焚毁。战士回到船上，带着驯养的动物和俘虏，准备把他们卖做奴隶。

不过挪威人也不全是海盗。英欧维尔·奥得纳松(Ingólfur Árnarson)与家人和妻小于874年迁徙到冰岛后，爱好和平的移民开始在这里定居。其后数十年，其他人跟着来到此地。新移民跟当地的凯尔特人和平共处。到了10世纪，占用的土地相当广大，每户人家都有众多人口，可以算是能自给自足的经济个体。起初他们大多以捕鱼为生，但牧羊很快就成为第二个最重要的产业。1096年时，人口超过七万人，但小冰川期中人口减少，1073年时仅有50338人，1801

---

① Winston Churchill, *The History of the English-Speaking People*, v. 1, New York: Bantam Books, 1956.

年时为47240人，1950年后人口才大幅增加。

格陵兰西部于986年是红胡子埃里克（Eric the Red）的地盘。一小块殖民地首先建立在西南部海岸。在全盛时期，280处农场共有三千名移民。14世纪气候转坏，移民没办法继续饲养牲口，失去了主要生计。移民人数大幅减少，15世纪时完全消失，最后一艘船于1410年从格陵兰开回挪威。一直到18世纪小冰川期最坏的时期过后，格陵兰才开始重新开拓。

挪威人开拓西部，瑞典人则转向东部。这些掠夺者涌入俄罗斯平原的森林和草地。9世纪末，留里克（Rurik）成为诺夫哥罗德的总督。他的继任者奥列格（Oleg）成为基辅的长官。如此一来，瑞典商人可沿第聂伯河一路航行到黑海或沿伏尔加河到里海，在这里连接丝路上的商队。瑞典人卖出皮毛和奴隶，再由中国买进丝绸。①他们试图征服拜占庭，但没有成功，又与穆斯林国家发生冲突。"大航海家"英格瓦（Ingvar）率领大批侵略舰队到叙利亚，但吃了败仗。1040年英格瓦去世，代表瑞典侵略时代的结束。

当时丹麦人可说是四面受敌，北边有瑞典人和挪威人，南边则是日耳曼人和斯拉夫人。他们向西移动，并于8世纪末开始侵袭英格兰沿岸，洗劫了温彻斯特、坎特伯雷，甚至远及伦敦。他们的"大军"于865年发动突袭，此时这些入侵者已不是一群蛮族，而是由娴熟战事的领导者所率领的精锐军队。"无骨人"伊瓦尔（Invar the Boneless）发动数场大规模战役，征服了东英吉利（East Anglia）、诺森伯里亚（Northumbria）的德伊勒（Deira）以及麦西亚（Mercia）等王国。他围攻约克郡。本身内斗不断的诺森伯里亚人联合起来与他对抗，但维京人以残忍的屠杀将他们全部打败。这场惨烈的战争结束后一百五十年，杜伦的西米恩（Simeon of Durham）这么写道：

---

① 请参阅 Gwyn Jones, *A History of the Vikings*, Oxford：Oxford University Press，1968。

军队四处劫掠，在各处带来血腥与悲惨。军队带着火把和长剑，毁坏了各地的教堂和修道院。他们离开时，只剩下残垣断壁。

这些丹麦劫掠者后来每年停留的时间更长。战士们连家眷都带来了，情况终于稳定。丹麦人居住的地方起先是军队的营地，依靠一连串有防御工事保护的城镇补给，包括斯坦福（Stamford）、诺丁汉、林肯、德比、莱斯特等。在他们的边境线后方，当了十年士兵的人，未来十年将成为殖民开拓者。

丹麦军队于871年朝南推进。他们占领了伦敦，围攻雷丁（Reading），但阿尔弗雷德大帝（Alfred the Great）击退了这次入侵。后来更多丹麦海盗来到这里，定居在诺森伯兰（Northumberland）和东英吉利。但他们没有掠夺，而是开始耕作谋生。海盗曾经变成士兵，现在士兵又变成了农民。

不过，丹麦劫掠者并没有让欧洲大陆就此和平。他们的舰队于9世纪前半开进易北河，再度洗劫汉堡。鲁昂、夏特尔和图尔斯相继遭到袭击，三万名丹麦维京人于885年摧毁了巴黎。糊涂王查理（Charles the Simple）割让诺曼底换取了和平。

数十年间，战争与和平在英格兰不断交替出现，894年战斗逐渐平息，维京人分散开来。有些丹麦人定居在施行丹麦法的英格兰地区，其他则回到家乡。撒克逊人正想重新取回丹麦人手下的英格兰。一连串战役胜利后，撒克逊人瓦解了丹麦人最后的据点——东英吉利的抵抗。丹麦人暂时败退，但他们仍保有地产，也可保留丹麦习俗的生活方式。英国人在10世纪大多维持优势，但到了980年，丹麦人开始反击。接下来进入"丹麦金"时期，埃塞伯里德（Ethelbred）国王试图以金钱换取和平，于991年、994年、1002年、1006年和1012年分别付出大笔金额。但丹麦人依旧贪得无厌，不断前来骚扰。斯韦恩（Sweyn）首先在1013年发动攻击，接着他的儿子卡努特（Canut）于1015年再度前来。

卡努特征服英格兰的行动于 1017 年结束。历经长期艰苦对抗之后,他被接受为英格兰国王。1019 年,其哥哥去世后,他同时成为丹麦国王。但卡努特仍不满足,继续征服挪威。挪威国王奥拉夫(Olaf)于 1030 年死于史蒂克拉城(Stiklarstadir)战役之后,卡努特自立为"英国、丹麦、挪威与部分士瓦本(Swabia)总国王"。

一千年后,在丘吉尔冷静的观察下,丹麦入侵英格兰被视为毫无意义。我们或许能体会首批入侵者的动机,他们确实有意在这里定居。但即使如此,依然难以原谅。斯堪的那维亚半岛一直是欧洲人口密度最低的地区,气候相当温和,欧洲北部居民甚至可在北极圈内耕作。丹麦人为什么不能和阿勒曼尼人一样成为先锋,帮助北方的同族开垦北极地带呢?

11 世纪的入侵者更是难以原谅。斯韦恩的人民已经定居在奥得河下游盆地。普鲁士的腓特烈二世(Frederick Ⅱ)建造堤坝,将沼泽变成农田之后,这个地区更成为欧洲的谷仓。斯韦恩和他的军队原本可以做这件事,他们应该对抗洪水泛滥,同时尝试成为优秀的臣民,但他们并没有这么做。丹麦人不需要入侵英格兰,但他们还是这么做了。他们为"丹麦金"而入侵,为权力而入侵。他们确实是"极度急躁又鲁莽的人",而且贪婪至极。

我们已经介绍了以往两千年来三次人口大举移动。两次小冰川期时,移居者就像惊慌失措的旅鼠一样。不过,小冰川期之间的中世纪温暖期所发生的劫掠和征服则完全不同。成吉思汗的金帐汗国和劫掠英格兰的维京人并非为生存而战斗。全球暖化时期的财富与人口增长,为现代人的群居时期提供了栖息地。"征服时代"战士打仗的动机,是对财富和权力的贪婪。如果他们现在这么做,将会被合力抵抗击败,他们的领导者也会被送往海牙国际法庭,当作战犯接受审判。

第四章
雅利安人原来是北欧人

> 我可以告诉你，只要你对雅利安人感兴趣，别人都会认为你的政治思想不正确。
>
> ——佚名，私人通信

大批印欧人于公元前 2000 年前后离开欧洲的发源地，迁徙足迹最南到达印度，最东到达中国西北部，他们的语言也跟着迁徙。他们是什么人?

雅利安人的家乡

对于欧洲旅行者而言，印度是异国，印度人则是异族。英国法官威廉·琼斯 (William Jones) 爵士在印度研究古代语言时，梵语已是没有人说的死语言，但仍是学术上使用的文字。他于 1786 年惊讶地发现，梵语的字汇和文法结构与希腊语和拉丁语非常类似，类似的程度让语言学者"检视这三种语言时，不得不相信它们出自某个共同的源头"。

威廉爵士杰出的观察，带动了其后近半个世纪的语言学研究，后来葆朴 (Franz Bopp) 于 1835 年发表了关于印欧语言比较文法的著作。这些语言都源自早于前 2000 年就已存在的古老语言。源自于同一语系的不同语族也被分析出来，包括凯尔特、条顿（日耳曼）、意大利、阿尔巴尼亚（伊利里亚）、希腊、波罗的海斯拉夫、亚美尼亚，以及印度—伊朗等语族，除此之外，印欧语系中还有吐火罗、赫梯（Hittite）、弗里吉亚（Phrygian），以及其他已经消亡的语言。

梵语属于印度—伊朗语族，而且不是印度原住民族的语言。说这种语言的是来自北方的入侵者雅利安人。其他印欧人，也都是入侵者。他们以前都有共同的家乡。但是他们的家乡在哪里呢？

从 19 世纪以来，科学上的证据指明雅利安人原来是北欧的种族，流浪到欧亚大陆的各处，不幸的是德国种族主义，尤其是纳粹，宣传说雅利安人是优秀的人种，是德国人的祖先，他们可以征服世界，因此也把他们的文化语言，传到了四方。

为了反对德国的种族主义，英国及俄国的科学家在 20 世纪也坚持雅利安人是优秀的民族，但是他们不是北欧人而是俄国人，这些理论完全没有科学根据，雅利安人是北欧人，但是他们不是征服者，而是因为气候变化不能农作，被迫离开家乡的人。

这个问题是历史上的大问题，因此也必须用科学分析找到真理。

皮克泰特（Adolf Pictet）于 1877 年发明了语言考古学。[1] 他运用类似自然科学分支的方法，追查同一来源的整个体系。皮克泰特以印欧语言中有关植物、动物和文化活动的词为基础，建立起原始发源地的轮廓。皮克泰特发现羊、山羊、公牛、母牛和马等几个词是相同的，因此推论发源地的经济主体是畜牧，而不是农耕。由于施拉德尔[2]（Otto Schrader）找不到原始印欧语中"秋天"的词，因此认为原始印欧人居住的地方只有三个季节。收获时节应该是农业族群最重要的季节，因此缺少"秋天"这个词使得施拉德尔支持皮克泰特的说法，也认为原始印欧人是畜牧民族，畜养牲口但不耕种作物。施拉德尔认为印欧人是新石器时代晚期或铜器时代的游牧民族，因此推断他

---

[1] A. Pictet, *Les origins indo-europeens*, Paris: Sandoz et Fischbacker, 1877.
[2] Otto Schrader, *Prehistoric Antiquities of the Aryan Peoples*, New York: Scribner & Welford, 1890.

们的发源地一定是俄罗斯大草原。

不过，19 世纪末针对印度—日耳曼语言的深入研究，带来了差别极大的想法。印欧语言中"秋天"的共同词找到了。施拉德尔的说法显然有误，因为印欧语中有四个季节。发现关于作物的词之后，更进一步显示原始印欧人是农耕民族。

希尔特（Herman Hirt）首先提出印欧人的发源地在欧洲北部。他和前辈一样，没有在原始印欧语中找到热带或亚热带动植物的共同词。希尔特于1892年革新了"桦树、山毛榉与鲑鱼"理论。他指出原始印欧人说的语言中，存在有这两种树和一种鱼的共通名称。[1]从这些词汇可以看出发源地位于有石南属植物和森林的地方，看得见桦树、山毛榉、山杨和橡树。狼、鹿和麋鹿潜伏在森林边缘，河狸和鸭子在溪流中嬉戏。原始印欧人驯养狗，畜养牲口和猪。他们开垦森林，种植小米和裸麦。他们住在森林边缘，房子有门。女性负责纺织和缝纫。他们在河里捕捞鲑鱼，在森林里捕捉猎物，在海里追捕海豹。他们骑马，也驾驶公牛拉的牛车。他们在复活节和圣诞节时举行节庆。希尔特相信，这些人是新石器时代欧洲北部的农牧民族。

好政治，坏科学

希尔特在德国有许多信徒，不幸的是他的说法后来促成了纳粹种族主义。柴尔德（Gordon Childe）开始反对。他在1926年列出了各种印欧语言中某些共通的词，寻找替代答案[2]：

  god, father, mother, son, daughter, brother, sister, father's brother,

---

[1] Herman Hirt, "Die Heimat der Indogermanischen Voelker und ihre Wanderungen", in *Lndogermanica, Forschungen uber Sprache and Geshicte Alteuropas*, Halle: Neimeyer Verlag, 1940, pp. 56-76.

[2] Gorden Childe, *The Aryans*, New York: A. Knopf, 1926.

grandson, nephew, son-in-law, daughter-in-law, father-in-law, mother-in-law, husband's brother, husband's brother's wife, husband, woman, widow, house-father, canl, village headman, sib, tribe, king, dog, ox, sheep, goat, house, pig, steer, cow, gelding, cattle, cheese, fat, butter, grain, bread, furrow, plough, cooper, gold, silver, razor, awl, sling-stone, bow-string, javelin, spear, sword, axe, carpenter, chariot, wheel, axle, nave, yoke, ship, oar, house, door-frame, door, pillar, earth-walls

他认为原始印欧语中的动物名称比植物名称多出许多。这似乎足以让他更理所当然地支持皮克泰特和施拉德尔的假说，认为原始印欧人是畜牧民族。因此柴尔德使这个旧理论在英国再度兴盛起来，认为说原始印欧语的人是居住在黑海—里海地区，建造堆坟（冢墓）来埋葬亡者的大草原民族。

柴尔德得出结论错误的原因是他的严重疏忽。第二次世界大战时，曼恩（Stuart Mann）在英国发表了他的语言学研究成果，同时列出下面这些特别有意义的词[①]：

wolf, deer, elk, salmon, duck, turtle, beaver, seal, mouse, squirrel, wasp, dog, sheep, goat, sow, ox, horse. birch, beech, aspen, oak, elm, apple, forested mountain, heath, millet, rye, grains, door, wagon, wheels, axle, yoke, saddle, cup, needle, spinning, plowing, seeding, harvesting, easter, yule

这些词证明了希尔特的论点，即认为这种语言的使用者不是草原

---

① Stuart Mann, "The Cradle of the Indo-Europenas: Linguistic Evidence", in *Man*, 43 (1943), 74-86, 重印于 Anton Scherer, *Die Urheimat der Indo Germanen*, 1968, pp. 224-225。

的俄罗斯人,而是欧洲北部的农民。曼恩可以依据语言学,排除掉几个地区。举例来说,不列颠群岛、斯堪的那维亚半岛北部、俄罗斯北部、高加索以及欧洲地中海地区都可以排除,因为这些地区没有河狸和松鼠。斯堪的那维亚半岛北部和俄罗斯北部太靠北,长不出苹果树、橡树和谷类作物。俄罗斯大草原也不大可能是发源地,因为那里没有森林和矮灌木,河里也没有鲑鱼。欧洲南部、法国大部分地区、德国中部和南部也可以排除,因为原始印欧人似乎没看过胡桃树和葡萄树。因此,还没有排除的只有波罗的海沿岸地区,包括德国北部和波兰以及瑞典南部、挪威和丹麦等。

1957年,蒂姆(Paul Thieme)重新提拾希尔特的"桦树、山毛榉与鲑鱼"理论①。蒂姆特别强调"桦树"这个词的重要性,因为桦树只生长在欧洲北部。后来印欧人迁徙到欧洲南部,用这个词来称呼白杨树,因为这两种树的样子有点像。梵语中没有"桦树"这个词,这些人移居到印度之后,后代显然忘了这个词。蒂姆也特别强调"山毛榉"这个词。他指出原产山毛榉树不会生长在柯尼斯堡和克里米亚两地连成的线以东。因此,如果最初的印欧人词汇中确实有"山毛榉",他可以推定俄罗斯大部分地区、白俄罗斯和乌克兰也不是发源地。

最奇特的例子是寻找"鲑鱼"原始印欧语词汇的过程,这个词最后被重组成loksos或laksos。德文的Lachs、立陶宛文的laszisza,以及俄文的lox指的仍然是鲑鱼。中国西北部吐火罗人则是用laks指所有的鱼类,因为他们住在沙漠边缘,溪流里没有鲑鱼。梵文的mrdupaksa是印欧语的laksos在梵文中的衍生词,但这个词指的不是鲑鱼,而是赌博用的筹码。蒂姆画了一幅生动的图画,描写一群印欧渔人在故乡赌博,用捕到的鱼当作筹码。雅利安移民去印度以后一样用mrdupaksa赌博,不过筹码已经不是烟熏鲑鱼了。

奇怪的是,英文中的salmon不是源自于Laksos或Lachs,而是源

---

① P. Thieme, "The Indo-European language", *Scientific America*, 199 (1958), 4, 63-74.

于拉丁文的 salmo（salmonis），这个非印欧语词原本是指意大利当地的另一种鱼类。意大利人原本是印欧人，于公元前第一个千禧年迁徙到意大利。意大利没有鲑鱼，不过意大利文中仍然有 laccia 这个词。它指的不是鲑鱼，而是鳗鱼。萨丁尼亚语中也有 laccia 这个词，也指的是另一种类似鱼类。后来意大利人的罗马后裔在莱茵河河谷再度看到鲑鱼时，距离印欧人离开欧洲北部到意大利定居已经将近一千年。从罗马书记奥索尼乌斯（Ausonius）的记述可以确知，在莱茵河的支流摩泽尔河（Mosel）中称为 salmo（nis）的鱼类，就是大西洋鲑鱼。罗马人不记得他们的祖先称这种鱼为 laccia，于是选了另一个不是起源于印欧语的词 salmo 来称呼他们新发现的鱼。这个名词后来被英文采用了。

迪博尔德（Richard Diebold）想找出反对印欧人发源于欧洲北部的论证。他想到一个理由，认为原始印欧人用 Laksos 这个词指的可能是鳟鱼，而不是鲑鱼。①迪博尔德同意本都山脉确实没有大西洋鲑鱼（Salmo salar）这一点，但有另一种褐鳟（Salmo trutta）。这种鳟鱼生活在流入黑海和里海的河流。迪博尔德提出的说法相当特别，不过并没有证据显示本都山脉中的鱼曾经被称为 Laksos，迪博尔德是无理强辩。如果有人能假设某个字的意义跟原先不同，那么整个语言古生物学都可以作废了。

考古学也提供了关于印欧人起源的线索。科辛纳（Gustav Kossinna）在 1902 年的重要作品中指出，欧洲北部有新石器时代晚期的文化传统。②他们使用绳纹陶器，打斗时使用穿孔的战斧，而且有单人葬的习俗。绳纹陶器文化的时间为公元前 4000 年左右。

---

① A. R. Diebold, "The evolution of Indo-European nomenclature for Salmonid fish", *J. Indo-Eur. Studies*, Monograph 5, 1985.
② G. Kossinna, "Die indogermanische frage archaeologyisch beantwortet", *Zeitschrift Ethnologie*, 34 (1902), 161-222, 重印于 Anton Scherer, *Die Urheimat der indoGermanen*, 1968, pp. 25-109。

柯希纳画出了绳纹陶器传统的外围区域，包括德国西北部、荷兰、瑞士、德国南部、波西米亚、摩拉维亚（Moravia）、波罗的海各国东部、芬兰，以及俄罗斯南部第聂伯河中游地区。他认为绳纹陶器文化的散播，是印欧人从有鲑鱼和白桦的发源地向外迁徙的结果。欧洲东南部的原住民在肥沃的山谷种植作物及畜养牲口，但在印欧人来到之前，他们的文化非常不同。举例来说，在绳纹陶器进入多瑙河地区前，当地人是以螺旋线和曲线装饰陶器的。

小群印欧人先于公元前第三个千禧年中期到达匈牙利和摩拉维亚。从单人葬坟墓中的骨骸看来，他们是身材高挑、长形头颅的北欧型人类。大批迁徙时间较晚，略早于公元前2000年。他们带着绳纹陶器和战斧。这些外来者住在山顶，将死去的人分别埋葬在堆坟中。其他北欧人族群到了马其顿和希腊以后，再经由这里前往安纳托利亚和中亚，于前2000年左右到达目的地。他们使用战斧，但在单人葬坟墓中没有发现绳纹陶器。①绳纹陶器没有散布到巴尔干半岛和希腊以外的地区，可能与植物种类不同有关。从保存在瑞士豪尔根（Horgen）沉没居住地中的绳索看来，这种绳索是以橡树或菩提树的树皮纤维制成。在气候不适合这类树木生长的地方，就没有发现绳纹陶器。从波罗的海区的印欧人带着战斧也没带绳纹陶器，他们从欧洲中部和巴尔干半岛迁徙到俄罗斯南部，从这里再到波斯和印度。

惠特尔②（Alastair Whittle）发表过一张地图，描绘出前2000年绳纹陶器文化的分布。核心区域相当广阔，从莱茵河中游经过德国中部到斯堪的那维亚半岛南部、波兰北部和东南部。惠特尔依据考古学划定的核心区域，跟曼恩与蒂姆的语言考古学中定义的印欧人发源地几乎完全一致。因此，考古学也印证了语言学的结论，印欧人的家乡在北欧。前2500—前2000年，原始印欧人在欧洲北部的发源地畜养

---

① Kossinna, op. cit.
② A. Whittle, *Europe in the Neolithic*, Cambridge：Cambridge University Press, 1996, p. 285.

牲口和种植作物。他们为个人或集体墓葬建造坟墓。跟骨骸一起发现的东西有绳纹陶器和穿孔的战斧。

在迁徙之前,这些欧洲北部人已经在北方居住了数千年。斯沃德什(Morris Swadesh)运用"语言年代学"技术,研究通用印欧语的使用年代。他于1960年的分析显示,印欧语系最早的分歧开始于前4500年。①后来王士元使用较为现代的方法,判定分歧年代为略早于前5000年。②因此,原始印欧语的使用时间是新石器时代。

目前欧洲北部的居民说的是日耳曼(德语)和波罗的海—斯拉夫语。罗马人告诉我们,两千年前住在那里的也是说日耳曼语的人。考古学和人类学显示,四千年前住在这里的也是同一群人,他们是波罗的海南岸的绳纹陶器民族。丹麦沼泽中保存的木乃伊具备目前人口的典型特征,其中最古老的年代为公元前第四个千禧年。③斯堪的那维亚半岛上更早的新石器时代坟墓中出土的骨骸则是北欧人。不论在身体上和文化上,这种长形头颅的人都和新石器时代欧洲中部和东部圆形头颅的人明显不同。④

位于绳纹陶器传统地区东南方的俄罗斯南部,则是另一种库尔干人的领域。在中石器时代核心石器时代初期,这种人在黑海和里海地区的河谷狩猎、捕鱼和放养牲口。库尔干人于公元前第五个千禧年来到这里。他们住在建有堡垒的山顶村庄,同时也会建造堆坟。他们拥有驯养的马匹,驾着有两个实心木轮的马车。库尔干人和绳纹陶器人一样有单人葬的特征,坟墓覆盖石块和土堆。陪葬品包括贝壳、麋鹿牙齿和羊骨等等。前4400—前4200年,乌克兰西部和巴尔干半岛国

---

① Morris Swadesh, *The Origin and Diversification of Languages*, London: Routledge and Kegan Paul, 1960.
② 王士元, in Victor Mair ed., *The Bronze Age and Early Iron Age Peoples of East Central Asia*, 1998, p.526。
③ W. A. B. van der Sanden, "Bog bodies on the Continent", in R. C. Turner & R. G. Scaife eds., *Bog Bodies*, London: British Muesum Press, 1995, pp.146-165.
④ J. Brondsted: *Nordische Vorzeit*, Munster: Wachholtz Verlag, 1960, pp.339-351.

家也有类似的墓葬习俗。库尔干人的单人葬习俗表面上跟绳纹人的习俗非常类似。但是仔细研究之后，可以发现其中的差别。绳纹人将男性葬在右边，女性葬在左边。库尔干人则不分性别，而且骨骸头部一定朝向南方。①

库尔干人和绳纹人因文化传统不同而被视为不同族群，但后来在库尔干堆坟中也发现了战斧。德国考古学家认为，战斧是印欧移民带来俄罗斯南部的外来物品。但是柴尔德于1926年提出另一种说法，他认为库尔干人是由俄罗斯南部向西迁徙到欧洲北部的。四分之三世纪之后，现在我们可以判断了，柴尔德是错误的。

坏政治，好科学

20世纪开始后不久，语言学和考古学证据为雅利安人与其他印欧人源自北欧的理论建立了坚实的科学理论基础。大约在同一时间，日耳曼民族主义人士转变为种族主义者，并发现吸纳这个理论相当方便他们宣扬雅利安优越意识形态。雅利安迷思的立论依据是一个假设，认为说印欧语言的民族比较优秀，而这些语言随着军事征服逐渐散播。雅利安迷思是一种毫无根据的种族主义假设。认为语言随军事征服才能散播，是没有事实根据的论断。

雅利安迷思始于19世纪初期。被视为伟大人道主义者的威廉·洪堡（Wilhelm von Humboldt）写过关于比较语言学的专题著作。②他在著作中有相当独断的论述：梵语是人类最完美的语言，德语仅次于其后。美洲印第安语是人类最劣等的语言，中文则是第二劣等。

---

① Lothar Kilian, *Zum Ursprug der Indogermanen*, Bown：Habelt, 1988，另可参阅 Hausler, A., "Ockergrabkultur und Schnurkeramiky", *Jahresschr. F. Mitteldeutsche Vorgeschichte*, 47 (1963), p. 97.

② Wilhelm von Humboldt, 836, Translated by P. Heath, *The Diversity of Human Language-structure and Its Influence on the Mental Development of Mankind*, Cambridge：Cambridge University Press, 1988.

洪堡评判优劣的标准是他对文法结构中逻辑性的偏爱。他或许是印欧语言的专家，但他完全不懂汉语。他显然不清楚文言中文是书写系统，但不是口头语言。如果他学过说中国话，他就会了解到，口头汉语的文法结构和梵语或德语一样具有逻辑性。①洪堡创造了雅利安人拥有优越的语言，所以是优越民族的迷思。他在价值判断基础上，犯下了不可原谅的种族主义大罪，因为有些现代语言学家认为汉语是优越的语言，但并没有人坚持中国人是优越的民族。②雅利安迷思随日耳曼民族主义不断壮大，从威廉二世执政一直延续到纳粹时代。雅利安人优越性的种族偏见成为主流思想，一直到第二次世界大战结束，德国战败为止。

基于雅利安迷思的种族主义，相当吸引"三十年战争"之后几百年来一直为自卑情结所苦的德国人。现在21世纪这种偏见已不能为大众接受。有些人对抗雅利安迷思的方法是像伦弗鲁（Colin Renfrew）一样采取极端立场，认为民族不是有意义的概念，民族根本不存在。③一个词语一旦遭到政治意味的污染，就开始失去作用，我们最好还是避免用这个词。但是民族是存在的。我来自中国，我的祖先中没有欧洲人。我的太太是欧洲人，她的祖先中没有中国人。数千年来，欧洲人和中国人一直是各自繁衍的两个族群。

个别繁衍的族群或许不一定具备同样的身体特征。举例来说，美国就有黑人、拉丁人和东方人，但全都是美国人。这些人都说英语，拥有同样的文化。美国族群在文化上现在已经逐渐同质化，不过这样的同质性仍然随肤色和来自国家而有所差异。由于大多数美国人留在家乡，嫁娶的也是美国人，因此形成了有别于欧洲人、中国人和非洲

---

① 关于中文文法与有屈折变化的语言之间的相似之处，请参阅我在第五章的讨论。
② 判断语言特性的准则有许多种。现代语言学家偏好采用价值判断法，请参阅John Lyons, *Chomsky*, London: Fortana Press, 1991。
③ Colin Renfrew, *Archaeology & Language: The puzzlee of Indo-European Origins*, Cambridge: Cambridge University Press, 1987.

人的族群。美国人或许可算是"多重种族",但形成了一个个别繁衍的族群。再过几百年,我们或许就很难分别美国的黑人、拉丁人和东方人和白种人有什么不同。美国人将成为同质性的个别繁衍族群,也将成为"美洲族"。

为了避免误会,我还是要避免"种族"(race)这个名词。由于植物遗传学者有"同质性繁衍族群"这个词,因此我建议以缩写 SIP 来代表"个别繁衍族群"(Separate Inbreeding Population)。我决定用缩写是因为这个词让我想到德文中的 Sippe(亲属、家族)。 我们或许不喜欢"种族"这个词,但没有人能否认亲属和家族确实存在。SIP 可视为非常大的家族,和其他 SIP 分隔了许多世代。

犹太人一向被视为一个种族,但以色列的犹太人又依宗教信仰而有所不同。欧洲犹太人和也门犹太人的基因差异或许相当于欧洲人和阿拉伯人的差异。以色列的犹太人或许可算一个 SIP,甚至是一个民族。但世界上的犹太人不能视为一个 SIP,因为拥有犹太血统的人可和住在同一块土地的其他族群自由通婚。

中国的汉族是一个 SIP,拥有共同的语言和血统。不过汉族并非一直是同质的族群。石器时代的中国原住民说的是苗瑶语,说汉藏语的中国人是入侵者。北方汉族继承汉藏祖先的基因比南方汉族来得多。因此中国北方人的基因构成比较接近说蒙古语的人,从我父亲的脸部特征就可看得出来。而中国南方人比较接近说苗瑶语的人,从我母亲的脸部特征可以看出。原本不同的中国 SIP 通过通婚逐渐同化,成为一个 SIP。

一个族群的个别繁衍不是绝对的,也不会是永远的。人口一直在活动,不同族群间也有接触。SIP 的概念在今天是个相当方便的词,因为美国人大多和美国人结婚,中国人大多和中国人结婚,瑞士人也大多和瑞士人结婚。但是在现代全球化世界中,种族(或 SIP)的界限已经逐渐被打破,但以往在人口活动受限的时代和地区,SIP 确实存在。

再回到雅利安人的问题，即使我们不承认雅利安人是同一个种族，但当初的印欧人在向外散播之前确实拥有共同的语言和文化，同时和其他族群隔离。不论我们喜不喜欢"种族"这个词，都必须承认雅利安人确实曾经是 SIP。但是极端反对雅利安思想的学者却坚称雅利安人从来不曾成为 SIP。俄罗斯著名语言学家特鲁别茨科伊（N. S. Trubetskoy）就这么说过。①他完全否认有一种原始语言，有说这种语言的原始人，有一个他们居住的发源地。特鲁别茨科伊是厌恶纳粹种族主义的学者。可惜的是，这位好辩的学者毫无证据支持他的幻想。因此除了特鲁别茨科伊以外，所有专家都相信有原型语言，有居住在发源地，有说这种语言的原始人。

还有一种挑战雅利安迷思的方式，则是假设印欧语不是一个种族所说的语言，而认为这种语言是和文化有关系，伦弗鲁就是采取这种方式。他认为这种语言是公元前 9000 年新石器时代初期安纳托利亚农民所说的语言。随着新石器时代农民迁徙和新石器时代农业传播到欧洲，这种语言也来到欧洲。②如此一来，只要描绘出新石器时代文化的散布，就可重建印欧语言的散布状况。

伦弗鲁的构想也只是假设，不是科学。他的假说不能解释大量语言学和考古学科学资料。他假设原始印欧语起源于安纳托利亚，随农业向外散布。他的说法也没有道理，语言不一定会随文化活动散播。举例来说，美国的电影院、汽车、可口可乐已经传播到世界各地。中国有电影院，有汽车，也有可口可乐，但中国人还是讲汉语，不讲美国英语。科学讲究的不只是合乎逻辑，原始假设也必须正确。伦弗鲁宣称，公元前 9000 年的安纳托利亚人说的是原始印欧语，但历史证据已经证明了这个假说是错误的：公元前 2000 年印欧人刚到达时，

---

① N. S. Trubetskoy, 1939, "Gedanken ueber das Indogermanenproblem"，重印于 Anton Scherer ed., *Die Urheimatder Indo-Germanen*, Darmstadt：Wiss. Buchgessellschaft, 1968, pp. 305-311。
② Renfrew, op. cit.

安纳托利亚地区的人民是胡里人，他们说的不是印欧语。

由于亟欲取得政治正确，某些科学家选择了另一种理论与日耳曼种族主义对抗。没错，雅利安人确实优秀。没错，雅利安人征服了半个世界，散播他们的语言。但我们不需要担心种族主义，因为他们认为雅利安人不是德国人，而是俄罗斯人。

库尔干迷思与谬误的库尔干至上意识形态

柴尔德是在雅利安问题方面很受敬重的一位学者。这位身在剑桥的澳大利亚人是对抗日耳曼民族主义的杰出斗士，他的专题著作《雅利安人》(The Aryans) 至今仍然是经典著作。柴尔德无意推展种族主义，但他无法不反映那个时代的偏见。他于1926年感叹道：

> 北欧人的被神化已经与帝国主义和征服世界结合。"雅利安人"这个词已经成为危险党派的口号，尤其是比较粗鲁高调的反闪族主义者。的确，印欧哲学研究在英国落入遭到忽视和不屑的境地。①

柴尔德没有怀疑雅利安人是优越的种族。他十分相信，优越的抽象思考特性是印欧语系所独有。从洪堡的时代开始，欧洲学者一直将这种所谓的优越性视为理所当然，因为这种优越性被认为是人类从野蛮迈入文明的主要原因。印欧人在艺术、工业、商业、科学和文学等方面特别居于主导地位，而因为拥有优越的语言，他们也是优秀的进化推手。柴尔德毫无疑问地接受了雅利安优越性的意识形态，只要雅利安人不是德国人，那么就没有问题了。

因为亟欲对抗纳粹民族主义的猛烈攻击，柴尔德发现了一个解决方案，为旧概念赋予新的生命：

---

① Childe, op. cit.

探讨过欧洲其他所有地区后，我们转向俄罗斯南部大草原。正如施拉德尔所提出的颇具说服力的说法，这里的气候和地形特色，跟古语言学推测的雅利安人的摇篮极为相符。那里最古老的后冰川时期相关人类遗迹同样显示其具有文化，这种文化与语言学者描述的原始雅利安文化相当近似。发掘出这些遗迹的坟墓中几乎都有缩紧的骨骸，覆盖着红赭土（赭土坟墓），上面再覆盖着土堆。墓中埋葬的人通常高大、头颅为长形、下颚正直、鼻部狭长，换句话说是北欧人……

　　从里海到第聂伯河之间的整个区域，资料相当统一。这些大草原上的库尔干人是牧民，因为在堆坟中还有动物的骨骼。遗骸不仅有羊和牲口，还有雅利安人特有的四足马……赭土坟墓人甚至和雅利安人一样拥有有轮车辆，因为在一座坟墓中有马车的黏土模型……①

　　确定库尔干人是原始的雅利安人，追溯印欧语散播的问题就显得简单多了。库尔干文化很容易辨识，而这种文化的散播，则可由堆坟葬文化传统的时间判定其年代。

　　不过还有一个问题，而且是很大的问题。目前没有任何迹象显示南俄罗斯人（也就是库尔干人）在公元前2000年之前说的是印欧语！目前可确定最早说黑海—里海印欧语的人是印度—伊朗人。黑海—里海印欧人和印度—伊朗人一样，很有可能是来自印欧人发源地的北欧移民。他们是北欧人，而且黑海—里海入侵者在迁徙到波斯和印度之前，曾经为乌克兰几条河流命名。后来西徐亚人从东边入侵这个国家，再后来哥特人由北方入侵，最后来的是斯拉夫人，包括俄罗斯人、乌克兰人和维京人等。他们都是印欧入侵者，同时DNA研究结果已经明确证实他们和斯堪的那维亚半岛北欧人

---

① Childe, op. cit.

间的血缘关系。①"赭土坟墓"的印欧文化是属于中石器时代和新石器时代早期的库尔干文化。

印欧人的主要特色是战斧、绳纹器皿（以绳索印纹装饰的陶器），以及单人葬习俗。柴尔德在论文中指出，战斧仅出现在较晚期的俄罗斯南部的墓葬中。而且库尔干当地人制作的陶器也不是这种有特色的绳纹器皿。前面曾经提过，即使同样是单人葬习俗，晚期库尔干人也和雅利安人不同。②尽管如此，柴尔德仍然无视于这些差异，断定欧洲北部的绳纹器皿传统和黑海—里海地区的库尔干传统应该是相同的文化。不仅如此，柴尔德还为印欧人多加了一个特色。他认为这些人既然比较优越，因此必定是骑在马上征服其他民族。

可惜的是，科学受到政治干扰。为了寻求政治上的正确，柴尔德无视于由西向东迁徙的证据，选择支持由东向西迁徙的假设。欧洲北部文化的历史比俄罗斯文化悠久。由于1926年时的年代鉴定的方法不太好，因此柴尔德还可以提出迁徙是另一个方向。他认为如果雅利安人是俄罗斯人的话，那么接受雅利安种族优越论就没有什么不好。

因此考古学界开始流行一种理论，认为雅利安人发源于顿涅茨河谷（Donots Valley）附近的俄罗斯大草原。为了求取政治正确，选择了错误的科学。这种论点受到反纳粹政治意见的支持。

战后时期所谓"库尔干理论"最具影响力的倡导者，是被苏联流放的金布塔斯（Marija Gimbutas）。她在1952年到1997年发表了一系列文章，宣扬欧亚大陆被俄罗斯库尔干人征服欧洲的想法。③金布塔斯是考古学家，但非常喜欢发表看法，却不提出科学证据证明她的结论。她宣称印欧语使用者的祖先一定是欧亚大陆的克罗马侬人。她推

---

① 参见 L. L. Cavalli-sforza, P. Menozzi and A. Piazza, *The History and Geography of Human Genes*, Princeton：Princeton University Press, 1994。
② Childe, op. cit.
③ 金布塔斯的重要论文集结出版于 *The Indo-Europeanization of Northern Europe*, J. Indo-Eur. Studies, Monograph 18, 1997。

测中石器时代的共通语言演变成新石器时代的印欧语、芬兰—乌戈尔语、雷蒂亚语（Rhaetian），以及巴斯克语（Basque）等语系。尽管没有科学证据，她仍然声称最初的印欧语使用者是公元前 5000 年的库尔干人。

金布塔斯跟随柴尔德的脚步，和有科学证据的说法背道而驰，重新提出本都山脉和伏尔加河大草原是印欧语使用者发源地的旧观念。面对排山倒海的反对声浪，她宣称这些"俄罗斯"骑士征服了欧洲北部。她假定绳纹器皿传统不是来自欧洲北部，而是被库尔干人带到黑海—里海地区。金布塔斯的意思是俄罗斯骑士消灭了被征服的北方民族。

金布塔斯的确写过很多文章，但事实和她的结论往往没什么关联。她于 1937 年这么写道：

> 完整的"库尔干文化"体系不是纯粹基于单一的共通特色（同构）——冢墓（堆坟）。库尔干是传统的名称，代表的不是一种特征，而是许多元素的总和。这些元素包括父系社会、阶级制度、由有权势的首长统治的小部落单位、以畜牧为主，包含养马和耕种作物的经济，小型地下或地上方形木柱小屋，小型村庄和大型山丘堡垒等建筑特色，没有绘画而以压印或戳刺装饰的粗制陶器，宗教元素显示有天空或太阳神及雷神，以马匹献祭，以及崇拜火等。[1]

她并没有证明库尔干人是雅利安人，也没有证明库尔干人说的是印欧语。

金布塔斯和拥护者假设印欧人曾经获得胜利，因此断定他们一定

---

[1] Marija Gimbutas, 1963, in M. R. Dexter & K. Jones-Bley and M. E. Huld eds., *The Indo-Europeanization of Northern Europe*, *J. Indo-Eur. Studies*, Monograph 18, p. 183.

是来自俄罗斯南部的骑马民族，他们从大草原大举出击，征服了一半的"旧世界"，但她提不出任何历史证据来证明这个震撼世界的事件。她推测俄罗斯征服者，少数和欧洲北部当地人混血而形成了北欧民族，但她没办法指出是哪个民族被征服。她坚称征服者强迫当地人使用印欧语，但她也没办法指出当地人原来使用什么语言。她似乎相信征服者将战斧带到欧洲北部，但是除此之外他们没有带来任何库尔干文化。

我不知道该赞赏或反驳这位教授的怪诞幻想。我可以想象她和大家一样，觉得日耳曼民族主义让人不快，而且受不了纳粹宣传的雅利安人优越论。但是她窜改了戈培尔的宣传内容，将雅利安人换成库尔干人，当时她在作品中这么写道：

> 库尔干人之所以征服近三分之二欧洲大陆，主要原因在于他们的社会组织。①

的确，她认为库尔干人优越的原因是"父系社会、阶级制度，以及由有权势的酋长统治"。她甚至差一点写到库尔干人征服三分之二欧洲是因为他们的"元首崇拜"。

如果早期库尔干人不是印欧人，又是哪一种人？金布塔斯和她的学生给了我们很多资料。②但这些事实只加强两种民族不同的意见。

位于库班（Kuban），年代为公元前2900—前2600年的麦科（Maiko）皇室陵墓，有许多陪葬物品，包括金、银、铜质战斧。这些陵墓相当类似伊朗与安纳托利亚的现代皇室陵墓。伏尔加河谷的雅姆纳雅（Yamnaya）文化也具有单人葬坟堆的特色，年代则为公元前3000年

---

① Maria Gimbutas, op. cit., p. 25.
② 参见 K. Jones-Bley, 1996, in K. Jones-Bley and M. E. Huld eds., *The Indo-Europeanization of Northern Europe*, *J. Indo-Eur. Studies*, Monograph 17, pp. 89-107。

左右。里面的陪葬物品很少，有一些战斧，但墓中的陶器大多属于球状长颈瓶这类。这些陶器不是欧洲北部常见的绳纹器皿，而类似于在安纳托利亚和马其顿发现的陶器。早期库尔干文化十分近似于伊朗和安纳托利亚文化，可以证明早期库尔干人不是印欧人的始祖，因为公元前3000—前2500年住在伊朗和安纳托利亚的人并不是印欧人。印欧喀西特人（Kassite）和赫梯人当时还没有到达此地。举例来说，安纳托利亚的胡里安人（Hurrian）说的语言很接近现在高加索山脉中的民族说的语言。①他们大概是库尔干人最后的后代，但绝对不是印欧人。②

谬误的库尔干至上思想

雅利安迷思是邪恶的谬误思想。这种思想认为雅利安人属于优越民族，说的语言也比较优越，他们征服各地，将他们的语言散播给被征服的劣等民族。然而这个错误的思想在20世纪又受到头脑不清的科学家拥护，他们认为只要以俄罗斯民族主义取代日耳曼民族主义，雅利安种族主义就不算邪恶。柴尔德于1926年做了错误的抉择，金布塔斯于1952年采纳了柴尔德的结论。她受到雅利安人迷思的误导，认为印欧人是征服者，而且只有库尔干骑士才能征服其他人。她被错误的想法所迷惑，以为雅利安征服者一定有个领袖，和德国的纳粹分子一样。她似乎认为如果雅利安人不是德国人，而是俄罗斯人，纳粹这类领袖思想是可以接受的。

金布塔斯获得许多考古学家支持，但研究现场资料的科学家很难将事实和她天马行空的想法连接起来。许多和她关系不错的作者批评她的库尔干理论③，惠特尔的评论相当有见地，他是这么说的：

---

① 参见 Gernot Wilhelm, *The Hurrians*, Aris & Philips, Warminster, England, 1994, p. 4。
② 这种语言应该属于巴斯克—丹尼超级语族，当然不是印欧语。将在下一章中详细探讨这个语言学问题。
③ Whittle, op. cit.

库尔干假设所依据的特性描述十分简略,一方面生活方式完全游移不定;另一方面又完全固定不动。对其扩张而言,寻找放牧地这个结论似乎过于薄弱,但这个论证往往很快流传开来。库尔干假设忽略了欧洲东南部的变迁记录。如果这个假说更有说服力一点,我们应该可以在本都山脉地区看到大幅变化的初步征兆,其后逐渐朝西扩散。事实上似乎正好相反,变化是由欧洲逐渐向东扩散。①

马洛里(Mallory)尽管对雅利安迷思十分反感,却意识到了"库尔干热"的愚蠢。他曾经这么写道:

所有关于入侵和文化变迁的证论,几乎都不需库尔干人扩张理论就可以获得更好的解释,而目前提出的证据大多不是完全与其他证据矛盾,就是出于显然扭曲东欧、中欧和北欧文化史的解释。②

马洛里没有明说,只以暗示提出完全没有证据显示,这些公元前4000—前3000年堆坟里面埋的人说的是印欧语。金布塔斯的确判定几具库尔干遗骸是"最初的克罗马侬人",外貌和北欧人相似。这一点其实没有关联。她不接受库尔干堆坟中埋的可能是从北欧来到俄罗斯南部的移民这个明显的事实,反而相信荒诞的说法,认为长得像北欧人的俄罗斯人跑到北欧,还征服甚至消灭了住在当地的非印欧人。

若非她可以说是目前最受尊敬与推崇的一位学者,我可能早已忽略这位优秀的教授。位于美国华盛顿特区的人类研究学院出版了三本专题著作向她致敬。她的假设已经成为公理和典范,深入考古学、语

---

① J. P. Mallory, 1989, In *Search of the Indo-Europeans*, London: Thames and Hudson, p. 185.
② G. Herm, *Die Kelten*, Salzburg: Cosy Verlag, 1996.

言学和人类学的解释。她的假设是"新迷思"。我不敢相信这位杰出的教授是种族主义者，但她的理论确实激发了俄罗斯民族主义。格哈德（Herm Gerhard）在一本畅销书中写道：

> 我问苏联考古学家梅森（Vadim Mason）怎么看待自己作品的中肯程度。
> 他温和地说："你知道吗，我们不敢做出最重要的结论，或将我们的发现放入世界历史的基本架构中。"
> 我几乎忍不住笑出来，但还是继续问下去："你当时也同意，希腊人、罗马人、日耳曼人和凯尔特人的祖先都来自里海地区。"
> 他答道："没错，我们已经证实了这一点。"
> "那么我们都是你们的后代，我们都是俄罗斯人。"
> 他脸上浮起一抹浅笑："这么说也对。"[①]

宣扬这个种族理论的不只是俄罗斯科学家。其小学课本中也将金布塔斯的主张视为已确定的历史事实：

> 公元前4000年—前3000年，印欧人只是数千名游牧民族，分布在俄罗斯南部大草原、高加索山以北，以及乌拉山以西。印欧人在数千年间分散到欧洲全境、小亚细亚和印度次大陆，相当令人惊讶。印欧人扩张造成名副其实的人口爆炸。人类历史上这样前所未有的现象亟需一个解释，但社会科学家对这个主题大多保持缄默。目前还没有人着手建立模型来解释如此快速的人口爆炸。

先前的作者似乎没有认识到，即使印欧人的发源地不是德国而是俄罗斯，雅利安种族主义依旧是雅利安种族主义。如果一位考古学教

[①] Brian Hayden, *Archaeology*, New York: Freeman, 1993, p. 343.

授告诉学生,几千名游牧民众在几千年间征服了欧洲、西亚和南亚,造成人口爆炸,不算是自大或愚昧吗?如果真的有这种状况,那一定会成为人类历史上空前绝后的现象。

这位杰出的教授没有想到,这桩"人类历史上前所未有的现象"可能不存在。她不知道"社会科学家对这个主题大多保持缄默",是因为这个空前绝后的现象并不存在。她没有发现"没有人着手建立模型来解释如此快速的人口爆炸",因为根本不需要建立模型来解释一个不存在的人口爆炸。

柴尔德、金布塔斯和拥护者的整套想法,源自于试图反驳纳粹宣传的雅利安优越性。20世纪30和40年代流行否定科学中的固有事实。希特勒宣称雅利安物理学优于犹太物理学。斯大林借用了李森科学说,将瓦维洛夫(V. I. Vavilov)和其他几位遗传学家送到西伯利亚劳改。考古学似乎也有雅利安与库尔干两个学派的分裂现象。盟军战胜后,雅利安考古学也随之消失。科学政治化的钟摆开始由纳粹德国的"雅利安迷思"摆向另一端的苏联"库尔干迷思"。这个趋势持续了整个20世纪后半期,合理的反对却相当少。熟悉古语言学的德国人知道真相,但大多不敢公开表示。生长在战后时期的年轻德国人觉得,否定种族这个概念才算时髦。他们宁愿认为雅利安人并不存在,同时否定日耳曼人曾经是个别繁衍族群。

印欧人、雅利安人是北欧人

由于愚昧加上种族主义的双重影响,洪堡宣称印欧语系是最优越的语言。这不是事实,我们也可以提出有力的论述,证明中文是最优越的语言,但这不表示中国人是最优越的民族。

由于愚昧加上种族主义,考古学家将印欧人抬高成百战百胜、攻无不克的种族。这当然也不是事实,因为亚洲北部民族打仗的记录更加辉煌。匈奴迁移到东欧,引发日耳曼民族大迁徙。蒙古人来到中国的西北部后，征服并同化了来自欧洲的吐火罗人。塞尔柱突厥人打败了东罗马帝国，奥斯曼土耳其人的军队则一直打到维也纳城外。鞑靼人征服了俄罗斯南部，并在波兰打败欧洲联军。帖木儿人征服了印度，建立臭卧尔帝国。满洲人在康熙皇帝领导下打败了俄罗斯，日本也在1905年打败俄罗斯。亚洲北部人对印欧人一向战无不胜，直到1945年日本才第一次战败。

由于愚昧加上盲目自大，西方历史学家认为征服者是超人，但中国人则认为他们是未开化的蛮族。即使匈奴统治了中国北方，中国人还是认为他们是"奴"；即使忽必烈逼得宋朝最后一个皇帝跳下南中国海，中国人还是认为蒙古人是野蛮人。事实上，雅利安人不是攻无不克的优越民族。即使他们曾经征服过别人，也没有理由说他们优越。他们有许多人是野蛮人，纳粹德国人的行为更印证了这一点。

新旧迷思支持者还有一个错误想法，就是假定语言必须通过征服来散播。没错，距离现在最近的例子十分明显。像美国、澳大利亚、新西兰这些地方，殖民地开拓者赶走原住民，取得土地之后，这里的人都说英语。犹太复国主义者赶走巴勒斯坦阿拉伯人，取得土地之后，那里的人都说希伯来语，这样的例子很多。不过，语言散播还有另外一种方式，而且人口移动并不等同于征服。

语言可随移民散播到新的地方。说波利尼西亚语的人到了夏威夷，因为岛上没有其他人类，所以还是继续说波利尼西亚语。阿勒曼尼人说瑞士德语，因为在瑞士东部未开发森林中也没有其他人类。

事实上，征服者的语言不一定占优势。法国，或称为法兰克王国，是征服者法兰克人建立的日耳曼国家，但他们说的法语却源自拉丁语，而不是日耳曼语。另一个日耳曼部落伦巴底人定居在意大利北部，但他们舍弃了自己的日耳曼方言，改说意大利语。满洲人征服中国，统治了将近三百年，但他们现在说汉语，忘记了自己的语言。因此，印欧语向外散布不一定能证明征服成功，当然更不是雅利安人优越的证据。雅利安人到达印度河河谷时，建立城市的人早已离开。吐火罗人到了塔克拉玛干沙漠，那里一向没什么人居住。巴尔干半岛山顶城堡的建造者是外来入侵者，而不是征服者。他们全心防卫，但他们的方言被采用了，因为对于这个方言很多的地区而言，这种外来语言反而成为比较好的共同语言。

北欧人在公元前第三个千禧年最后几世纪朝南方和东方迁徙，已经是科学事实。这个事实并没有支持优越种族的意识形态。欧洲印欧化的库尔干理论是差劲的科学宣传，用错误的意识形态取代同样错误的意识形态。雅利安迷思只是迷思，这种意识形态没有学术地位。库尔干理论是更为差劲的理论，而且完全没有科学地位。平衡研究所有科学事实之后所得的结论是，原始印欧人是新石器时代欧洲北部的农牧民族，在公元前第三个千禧年最后几世纪向南和向东迁徙。

我提这个雅利安人的问题，是因为我们需要了解气候与人类迁移的关系。假如雅利安人是库尔干人，我们就无解释他们迁移的原因，假如他们是北欧人，那么我们可以问：这些印欧人的祖先是谁？他们又是在什么时候，用什么方式到达欧洲北部？

这些印欧人为何离开北欧？他们在散布过程中如何到达各地？

这些疑问将是以下两章的主题。

第五章
从尼安德特人到雅利安人

现代人体内有一点点尼安德特人。

——贾奎·海斯,《人类与尼安德特人的混种》,
《宇宙杂志》,2008 年 11 月 2 日

迁徙之前,印欧人是居住在欧洲北部的新石器时代人类,这些人和今天的北欧人一样,眼睛是蓝色的,头发是金色的。一万五千年前冰川期到来,欧洲北部覆盖在冰雪下。他们的祖先来自何处?他们什么时候到达他们的故乡?要解答这些问题,必须先了解人类的进化以及语言散布的历史。

个别繁衍族群

如果说因为纳粹的过往历史使得"纯净种族"这个词变得令人厌恶,我们可以借用植物培育中的说法,来谈谈纯粹品系。尽管种族主义让人厌恶,但我们还是必须了解,世界上确实有同质族群。这种同质性或许是原先就存在,或许是奠基者效应,也有可能是异质成员互相融合,在地理上与外界隔离的地点长期近亲繁衍而来。

遗传学研究可以告诉我们关于人口族群历史的线索。世界上所有人群都有 A、B、O、AB 等各种血型。不过美洲原住民除了少数例

外，只有 O 型血型，缺少 A 型和 B 型的遗传标记。这种现象被认为是奠基者效应（founder effect），显然来自西伯利亚的原始族群人数并不多。即使当时有 A 型或 B 型血型的人，他们也没有留下 A 型或 B 型的后代，只有 O 型血型的人存活至今。现在科学家从他们的后代追溯得知，有一小群移民在海平面较低时越过白令海峡来到美洲。冰川期后海平面上升，这些美洲原住民和旧世界隔离，不得不近亲繁衍。他们变成一种"纯净种族"，就像谷物培育中所说的纯粹品系，拥有同质性的遗传组成。

现在提到种族纯净，似乎在政治上并不正确，但可能是一个事实叙述。种族纯净不值得以此自豪，美洲原住民也没有大肆宣扬他们的种族纯净。事实上，缺乏基因交流反而可能是个缺点。塔西佗在 1 世纪写到日耳曼人"是土生土长的纯净种族，极少因其他民族加入而混合"。塔西佗不是种族主义者。他来自罗马这个融合了亚洲、非洲和欧洲各地民族的大熔炉，观察到日耳曼人在身体外观上的同质性。这种同质性源自于长期隔离下的近亲繁衍。在塔西佗的时代，日耳曼人是同质性的个别繁衍族群，与罗马人的基因多样程度相较之下，可说是纯净的种族。

小孩基因是由双亲各出一半所组成。同型合子的特征是一个人的某种特征有两组相同的基因，分别来自父母双方。异型合子则是有两组不同的基因，分别来自父母双方。棕色眼睛的人可能是有两组棕眼基因的同型合子，也可能是有显性棕眼和隐性蓝眼两种基因的异型合子。不过蓝眼的人一定是同型合子，有两组隐性基因。这个遗传规则是 1865 年由奥地利修士孟德尔首先提出的孟德尔遗传定律。

发色或肤色的遗传比较复杂，牵涉到的基因可能不只一对。与此有关的其他因素更多，而且可能会出现使异型合子处于中间状态的组合。举例来说，美国黑人很少有纯黑或纯白，而是程度不同的深色肤色。分析人类遗传变异很适合用来追溯人类的血统。

白皙的肤色在欧洲北部相当普遍，欧亚大陆也有一部分浅色眼睛和头发（LEH）的显性。瑞典和挪威的 LEH 近同型结合和美洲印第安人的 O 型血同型结合一样，都是奠基者效应，也就是说，LEH 继承自一小群开拓原先无人居住地区的金发蓝眼人类。冰川时期覆盖在冰雪下的欧洲北部，确实没有人居住。但这一小群金发蓝眼的人是谁？他们来自什么地方？

人类学家西德里斯（Raymond V. Sidrys）提出他的观点，认为金发蓝眼的北欧人是外地入侵者和欧洲定居地先住民混血的结果。①

依据遗传继承追溯第一个夏娃，她的眼睛和头发很有可能都是深色。深色的眼睛和头发是正常状态，LEH 基因则源自于造成白化症的基因突变。不过，要让 LEH 基因在族群中变得普遍，需要的不是经常发生突变，而是天择。突变的基因应该具有某种天择优势，才会在族群中保留下来。

较浅的肤色可能是北方的适应特征。人类需要维生素 D 来维持生命，而这种维生素是经由晒太阳制造。因为住在寒冷北方的人没有充足的阳光，皮肤白皙的人可提高维生素 D 的制造能力，应该具有天择优势。LEH 基因可能和白皙肤色有关，因此在天择中较为有利。在遗传学家的术语中，LEH 基因是"能适应天择的多效性复合体的中性要素"②。LEH 基因本身或许也有适应上的优点。在北方幽暗迷蒙的光线下，浅色眼睛的猎人可以看得更清楚，另外，人类在性选择上或许已学习到偏爱金发蓝眼的人。

要将仅少数人拥有突变 LEH 基因的族群改变成同型结合的 LEH 个别繁衍族群，需要时间来进行突变和天择。LEH 族群存在，就可证明这段时间应该足以让突变发生，因此问题是天择不止一种。除了必

---

① R. V. Sidrys, 1996, in K. Jones-Bley and M. E. Huld eds., *The Indo-Europeanization of Northern Europe*, *J. Indo-Eur. Studies*, Monograph 17, pp. 330-349.
  在尼安德特人基因组中发现红头发基因，印证了我原先对 LEH 基因出自尼安德特人的推测。现代印欧人族群体内的 LEH 基因，可能是在智人入侵欧洲西北部并与尼安德特人融合之后，由尼安德特人继承而来。

② 参见上书第 333 页 R. V. Sidrys 的讨论。

须增加 LEH 基因出现的频率，还必须除去深色头发和棕色眼睛（DEH）的基因。除此之外，这些基因也不能够从外界进入。这些因素在显示，这个繁衍族群一定已经孤立很长的时间。

欧洲北部之外的地区没有 LEH 族群，不能完全归因于适合的环境太少，例如西伯利亚人的居住环境就和北欧人差不多。比较可能的原因是，世界上没有其他地方和欧洲西北部一样，与世隔绝了这么长一段时间。举例来说，美洲原住民成为个别繁衍族群的时间即使没有二万五千年，至少也有一万两三千年，但他们并没有变成金发蓝眼。或许是孤立的时间不够长，美洲原住民在遗传上仍然和西伯利亚的近亲相当接近。澳大利亚土著也没有变成金发蓝眼。他们孤立的时间够长，但他们没有居住在高海拔环境，促成 LEH 的天择发挥作用。在全世界各地，欧洲西北部是唯一曾经因为气候变迁而长时间孤立的高海拔地区。上次冰川期中，不列颠群岛南部、法国中部和伊比利亚半岛分别被阿尔卑斯山、地中海、芬诺斯堪地亚（Fennoscandia）冰帽以及欧洲中部森林与其他人类隔离。①

上次冰川期是什么人住在如此孤立的地方？当时有克罗马侬人，但他们四万年前才居住在这里。在此之前，尼安德特人是欧洲西北部的个别繁衍族群。②

---

① 遗传学家现在认为，尼安德特人与智人在大约七十万年前拥有共同的祖先，后来尼安德特人由非洲向北迁徙，与其他人类族群隔离。隔离三万或四万代之后，应该足以繁衍出隐性基因的接近同型结合族群。认为蓝色眼睛基因是一万年前突变而出现的推测，基本上违反常理。欧洲北部的印欧人隔离的时间很短，难以繁衍出具有 LEH 基因的同型结合族群。

② C. Stringer and C. Gamble, *In Search of the Neanderthals*, London：Thames and Hudson, 1993. 传统看法认为尼安德特人和智人是不同的物种，无法融合繁衍后代，但现在遭到遗传研究的强烈质疑。目前的看法认为，这两个族群在长时间分离后再次相遇时，可能已经融合。现代人族群身上有尼安德特人的基因。尼安德特人没有灭绝，但被入侵的智人同化。某些正在逐渐消失的民族，例如中国的满人或北美洲的美洲原住民，就可当成不错的例子。依照这样的诠释，欧洲北部的混血后代自尼安德特人族群继承了 LEH 基因，成为克罗马侬人，后来又成为印欧人个别繁衍族群。迁徙到亚洲的智人则与不具 LEH 基因的直立人融合。因此除了在印欧人迁徙时到达亚洲的族群之外，蓝眼金发的民族在亚洲相当少。

1868年，在法国西南部莱塞济（Les Eyzies）镇附近的克罗马侬一处岩石遮蔽处发现了人类骸骨。他们使用的石器与在奥瑞纳（Aurignac）发现的相当类似。我们现在将旧石器时代晚期的人类称为"克罗马侬人"，其文化称为"奥瑞纳文化"。克罗马侬人是智人，属于原始欧洲血统。许多人为长形头颅，跟现代欧洲北部人一样。

年代最久远的克罗马侬人骸骨和奥瑞纳文化人工制品大约距今四万五千年，发现于保加利亚。人类向西迁徙的足迹可由奥瑞纳文化石器分布加以追踪。克罗马侬人于距今三万六千年前到达德国南部，于三万四千年前到达法国西南部。①

在卡尔迈勒山（Carmel）洞穴中发现智人的骸骨，证明在十万年前的旧石器时代中期，现代人已经居住在以色列。②从当时到现在，气候已有很大的改变。最近一次间冰期（过去称为"Riss-würm"，现在称为"第五期"）结束时，第一批智人出现。③但后来阿尔卑斯山冰川全部回复原状，整个瑞士在距今七万年至四万五千年间（第四期）埋在冰雪之下。第一批现代人没有离开中东太远，一直到距今四万五千年至三万年间比较温暖的"次冰期"第三期，才开始迁徙。接着，冰川在第二期再度前进，于一万八千年前达到冰川时代的最高峰。

化石发现和语言研究结果显示，现代人先由中东向东迁徙，到达亚洲和澳大利亚。不过到了较温暖的第三期，迁徙障碍消除之后，他们开始向欧洲迁徙。这些进入欧洲的移民（或可说是入侵者）带来了旧石器时代晚期的奥瑞纳工艺。冰川再度前进时（第二期），冰川、森林和海洋再度阻断了迁徙之路。在冰川期气候最寒冷的一段时间，

---

① J. Guilane ed., *Prehistory: The World of Early Man*, New York: Facts on Files, 1986.
② 同上。
③ 于上次冰川期的中间温暖期在欧洲西北部与尼安德特人相遇的智人族群，是最后一批经过中东地区离开非洲的智人。目前遗传学家大多认为，这两个族群的共同祖先是七十万年前居住在非洲的直立人。

欧洲西北部的人再度陷于重重隔离。

现代人来到欧洲西北部时，这里并非无人居住。尼安德特人当时已在那里居住了一段时间。他们是第四期时土生土长的欧洲人。在第五期间冰川沉积物和第六期冰期沉积物中，都曾经发现具有尼安德特人特征的古老骨骸。目前最古老的尼安德特人骨骸，是在德国魏玛和英国威尔士发现的，年代为第七期，距今大约二十三万年。欧洲年代更久远的人类骸骨无法断定为尼安德特人，但具有世界各地直立人的共同特征。因此化石记录显示，尼安德特人或许曾经是欧洲西北部的个别繁衍族群，时间超过一万个世代。长时间的孤立或许足以使尼安德特人成为 LEH 同型结合的特殊人种。①

尼安德特人是否活过了冰川期？现代欧洲人身上是否有他们留存下来的遗传因子？

尼安德特人适应了非常寒冷的气候。②他们体格壮硕，肌肉强健，拥有很大的桶形胸腔和很长的背脊，腿相对较短。他们的四肢比率和北极圈的拉布人（Lapp）相仿。尼安德特人男性的平均身高为 170 厘米左右，女性则为 160 厘米。他们的体重也和一般欧洲人相仿，男性约为 65 公斤，女性为 50 公斤。③

目前没有身体上的证据可证明尼安德特人的肤色，或是眼睛与头发的颜色。④他们的肤色应该比较白皙，另外，如果他们已经适应当时的气候环境，族群中应该会有许多金发蓝眼的个体。

科学家以往认为尼安德特人是不同的物种。不过目前许多人类

---

① 现在遗传学家认为，尼安德特人开始与智人分离的时间更早，分离时间足以在隔离族群中繁衍出同型结合 LEH 基因。
② C. Stringer and C. Gamble, op. cit.
尼安德特人可在零下 30 摄氏度的严寒环境下生存，听来似乎相当惊人。有人猜测他们可能有泛红的棕色毛皮，保护自己免于暴晒。也有证据显示他们可能在冬季冬眠。
③ C. Stringer and C. Gamble, op. cit.
④ 红色或红褐色的头发和浅色的皮肤与 MC-R 的三种突变有关，而这些突变起源于几万年前。现在大多认为这些特征已经通过尼安德特人与智人混血而进入智人族群。

学家发现，我们有理由相信他们跟智人是相同的物种。现代人属于 Homo sapiens sapiens 亚种，尼安德特人则属于 Homo sapiens Neanderthalensis 亚种。

尼安德特人主要居住在欧洲西北部，但他们的骸骨也散见于其他地点。有些尼安德特人似乎离开故乡，越过迁徙屏障，到达中东地区。他们在冰川期之间的第五期（大约为九万年前）居住的地方相当接近最早的智人。跟尼安德特人年代相当，但居住在非洲和远东地区的人类与尼安德特人明显不同，因此被称为"类尼安德特人"或"直立人"。他们代表平行的进化世系，某些特征也和欧洲的尼安德特人相同。①

尼安德特人和同时代的人类生活在旧石器时代中期，使用称为"穆斯特工艺"的石器制造方法。尼安德特人或许曾经是个别繁衍族群，但尽管在人类学上有所不同，在文化上却是全世界同出一门。穆斯特时期（八万五千年至三万五千年前）维持了五万年的文化稳定。

穆斯特文化的人工制品及尼安德特人的骸骨，在年代少于三万年的沉积物中没有出现，穆斯特工艺被奥瑞纳工艺取代，尼安德特人也被克罗马侬人取代。②

尼安德特人究竟怎么了？他们是否和现代人和平相处？或者是遭到灭绝？

灭绝还是融合

经过一百五十年的化石骨骼和人类遗传研究，科学家对人类进化的最初数百万年得到令人惊讶的一致看法。目前的争议都集中在年代最近的历史，也就是现代人的起源。

人类与猿猴的区别有几项标准：以双足行走、下颚与牙齿的解剖

---

① 研究人员目前认为，现代人与尼安德特人隔离了七十万年之后，再度相遇并融合繁衍后代。
② C. Stringer and C. Gamble, op. cit.

构造、大脑容积、制作工具，以及思想与语言等。依据基因时钟，人类与猩猩的分化时间是六百万年①，正好跟全球气候变迁，地中海干涸的时间互相吻合。②

第一个人类特征是以双足行走。最初的人类脑容量很小，不会制作工具，大概也不会讲话，称为双足猿猴。促成以双足行走的最初原因是六百万年前非洲气候变得较冷及较为干旱。猿猴居住在热带森林，栖息地因森林覆盖面积缩小而受限。尽管如此，目前发现最早的人类化石仍然居住在林地或森林，只有年代少于四百万年的南方人猿（Australopithecus）通常居住在树木稀少的平原。③

最早的人类牙齿变得越来越像人类。他们原先是素食性，但逐渐转变成杂食性。他们以采集、狩猎和捡拾死亡动物为生。他们在行动方面很像人类，这是以双足行走的结果。不过他们并没有走得很远，还是留在非洲。

直到二百五十万年前左右，双足猿猴才再度跨出进化的一大步，人属由南猿属分化出来。大脑容积在二百万年间由南猿属的350cc增加到能人的660cc，在四十万年前到十万年前之间，再增加到早期直立人的850cc和晚期直立人的1100cc。最后，智人的大脑容积增加到1300cc左右。④

石器制作技术似乎随大脑容积增加而提升。南人猿不会制作石器，但可能用骨头来达成各种目的。人属动物会制作石器，但最早的

---

① Jia Lanpo & Huang Weiwen, *The Story of Peking Man*, Oxford：Oxford University Press, 1990.
② J. Guilaine, op. cit., p.48.
③ 魏登瑞（Franz Weidereich），*A Study of Pre-historic China*，上海：商务印书馆，1948年。
④ 格鲁吉亚的德马尼西（Dmanisi）有一枚一千八百万年前的直立人头骨，当时大约是欧亚大陆的冰川期。许多遗传学家发现，我们可以将它解释为一个人类物种由直立人进化成尼安德特人，再进化成智人。尼安德特人和智人可能是在七十万年前开始分化。尼安德特人是在大约十二万五千年前居住芬兰。现代人类可能是在大约十三万年前，利用温暖的间冰期由非洲迁徙到亚洲南部和近东地区。
请参阅"The Neanderthal Theory of Autism, Asperger and ADHD"，网址：http://www.rdos.net/eng/asperger.htm。

巧人只会制作十分简单的石器。石核器用于砍劈、削刮及粗略切割，由石核器取下的锐利薄片则用于细部切割。

第一次大幅进展是一百八十万年前直立人的进化。最古老的化石发现于非洲（肯尼亚）、亚洲（爪哇）和高加索地区（格鲁吉亚共和国）。这些化石拥有较大的大脑容积，但制作技术没有进步。较新较复杂的工具，称为阿舍利文化，直到一百五十万年前才出现在非洲。最令人惊讶的工具制作技术是手斧，工具制作者必须有条不紊地敲下许多薄片，才能制作出这种斧头。这种技巧证明了直立人的工艺成就。阿舍利石斧并没有传到亚洲。因此，第一批迁徙到爪哇的直立人一定是在这种技术进展出现之前就已离开非洲发源地。

直立人是最先拥有大容积大脑和大型人形体格（相对于猿猴形体格而言）的人类。进化之后不久，身体上的差异促成了这种动物向外扩散，远达非洲以外。这种动物的亚种化石发现包括直立人、尼安德特人、北京猿人、爪哇猿人等。由于离开非洲的入侵者应该是迁徙到无人居住的地方。

人类进化的第二个里程碑，是十三万年前智人出现。目前最古老的化石发现于非洲，地点包括南非和肯尼亚。距今十万年前后不久，现代人侵入了直立人的领域。以色列的最古老智人化石年代大约为九万年，这些早期现代人在相当接近该地区尼安德特人的地方居住了数千年。现在最关键的问题是：

新居民是否消灭了旧族群？还是两个族群和平共存，融合繁衍后代？

两种假设的支持者提出两种不同的答案，分别是"非洲夏娃理论"和"多地区进化理论"，科学家目前还在争论中。

"非洲夏娃理论"原先称为"非洲出走理论"。这个理论起源于利基（Louis Leakey）的构想，他于20世纪60年代提出假设，认为多个早期人类物种的演化相继中断，被一种来自非洲的新物种取代。卡瓦利—斯福尔扎（Cavalli-Sforza）等人运用基因标记，发现人类分成好几个阶段离开非洲，首先是直立人，接着是智人。他们认为新的人类到达一个地方，就会取代原先的人类。因此他们提出非洲夏娃血统理论，解释现代人类的起源。

斯特林格（Christopher Stringer）和甘布尔（Clive Gamble）等非洲出走理论的支持者认为，直立人的演化已经中断。这种旧物种不够强健，竞争力不足，新的智人来到之后就被取代。因此这种理论又称为"取代理论"。另外，它也被称为"单一起源理论"，因为其支持者认为现代人起源于非洲的某个单一地点。小群现代人从这个发源地出发，取代了欧亚大陆和澳大利亚各地的直立人。这些小族群继续进化，而现代人族群间的地理差异显然相当晚才发展出来，距今应该不到十万年或五万年。

研究人类遗传学的科学家是非洲夏娃理论的拥护者。威尔逊（Allan Wilson）和同事于1987年在《线粒体DNA与人类进化》（*Mitochondrial DNA and Human Evolution*）一书中发表了他们的经典论文。生物细胞中负责产生能量的线粒体含有DNA分子。线粒体DNA完全继承自女性，并且以突变速率极快著称。威尔逊等人分析了来自世界各地147个人身上大约9%的DNA序列，绘制出线粒体DNA种类的世系图，根据这张图可追溯到同一名约十万年前居住在非洲的女性。一位记者以"非洲夏娃"来称呼所有现代人的某位祖先。

人类遗传学者进一步提出，地球人口数目可能曾经大幅减少或成长停滞。有一种说法是"为数约五千到两万的一小群原始人，全都是非洲夏娃的后代。他们征服了世界，人口数目大幅增加，于八万年前取代了非洲的旧族群，五万年前扩散到亚洲，三万五千年前扩散到欧洲"[1]。

"非洲夏娃理论"提出一个大胆的想法，认为"强大的非洲人征服欧洲和亚洲，取代了所有人种"。这可说是达尔文物竞天择理论的

---

[1] Jia Lanpo & Huang Weiwen, *The Story of Peking Man*, Oxford: Oxford University Press, 1990, pp. 99-100.

现代版本。智人这个新人种"对最相近的近亲造成的压力最大，甚至可能使他们灭绝"①。换句话说，尼安德特人灭绝是因为"物竞天择就是保留具有某些优点、最后能存活下来的品种"②。现代人取代尼安德特人，是因为不够强健的人类无法在天择中存活下来。

我对"非洲夏娃理论"不感兴趣，源自于我对人类进化速率的直觉估计。我很难想象有一群智人来到欧洲，可以在不到四万年间从深色眼睛和头发的人进化成浅色眼睛和头发同型结合族群。因此我一直比较赞同另一种说法，认为欧洲西北部现代人的LEH基因是继承自尼安德特人。有学识渊博且支持"非洲夏娃理论"的同事，对我的直觉嗤之以鼻。他们支持达尔文理论，认为尼安德特人毫无疑问地应该在物竞天择下淘汰，灭绝在最相近的亲属手中。

慕尼黑大学的克林格（M. Kringe）等人从尼安德特人骸骨中取得少量DNA，发现它和数千名接受研究的现代人DNA共通点很少。他们认为这证明了"现代人身上并没有尼安德特人灭绝后遗留的线粒体DNA"③。

我不确定数次DNA分析是否可解决整个人类遗传继承问题。就算我们承认这几个尼安德特人不是现代人的祖先，但我们的祖先是否可能是没有分析到的其他尼安德特人呢？④

---

① 我写过多篇文章和一本书《大灭绝》（台北：天下文化，1992年，北京：生活·读书·新知三联书店，1997年）中来表达我的看法，并指出达尔文没有科学理论证明生物灭绝。进化是地球生物史。历史必须依据有记录的证据重建。地球生物史必须由化石加以记录。在智人之前，完全没有化石证据可证明有生物物种被其他物种灭绝。达尔文的旧物种被新进化近亲消灭的灭绝理论只是推测，是马尔萨斯哲学的想法。达尔文既没有提出科学论证，也没有科学证据来证明他的说法。

② C. Stringer and C. Gamble, op. cit., p. 196.

③ K. Jacobs, J. M. Wyman and C. Meiklejohn, 1996, in K. Jones-Bley and M. E. Huld eds., *The Indo-Europeanization of Northern Europe*, *J. Indo-Eur. Studies*, Monograph 17, pp. 285-305.

④ 许多人以尼安德特人的mtDNA与人类mtDNA差异很大为理由，主张融合并未发生，这种说法其实不合逻辑。以某个涵括五个世代的穴居人家族为例。如果在高祖这一代中只有一个尼安德特人，其他都是智人，后代就可能继承不到尼安德特人的mtDNA。如果尼安德特人在混血族群中是少数，则其mtDNA保留在混血族群中的概率就不会很大。不仅如此，mtDNA还会随时间而进化，我们无法获知在现代人类体内发现的mtDNA不是由尼安德特人的mtDNA进化而来。

我的怀疑并非没有事实根据。2002年,犹他大学的哈彭丁(Henry Harpending)等人在《美国国家科学院学报》上发表一篇论文。他们的人类遗传密码分析,得出和先前分析相反的结论。哈彭丁本身支持取代理论超过十年以上。不过他最近的DNA研究显示,尼安德特人或许真的曾经和现代人融合,因为有一些史前欧洲人基因融入了现代人基因图谱中。海菲德(Roger Highfield)在纽约《先锋论坛报》上报道了哈彭丁等人的发现,标题为"人类非洲出走理论出现疑云"。

如果现代人和尼安德特人是不同的物种,那又怎么可能融合呢?说不定真正的原因是,这个假设本来就是错的!

我在一次造访宾夕法尼亚州的机会中见到埃克哈德(Robert Eckhard),受到另一种理论观点的启发。与单线进化理论相对的假说为1897年由施瓦尔贝(Gustave Schwalbe)首先提出,他提出的进化顺序开端为猿人(Pithecanthropus),发展成尼安德特人,最后进化为现代人。这个构想是魏登瑞(Franz Weidenreich)于20世纪40年代提出"横向区域连续"模型时所提出的,魏登瑞认为"旧世界"不同地区并存的进化族系发展成各种早期智人,进而形成各地不同的现代民族。① 不过这个理论在50年代被库恩(Carlton Coon)用来鼓吹种族分离,因而遭遇严重挫败。讽刺的是,魏登瑞是犹太裔德国人,为逃离反犹太主义魔掌而在中国寻求政治庇护,他提出的杰出构想却被贴上种族主义的标签,遭到重视政治正确甚于科学事实的学者所摒弃。

横向区域连续理论于20世纪70年代再度兴起,主要是由于布雷斯(Loring Brace)、沃波夫(Milford Wolpoff)和索恩(Alan Thorne)的努力。他们提出直立人和智人是否属于同一物种这个关键问题。非洲夏娃模型的支持者主张,属于另一生物物种的直立人不可能和智人结合繁衍,尼安德特人也不可能留下任何遗传继承在现代人身上。另

---

① G. Burenhult, 1993, "Image Making in Europe during the Ice Age", in G. Burenhult ed., *The First Humans*, San Francisco: Harper, p. 100.

一种模型的支持者则认为，最末期的直立人和最早期的智人应该属于同一个物种。它们不是两个不同的物种，而是 Homo sapiens erectus 和 Homo sapiens sapiens 两个亚种。尼安德特人、北京人、爪哇的索罗人（Solo）以及其他直立人个别繁衍族群并未消失，他们没有被入侵的智人消灭。最末期的直立人可能，而且确实，曾经和最早期的智人结合，在世界不同地区繁衍出不同的现代人类个别繁衍族群（或民族）。①

现生物物种是同物种个体所生出的后代具备存活及繁殖能力的生物物种。化石物种是研究人员依据解剖差异所区分出来的形态物种。不同的化石物种可能属于同一生物物种，也可能不是。某些化石在形态上非常接近现代人，因此分类相当困难也颇具争议。举例来说，索罗人的学名就有 Homo（Javanthropus）soloensis, Homo soloensis, Homo primigenius asiasticus, Homo neanderthalensis soloensis, Homo sapiens soloensis, Homo erectus, Homo sapiens erectus 等。事实上是因为索罗人的头骨外形像现代人也像尼安德特人。最新的鉴定意见是将索罗人头骨判定为直立人。②索罗人可能是末期直立人和现代人结合所产生的后代。

横向区域连续模型的支持者魏登瑞、沃波夫、索恩和其他学者曾经提出一个连续进化族系，由猿人发展成尼安德特人，再到现代欧洲人，以及发展成索罗人，再到澳大利亚原住民。由于索罗人头骨的年代为二万七千年前，远比已知最早澳大利亚原住民的六万年前来得晚，因此非洲夏娃模型的支持者宣称"多区域进化模型在年代上不可能成立"③。索罗人本身确实不可能是澳大利亚原住民的祖先，但索罗人的祖先有可能是。索罗人的年代较晚，可以解释为直立人和智人

---

① 最新的尼安德特人基因组序列研究结果似乎相当支持横向区域连续假说。
② 相较之下，美洲印第安人由北极圈北美地区迁徙到南美洲南端的速度快上许多，只花了一两千年。
③ J. Guilaine, op. cit., pp. 102-103。

在东南亚曾有一段重叠时期,正如尼安德特人和解剖上的现代人在欧洲的重叠时期一样。①

人类学家研究中国的人类化石时,也发现非洲夏娃或取代理论同样难以让人信服。人类学家在中国发掘出近一百万年来几乎完全连续的人类活动证据。云南的元谋人化石和周口店的北京人化石都可清楚判定为直立人。另一方面,在陕西大荔发现的头骨则具备许多现代人特征。大荔头骨的年代为二十万年前,紧接于北京人之后。因此,这项证据有助于解释由直立人发展成智人的转变过程。随移民与当地人类融合而造成的基因混合,可以解释为什么现代中国人身上的许多解剖特征可以上溯到北京人时期。

我们应该了解,取代模型完全承袭自古典进化论:适者生存、旧物种被新进化的近亲消灭。但事实上并没有古生物学证据可证明生物史上曾有生物灭绝的原因是被竞争物种消灭。不仅如此,这个模型也没办法解释不同地区现代人遗传组成中不同的种族特征。可区别欧洲人和亚洲个别繁衍族群(民族)的身体特征,在这两种民族分开之后的五万年间似乎没有进化。这些差异早在欧洲的尼安德特人和中国的北京人时代就已存在。

但在区域连续模型中,我们可以假设人类连续进化的时间可能超过五万代,也就是超过一百万年。人类自始至终只有一种,而最近这段时期,人类物种一直只有一个,这个物种由亚种 Homo sapiens erectus 进化为另一个亚种 Homo sapiens sapiens,没有灭绝也没有取代。人类各民族是同一物种的个别繁衍族群(个别繁衍族群)。上次冰川期中,非洲、中东、欧洲、亚洲北部、亚洲南部和大洋洲各有个别繁衍中心。各民族的区域多样性自古就已存在。区别白种人、黄种人、

---

① 发现老年现代人类侏儒骨骸曾经误导某些人类学家,假设出新的人类物种 Homo florensis。这个主题目前仍有争议,我支持我的朋友埃沙尔(Bob Echard)的说法,认为并没有 Homo florensis 这种物种。

黑人和澳大利亚人等主要民族的身体特征，至少有一部分是由直立人时代传承至今。新居民并没有消灭当地居民，而是互相融合。来自入侵者的基因改变了地区繁衍人口的遗传组成。

上一章谈到的吐火罗人与维吾尔人进化史可以说明横向区域连续模型的理论。吐火罗北欧人没有被入侵者消灭，而是和蒙古人融合，成为维吾尔人和突厥人。尼安德特人只是表面上消失，因为现代人身上只有某些比较独特的解剖特征不算明显。某些特征，例如典型的尼安德特人头骨结构，似乎在自然淘汰下消失。LEH等其他特征则留存下来，成为混种后代遗传组成的一部分。

那么，是否有考古证据可以证明欧洲的两个亚种互相结合？

在德国汉堡附近汉纳费尔桑（Hahnöfersand）出土的现代人类头骨年代为三万六千年前。在圣西塞荷（Saint-Cesaire）发现的尼安德特人骸骨和在勒恩（Renne）洞穴发现的尼安德特人牙齿，都属于三万四千年至三万九千年前的沙泰尔佩隆（Chatelperronian）文化层。由此可知，这两个人类物种曾在欧洲同时并存至少数千年。

智人入侵者如何到达欧洲西北部？他们是征服者吗？或者说，他们这些访客是否受到欢迎？尼安德特人又是怎么失去身份？近数十年的发现提供了解答这些问题的若干线索。

四万五千年前首先到达欧洲东部的现代人居所，远比法国中部尼安德特人的自然岩石遮蔽处先进得多。这些东方人似乎是以小群猎人行动。没有证据可证明这些新居民是征服者。他们在一万年间（或四百代左右）从欧洲东部到达法国，这样的速度相当温和。这些旧石器时代猎人并非不停移动，而是在营地或定居地周围划定狩猎场，因人口压力而有必要时才再度迁移。下一代需要新的狩猎场时，就在10或20公里外建造新营地。最后他们到达欧洲西北部，遇到尼安德特人。这样的速度和直立人由非洲到达东南亚地区的每代15公里相去不远。

居住在孤立地区的人通常比较好客。我和儿子彼得一起去昆仑山进行地质考察时，开车开了两天，只看到一个牧羊人。他相当好客，不仅请我们到家中做客，还杀羊款待我们。马可·波罗曾经描述过古代"野蛮"人的殷勤招待，北极探险家也记载过爱斯基摩人的盛情。他们不仅招待食宿，甚至还差遣女性陪伴从远地来的旅行者。根据人类学者研究，这些风俗的优点是增进孤立族群的基因多样性。如果新居民能带来后期旧石器时代制造精良狩猎工具的技术，进行友好接触的诱因显然更加明显。我可以想象尼安德特人和智人和平共存。刚开始是各自居住，后来则互相融合。

法国和伊比利亚半岛的发掘工作提供了和平转变的证据。穆斯特（Mousterian）文化层上方只有尼安德特人的工具，后期旧石器时代文化层下方仅有现代人类制造的工具，中间的沙泰尔佩隆层则有穆斯特文化和后期旧石器时代文化两种人造物品。在勒恩洞穴和圣西塞荷的中间层曾经发现尼安德特人的骸骨。我们可以断定，最末期的尼安德特人曾向现代人学习制造新型工具。

现代人身上有尼安德特人的特征，证明这种古代人没有消失，只有某些特征在混血过程中消失。尼安德特人的两项主要特征为头颅大和耻骨构造宽。尼安德特女性臀部宽大，生下大头的尼安德特婴儿没有困难。但尼安德特男性的智人妻子生产时会不会有困难？

尼安德特人的两项特征（大头与宽臀部）在欧洲人身上并不常见，但在北极圈爱斯基摩人和远亲满洲人身上可以看见。他们和其他个别繁衍族群通婚的结果给了我一些灵感。

1912年中国国民革命后，满洲人大致上只剩下单纯的民族名称，许多满洲人和汉人结婚。我在休斯敦的好朋友关氏夫妇就是这样的异族夫妻，关先生是满族亲王，关太太是纤细的中国女性。他们的老大身形瘦高，比较像妈妈，但小儿子比较像爸爸。我注意到他们的差别，有一天说："关太太，宝宝的头好大。"

她答道："还说呢，生他的时候我差点没命。"

在剖腹生产还很少见的年代，年轻中国女性相当害怕生小孩。关太太只是受了皮肉之苦,我一个表妹则在生下大头的满洲混血小孩时失去了生命。

跟尼安德特人相比,智人的耻骨构造通常较窄,也没有大得出奇的头颅。如果智人女性和尼安德特人男性的后代继承了大头基因,结果对胎儿可能相当凶险。

考古学家也发现了这种可能性。他们指出公元前3万年有一种新艺术形式出现。旧石器时代猎人制作胸部大、臀部突出,类似布须曼人(Bushman)外形的维纳斯雕像。强调肥大的臀部成为主要艺术形式,时间超过一万年,区域遍及法国、德国、奥地利、捷克一直到俄罗斯。这些女性象征或许是护身符,也可能是描绘克罗马侬人心目中的完美女性典范。①我可以猜想得到,历经多次难产经验之后,拥有宽大骨盆结构的女性会较受喜爱。

根据这个尼安德特人和智人结合后的基因流动状况,母亲的臀部无论宽窄,生下小头的小孩都应该没有问题。窄臀女孩未来可以生下智人型头部的小孩,但她本身可能会在生下大头小孩时死亡。天择压力不一定对窄臀不利,但显然有消灭大头后代的作用。在尼安德特人与智人的混血个别繁衍族群中,尼安德特人头骨基因无法在混血过程中存活,因为有利或中性的尼安德特人基因无法传承下去。

我于1996年撰写本书初稿时,预测混血的尼安德特人应该拥有智人型头部和尼安德特型身体。②没想到不到三年之后,这个预测就获得证实。《纽约时报》的威尔福德(John N. Wilford)于1999年4月26日在《国际先锋论坛报》上发表一篇报道《我们之中还有少数尼安德特人?》。 另外,里斯本考古学院的吉尔豪(Joao Zilhao)还发现了尼安德特人和克罗马侬人的混血儿。

---

① 具有智人型头颅的婴孩可以生下,而具有尼安德特人型头颅的婴孩则无法在生产过程中存活下来,这可以解释智人的选择优越性。
② 这个推测已经确定是错误的:遗传学家已经在尼安德特人基因组序列中找到说话的基因。

吉尔豪在法国和同事合作研究尼安德特人在西欧地区的同化过程。他们于1998年发现证据，足以反驳尼安德特人被现代人消灭的普遍说法。他回到葡萄牙后在拉皮多河谷进行发掘，发现了这个混血儿。

这是一具四岁男童的骸骨，有贝壳串陪葬并涂上红土。脸颊突出和其他面部特征属于现代人，但矮壮的身体和短腿则是尼安德特人的特征。尼安德特人专家特里考斯（Erik Trikzus）认为这个发现是"尼安德特人与欧洲早期现代类融合的第一项明确证据……这具骸骨证明这两种人类曾经融合、通婚并产生后代"。最末期的尼安德特人于二万八千年居住在伊比利亚半岛。拉皮多河谷这个男孩的年代是二万四千五百年前，是纯种尼安德特人消失后约一百个世代。这个男孩应该不是少数通婚的结果，而是许多代尼安德特人与克罗马侬人混血的后代。

赫胥黎（Thomas Huxley）于1863年指出人和野兽之间的巨大鸿沟，称为猿人，因为人类拥有非凡的理解和理性语言表达能力。黑克尔（Ernst Haeckel）将这个想象的遗失环节称为无语猿人（Pithecanthropus alalus）。我们的祖先什么时候进化出语言？语言能力是二百五十万年前能人出现之后缓慢发展出来？或者是在十万年前左右现代人出现之后才快速发展出来？

头骨的进化对语言能力发展而言极为重要。尼安德特人的喉头在喉咙中的位置高，相当接近平坦的头骨底部，现代成人的喉头则明显低于有角度的头骨底部。从发声腔道构造可知尼安德特人的发声器官没有办法发出现代语言频率范围内的声音。[1]尼安德特人或许是用简单的声音沟通，但克罗马侬人是因为继承智人血统才获得语言和文化。尼安德特人头骨构造消失，可能因此加速现代人的兴起。语言能力进化和继承智慧成就因尼安德特人头骨构造消失而得以实现，使现代人变得与早期人类不同。

---

[1] Morris Swadesh, *The Origin and Diversification of Language*, London: Routledge and Kegan Paul, 1960.

尼安德特人头骨基因消失或许可能是自然天择，但排除深色眼睛和头发基因似乎没有什么优点。转变成浅色眼睛和头发同型合子可能必须有刻意选择过程辅助才能实现。古希腊的斯巴达人将新生儿放在野外，显然是为了让最能适应环境的小孩存活下来。这个传说或许真有历史根据。尼安德特人母亲和智人父亲结合生下的深色眼睛和头发婴儿有可能遭到遗弃，以逃避社会谴责。这种选择过程可能导致深色基因消失，形成金发蓝眼的现代人族群。

在欧洲西北部尼安德特人的近亲繁衍下，现代欧洲人成为个别繁衍族群，与其他地区的个别繁衍族群不同，而其他地区的现代人类则是其他智人和其他直立人混血的族群。沃波夫经常自嘲道，每天早上刮胡子时都可在镜中看到尼安德特人。由头骨测量结果可以看出尼安德特人在欧洲留下的特征。人类学家发现，欧洲东北部人口分为两种，差别是上颜面突出和颅顶骨的扩大程度。这两项差异同时也是尼安德特人和智人之间的区别。这一点形成了一种看法，认为某种脸部特征的存在是"残余尼安德特人留存在智人族群"的实质证据。换成浅显一点的说法就是：我们当中还有少数尼安德特人。

我的朋友贝格尔（Wolfgang Berger）寄给我德国人类学家于 20 世纪 30 年代撰写的文章，他们发现在他的家乡德国弗兰克尼亚（Franconia）经常可以看到尼安德特人的特征，另外他还寄给我一张他的漫画式自画像，特别强调他的尼安德特人脸部表情。欧洲北部人是克罗马侬人的后代。如果接受区域连续模型，则旧石器时代晚期的杰出艺术家克罗马侬人，就是尼安德特人和早期智人的混血后代。难怪贝格尔以拥有尼安德特人血统自豪。

克罗马侬人在解剖上类似欧洲西部和北部现代人。他们曾被形容成高大健壮、长形头颅（dolichocephalic），类似现在的北欧人。事实上，他们的头颅形状和其他身体特征差异颇大。有些高达 180 厘米，有些则只略高于 150 厘米。许多人头骨是长形，但有些则是圆形。

这些留在家乡的克罗马侬人，大致可以确定是现在比利牛斯山中巴斯克人的祖先，但他们有可能是克罗马侬人和冰川期之后到达欧洲南部的现代人结合的混血后代。德国人类学家提出了一个假设，认为所谓的北欧人、达利亚人（Dalia）、东欧人、地中海人和欧洲其他民族，都是克罗马侬人的后代。有些人特别注意到克罗马侬人维纳斯雕像肥翘的臀部，则认为某些克罗马侬人到达非洲南部，成为布须曼人的祖先。这个想法并不是完全不可能。我们知道有些克罗马侬人确实向南翻越比利牛斯山，阿尔塔米拉山（Altamira）洞穴中的马格德林人（Magdalenian），就是拉斯科洞穴（Lascaux Cave）绘画作者的近亲。中石器时代在西班牙东南部用红土在岩石遮蔽处作画的是克罗马侬人。他们后来到了撒哈拉沙漠，其文化和绘画风格再从这里一路向南传播到南非。

不过，大多数的克罗马侬人还是留在欧洲。其中一群到了不列颠群岛。1997年3月24日《纽约时报》国际版有一则轰动社会的报道，报道中说英里布里斯托尔一位历史教师塔吉特（Adrian Targett）是生活在九千年前英国切德（Chedder）的一名妇女的后代。我联络牛津大学教授赛克斯（Bryan Sykes），他证实了这篇报道的真实性。他的研究团队从在切德峡谷洞穴中发现的切德人白齿上取出一小段miDNA，跟在塔吉特身上取得的DNA片段进行比对。赛克斯相信，切德人和这位教师拥有共同的母系祖先。切德人的年代是凯尔特人入侵之前，说的不是印欧语。最近的DNA研究显示，爱尔兰当地人虽然说凯尔特语，却不是凯尔特人的后代，而是巴斯克人的远亲。他们和皮克特人（Pict）等不列颠群岛中其他岛屿的当地人，则显然是克罗马侬人的后代。

另一群克罗马侬人由法国的冰川期避难处到达北方。他们追逐退却冰川周围的大型猎物。当他们在欧洲中部的狩猎区域成为森林后，这些旧石器时代猎人在斯堪的那维亚冰帽缩小时迁徙到欧洲北部的冻土地带。

斯堪的那维亚沿海地区的冰雪在一万年前气候最适期开始时消失。猎人来到丹麦和挪威沿海，他们的后代在冰川进一步后退时继续朝内陆移动。他们在磨光的岩石表面刻下美丽的图画。这些最早期石雕的自然风格，和法国中部马格德林洞穴壁上的绘画完全相同。克罗马侬人带来了工具，他们的后代保留了马格德林文化的艺术传统。这些移民来到一片处女地，和其他人类多少有些隔离下继续生活了数千年，成为印欧人的祖先。

到达新世界的移民

每个人都有最崇拜的科学家。我最崇拜的科学家是牛顿和斯沃德什。大家都听说过牛顿，不过斯沃德什究竟是什么人？

斯沃德什写了一本书，书名是《语言多样化的起源》(*The Origin of Diversification of Languages*)。我对这个主题很感兴趣，我们都想知道自己的起源。我们从哪里来？我们的祖先怎么学会说话？他们说的是什么语言？最接近我们的近亲是谁？我们跟他们是什么时候分开的？这些答案不仅大多还没有揭晓，甚至连能不能找到答案都难以确定。

像美国语言学家萨皮尔（Edward Sapir）这样富创造力又勇于冒险的人，经常遭到恶言中伤。他们往往被视为沉迷于"思索"中的怪人。当时的气氛充满压力，萨皮尔一直没有勇气公开发表他发现纳德内（阿萨巴斯卡）印第安人和印度支那人的祖先曾经说同一种语言的事实。他的学生斯沃德什不怕说出想法，却因此带来不幸的一生。

斯沃德什在纽约市立大学担任副教授时支持学生运动。他在麦卡锡时代被贴上左翼分子的标签，没有获得续聘。斯沃德什的朋友试图介绍他到哈佛大学，但也没有获聘，他的"同侪"并不欣赏他的非主流观点。他一直没有工作，最后离开美国，于1956年到墨西哥国立大学任教，在那里创立了语言年代学，后来没有看到自己的代表作问世便与世长辞。

斯沃德什是我的偶像，因为他有勇气，以及他坚信人类拥有智慧和善意，而且只要是可以解决的科学问题，人类一定都能解决。语言的历史可说是极为有趣，但实际上是无法解答的问题。斯沃德什找到了解决这个问题的门径。①

斯沃德什依照古典语言学的方法，辨认出语言基本词汇中的相关词。举例来说，西班牙语的 farina、法语的 farine、意大利语的 farina、罗马尼亚语的 farina 等一系列的词看起来非常相像，是因为拥有共同的拉丁语源。不过有许多同源词不是很容易辨认，例如只有语言学家才看得出西班牙语的 hecho 和法语的 fait 之间的关系——这两个词都源于拉丁文的 factu。要辨认出来必须知道音韵变化的规则。西班牙语中的 ch 对等于古法语中的 it。这类对等现象不仅出现在 hecho = fait 这个例子中，还见于 noche = nuit、trucha = truit、leche = lait、techo = toit、conducto = conduit、productor = produit、dicho = dit、lecho = lit 等。经由辨认这些对等原则，可以验证各种印欧语言的共同起源。斯沃德什接着将这种方法扩展到更外国的语言，如此可以找出美洲印第安语和世界其他语言的同源词。

格林伯格（Joshph Greenberg）也是优秀的语言分类学者。他年轻时便以杰出的非洲语言分类成就崭露头角，并以《美洲语言》(*The Language in the Americas*) 一书获得终身成就。他将种类繁复的美洲语言分成三类，并认为这三类分别代表三波来自亚洲的迁徙行动。格林伯格不仅建立起比较语言学的简单分类，还让我们以时间观点了解美洲原住民语言的散布。最早到达的人说的是美洲印第安（Amerind）语，后来到达的是说纳德内（Na-dene）语，最后则是爱斯基摩（Eskimo）语。②

格林伯格的勇气激怒了保守的语言学同行，但遗传学者卡瓦利—斯福尔札为他平反。DNA 研究显示美国人口大致上正可分为格林伯

---

① Joseph Greenberg, *The Language in the Americas*, Stanford：Stanford University Press, 1987.
② Luca Cavalli-Sforza, P. Menozzi & Piazza, *The History and Gography of Human Genes*, Princeton：Princeton University Press, 1988.

格提出的三种类别,也就是由西伯利亚来到美国的三波移民。①

美洲印第安人是旧石器时代的猎人。他们的祖先来自西方,最迟在二万五千年前已经定居在西伯利亚。冰川时期海平面较低,白令海峡底部露出海面,没有海水屏障阻挡移民前往北美洲。二万五千年前第一批移民到达北美洲的时间有好几种可能。②不过在美国西部的克洛维斯(Clovis)和弗尔瑟姆(Folsom)文化以前,美洲印第安人的人造物品相当少。放射性碳测定中最早的年代大约为一万三千五百年前。③第一批美洲印第安人似乎在美洲西北部停留了好几千年,原因是北美洲西部的冰川阻断向南迁徙的通道。直到一万五千年前冰川期结束,通道没有冰雪阻挡时,他们才来到南部。后来美洲印第安人很快地向南散布,通过巴拿马地峡,在很短的时间内就到达南美洲最南端。

第二波纳德内移民由西伯利亚来到美洲的时间是海平面降低的一小段冰川前进期,称为新仙女木(Younger Dryas)期。他们最早的遗迹年代为一万一千年前,他们的人造器物构成了西北史前北极圈文化。这些人以小狩猎群为单位由阿拉斯加南下,同化了其他居民,并吸收较古老的文化。不过,他们在美洲西北部停留了相当久,直到上次小冰川期才有纳瓦霍(Navajo)和阿帕契(Apache)骑士南下美洲西南部。④

最后一波横越白令海峡的移民于公元前3000—前2500年来到美洲,这批新移民将西伯利亚东北部文化带来北美洲。⑤史前爱斯基摩遗存中曾经发现墓穴、雕刻刀、小刀、锹、渔叉、刮刀等。这些新居民不会耕作,而是来狩猎和捕鱼。他们是第一批有能力克服美洲北极

---

① 美洲原住民起源的主题在 *New Scientist*, October 1998, pp. 24-28 曾有探讨。
② J. W. Wright, *A History of the Native People of Canada*, Hull, Quebec: Candian Museum of Civilization, 1995.
③ E. S. Cassells, *The Archaeology of Colorado*, Boulder: Johnson Books, 1994.
④ Wright, op. cit., pp. 53-68.
⑤ Wright, op. cit., pp. 407-448.

地区严酷环境的人类。

萨皮尔、斯沃德什、格林伯格、斯塔罗斯京（Sergei Starostin）、王士元、鲁伦等人都是语言分类学家，他们的工作是将语言分类。我非常钦佩他们能够重建远古时代"一个世界、多种民族和单一语言"的状况。

萨皮尔于1921年在给朋友科伯特（A. L. Kober）的信件中提道：

> 如果说我发现纳德内和印度支那语言间在形态和词汇上的一致只是"巧合"，那么上帝所造的地球上所有相似的东西都可说是巧合。①

萨皮尔相信纳德内印第安人和印度支那人的起源相同，但他不敢发表自己的发现。他的学生斯沃德什十分勇敢，接受了老师的假设，并探讨了这个大胆假设的结果。

了解有三波移民来到美洲新世界，可让我们简略认识亚洲北部不为人知的史前史，他们的语言也提供了一些线索，让我们了解旧大陆的语言进化阶段。

美洲印第安人说的是原始叶尼塞语。这些移民早在欧亚语言分化成现代世界的元祖语言之前就来到美洲。凯特语（Ket）是这个语系目前在西伯利亚仅存的唯一成员。凯特语周围的地区全都是说乌拉尔—阿尔泰语，因此已经形同孤立。②

斯沃德什发现纳德内语和亚洲北部语言及巴斯克语类似。他将西自不列颠群岛，东到大西洋西北沿岸整个范围内的非印欧语言称为巴

---

① 引用者为 W. S. Y. Wang, 1998, in Victor Mair ed., *The Bronze Age and Early Iron Age Peoples of East Central Asia*, p. 526。
② M. Rhulen, 1995, "Linguistic Evidence for Human Prehistory", *Cambridge Archaeological Journal*, v. 5, pp. 265-268. 另外两位语言学家 T. Bynon 与 A. Dolgopolsky 及两位考古学家 Colin Renfrew 与 P. Bellwood 在同一期中亦有论文发表，持有与鲁伦相同的语言单一起源观点。

斯克—德内语。沙洛辛（Sarotsin）后来发现西伯利亚北部叶尼塞河下游河谷一小群人所说的语言相当接近中国人和西藏人说的汉藏语。他进一步发现这些语言和高加索语有关，并提出将原始叶尼塞语纳入巴斯克—德内语。①源自原始叶尼塞语的汉藏语正可用来解释萨皮尔发现纳德内语和印度支那语之间的相似状况。

使用乌拉尔—阿尔泰语的人来自乌拉尔山，朝东迁徙，占据了西伯利亚。说汉藏语的人来自他们的家乡，现在那里只剩凯特人还说孤立的叶尼塞语。在欧洲，孤立是因为印欧人向南迁徙。巴斯克人和利古里亚人、伊特鲁里亚人和高加索人隔离。这些语言和其他非印欧语言最后的成员还有人说，但仅限于少数偏远孤立的地区。

来到中国的入侵者

我们中国人自称为炎黄子孙，也就是黄帝和炎帝（神农氏）的后代。1985年的整个夏天，我都在期待着拜谒黄帝陵。这一天终于来了，我们开车到西安北边的山中乡村。那里没有金字塔，只有一个不确定的始祖的坟墓在森林中。他们建造了一些简陋的现代建筑，称之为黄帝庙。整块地方勉强可称得上古老的东西是一棵千年老树，而且是在黄帝去世后好几千年才种的。

导游讲了一段民间传说。黄帝来自山东省，五千年前发明了指南车，在大雾中得以辨认方位，打败了来自中原的敌人。战败的一方逃往南方，成为贵州省的苗人。后来黄帝率领军队到炎帝的领土，打败了炎帝，中国统一，黄帝成为全中国第一个统治者。

不过我拜谒过黄帝陵之后，其实没有什么新的收获。这个故事是孔子记述，再经过历史考证而来。②不过我一位研究中国语言和民族

---

① Rhulen，同前书；Wang，同前书中有相关讨论。
② Franz Weidereicn, op. cit.

的朋友王士元倒是告诉了我一些东西。黄帝和炎帝,甚至我们汉族,其实都不是中国当地人,我们是来自亚洲北部的入侵者。除了语言证据之外,考古学家也在中国的石雕中发现了确证。石雕中记录了说汉藏语的人向南迁徙的历史。①

冰川时期的中国人是周口店的山顶洞人。魏登瑞曾经仔细研究过三个完整的头骨。他相当惊讶地发现这三个头骨各有不同的种族特征,一个类似原始黄种人,一个是美拉尼西亚型,另一个则是爱斯基摩型。②以现代观点看来,他的发现其实并不出乎意料。山顶洞人本来就是当地的北京人(属于直立人的一种)和智人移民的混血人种。这种人类和他们在亚洲南北部的近亲,是黄种人、美拉尼西亚人和爱斯基摩人未分化前的共同祖先。

最迟在八千年前,人类就在长江中下游栽种稻米。这些人说的是所谓南方诸语,又称为苗瑶语。③在岩石上雕刻的人是来自亚洲北部的外来入侵者。这些入侵者分成两路来到中国。东边的一路从东北到达山东,再从山东到沿海的江苏和浙江等地。这些新石器时代农民在连云港刻下了令人称奇的石雕,这些石雕描绘了中国历史上最著名的传说故事。西边的一支经由内蒙古而来,越过黄河,到达山西和陕西。这些沙漠艺术家以绘画和雕刻描绘游牧民族的生活,包括狩猎、畜牧、男欢女爱和战争,而定居的居民则大多雕刻宗教主题,例如太阳、月亮和星星等。④

中国北部石雕的题材和风格跟北美西北部纳德内人的雕刻几乎完

---

① I. C. Clover, C. F. W. Higham, "New evidence in early rice cultivation in South, Southeast and East Asia", in D. Harris ed., *The Origins and Spread of Agriculture and Pastoralism in Eurasia*, London: University College London Press, 1996, pp. 413-441.
② 宋耀良《中国岩画考察》,台北:联经出版社,1998年。
③ 宋耀良与博德曼(Richard Bodman)曾经比较中国与太平洋西北沿岸的石雕,参见上书第385页。
④ William S. Y. Wang, 1998. "A linguistic approach to Inner Asian Ethnonyms", in V. Mair ed. *The Bronze Age and Early Iron Age Peoples of East Central Asia*, 1998, pp. 508-534.

全相同。①这两种民族间的文化近似可以理解,因为他们的祖先都是说叶尼塞语的西伯利亚人。汉藏人向南迁徙,纳德内人向东迁徙,凯特人则留在家乡。

汉藏人不是新石器时代的中国当地人,苗瑶人才是当地人,但被入侵者赶到亚洲南部。中国的汉族和意大利的意大利族一样,都是来自北方的入侵者的后代。说汉藏语的民族于公元前3000年占领中国,当时所谓气候最适期的温暖气候即将结束。意大利人于公元前1000年另一次小冰川期占领意大利。匈奴、突厥、蒙古和满族等说阿尔泰语的民族南下来到中国,印欧人和日耳曼部落也因为相同的理由南下:他们都是因为气候变冷而离开家乡。

中国西南部的苗人是新石器时代居住在中原的农民。他们的语言不是汉语,而是属于东南亚和大洋洲民族的语系,这些民族包括泰国人、印度支那人、台湾原住民、马来西亚人、印尼人、菲律宾人、波利尼西亚人,以及部分美拉尼西亚人。②

新石器时代晚期,有人耕种的田地范围不只包括中国中部的黄河及长江流域,还包括青藏高原北边周围、内蒙古,以及满洲西部。这些民族大多是定居农民,同时也畜养猪、狗、牛、羊和鸡等家畜,以补充食物来源。耕种的面积越来越大,农村也越来越繁荣。后来气候突然变冷,接近公元前2000年时,中国西北部变得异常寒冷。③在年代较近的文化层中,出现的动物骨骼增多,而农耕器具变少,显示由农耕退化为畜牧文化。猪的数量变少,取而代之的是大量的羊。农民变成了牧羊人,或者更有可能的状况是,他们被来自北方的游牧民族征服或取代了?

---

① 关于中国周围民族的考古研究概述可参阅王明珂的杰出专题著作《华夏边缘:历史记忆与民族认同》,台北:允晨文化,1997年。
② Holger Pedersen, 1931, *Linguistic Science in the Nineteenth Century*, Cambridge, Mass.;另可参阅 Bjoern Collinder 的著作。
③ J. C. Kerns, *Indo-European Prehistory*, Huber Heights, Ohio:Centeringstage One, 1984.

公元前第三个千年末来到中国的游牧民族入侵者是北方的羌人。他们说的汉藏语跟蒙古人、满族人、韩国人和日本人等其他民族说的乌拉尔—阿尔泰语有关。

斯堪的那维亚语言学家发现印欧语和乌拉尔—阿尔泰语相当近似，还创造了诺斯特拉提克语这个词来称呼他们共同的始祖①，但汉藏语被排除在诺斯特拉提克语之外。这些语言学家宣称使用乌拉尔—阿尔泰语的人比较接近印欧人，跟汉藏人关系较远。②这个结论完全违背常理。举例来说，我经常被误认为说乌拉尔—阿尔泰语的日本人，但我的日本朋友从来没有被误认为德国人。黄种人各族群之间接近的血缘不仅表现在外形近似上，从许多遗传标记上也可区别黄种人和印欧人。

认为说乌拉尔—阿尔泰语的人比较接近印欧人而与汉藏人关系较远的错误观念，起源于对中国语言特性的误解。这个误解可以追溯到洪堡时代。洪堡认为中文是"拙劣的思想工具"，只有单音节词，"没有文法标示"③。中文被他归类为"孤立语言"，可能还停留在语言发展的最原始阶段。他认为使用乌拉尔—阿尔泰语的人因为"接触到优越的印欧人，因此得以进入黏着语的中间阶段"④。

洪堡宣称中文不是有屈折变化的语言可说大错特错。如果他学过说中国话，就会发现中国话在动词变化跟德文或梵文一样有屈折变化，甚至可能更多变。

乔姆斯基的文法结构分析中有所谓的双重性，每种语言都有两种

---

① Wilhelm von Humboldt, 1836, *The Diversity of Human-Language Structure and its Influence on Mental Development of Mankind*, translated by P. Heath, Cambridge：Cambridge University Press, p. 232.
② August Schleicher, *Die darwinische Theorie und die Sprachwssens-chaft*, Weimar, 1873.
③ A. N. Chomsky, *Syntactic Structures*, The Hague：Mouton, 1958.
④ 日本以往由中文借用的汉语单词，发音和中文原单词相同。这些词不是同源词，而是假性同源词，因为相对应两个词并非来自同一起源，而是有一方借用自另一方。参阅 William S. Y. Wang, 1996, "Language and the evolution of Modern Humans", in K. Omoto and P. V. Tobias eds., *The Origins and Past of Modern Humans-Toward Reconciliation*, pp. 247-262。

最小单位。主要（或文法）单位是词，次要单位是没有意义的声音或音素，其功能只是用来识别主要单位的文法意义。①

中文里的单一音即可能是词、词的一部分、词根或者是音素。动词现在式也可当作词根。词根可以添加一或多个音素，用来表明文法意义。以下我们用"来"和"去"说明中文的动词变化：

现在式	来	去
过去式、现在完成式	来了	去了
过去完成式	来过了	去过了
未来式	要来	要去
假设语气	如果要来	如果要去
否定	不要来	不要去

这些动词变化，包括现在式、过去式、完成式、未来式、假设语气和否定等都和属于乌拉尔—阿尔泰语系的日文相同。在中国口语里，词根的音和表达特定文法意义的音素结合起来，形成多音节的口语词。因此，这样的结合方式和有屈折变化的语言中的多音节动词没什么不同。

中文之所以被误认为单音节语言，是因为将音素误认为词。事实上，中文里的单音节字通常是音素而不是词。音素不仅是助动词，还是名词的字首和字尾，只不过是写成分开的字，看起来好像跟名词本身是不同的词。

或许我们可以用日文来说明中文的结构。日文词汇分为三类："和语"是日文原本的词，"汉语"是借用自中文的词，"外来语"则是借用自其他语言的词。"汉语"词写成由名词字首或字尾组成的注音符号，与名词结合，形成多音节的词。

---

① 参阅 R. A. D. Forest, *The Chinese Language*, London：Faber and Faber, 1965。

以下是两种语言间几个假性同源词的例子[1]，音素以楷体标示，并以连字号分隔中文字，举例如下：

日文	中文	意义
第一	第一	第一
同人	同人	同一个人
先月	上月	上个月
时间内	时间内	某段时间内
新式	新式	新式样
昨年来	去年来	去年以来

值得注意的是，中文的名词字尾具有后置词的功能，日文和其他乌拉尔—阿尔泰语言也有相同的文法工具，和印欧语言中的名词字首前置词相反。

考虑比较周到的语言学家，例如瑞典的高本汉（Bernhard Kalgren）等，一直认为古代中国人所说的语言有屈折变化，他们还在《诗经》中发现了名词语尾变化的证据。周朝铭文文法中，词的位置也可随意放置，就是承袭自以字尾区别格的时代。[2]

洪堡和他的信徒受到种族偏见蒙蔽，又不了解代表口语音素的书写单字不是词，因此将中文视为劣等语言。他们不知道中国口语中有动词变化、语尾变化、格词尾、字首和字尾等。这个传统错误十分根深蒂固，连某位汉学家都曾经说过：

> 毫无疑问地，如果我们只知道现代态的口语中国话，我们会将中文词视为多音节。必须了解古代中国语言，才能确定这些词

---

[1] Forest, op. cit., p. 28.
[2] Swadesh, op. cit., pp. 271-284.

都是源自单音节词。①

　　这位自称的专家"觉得确定",因为他根本不懂古代语言,只看过古文。中国小学生都知道古代的书写中文跟口语是不一样的。现代中文里的"看见"在五四白话文运动之后跟口语完全相同。不过古代书记官习惯只取其中一个字以节省人力,要在碑石或竹简上刻字时,也经常使用缩写。将"看见"比做夹杂不清的"看—见",正显示其傲慢自大。猜测多音节的现代中文词是单音节的古代中文词组合而成,也证明其傲慢自大。

　　在结论中,我想强调,认为乌拉尔—阿尔泰语比较接近印欧语,与中文关系较远是错的。这个错误的想法源自于乌拉尔—阿尔泰语和印欧语是多音节及有屈折变化的优越语言,而单音节的孤立中国话是劣等语言这种种族主义观念。乌拉尔—阿尔泰语和汉藏语都是亚洲语言,乌拉尔—阿尔泰人和非印欧人之间关系是比他们和印欧人更加接近。

一个世界,多种民族,单一语言

　　纳德内人在欧亚语言分化成印欧语系和非印欧语系之后越过白令海峡。他们离开之后,非印欧语系被孤立,周围是乌拉尔—阿尔泰人和印欧人。有一种孤立的语言称为布鲁肖语(Burushaski),使用者约五万人,居住在巴基斯坦北部喀喇昆仑地区的罕萨(Hunza)河谷。纳哈利语(Nahali)则是在印度被印欧语包围的孤立语言。欧洲的孤立民族包括黑海—里海地区的高加索人、地中海东部沿岸的伊特鲁里亚和西部沿岸的利古里亚人(Ligurian),以及大西洋沿岸的巴斯克人。他们都是被印欧语使用者包围的非印欧人族群。

---

① M. Ruhlen, *On the Origin of Languages*, Stanford: Stanford University Press, 1994.

前面曾经提过，斯沃德什发现巴斯克语、汉藏语和纳德内语间的近似之处，所以提出巴斯克—德内总语系。①鲁伦则更进一步，比较了布鲁肖语、纳哈利语和高加索语。②

冰川后时代是迁徙的时代，也是语言起源和散播的时代。斯沃德什提出了语言扩散的"扩大中心模型"③。十万年前首先出现智人的中东地区，是各个语系的交会点。各个语系由这个中心像轮辐一样分散出去。巴斯克—德内总语系朝西扩散，横越欧洲地中海沿岸，朝北到达欧洲南部，朝东到达亚洲北部和北美洲。埃兰—德拉威（Elamite-Dravidian）分支朝东南扩散，到达波斯和印度。尼罗—撒哈拉语系散布到非洲南部和西南部。更外围的包括远东地区的南亚语系、澳大利亚的澳大利亚语系和新几内亚的印度—太平洋语系，以及欧洲北部的印欧语。

在最温暖的气候最适期，欧洲的语言界限似乎相对而言比较稳定。猎人和采集者相当满足于这块伊甸园。他们随猎物迁徙，但不需要像旅鼠或蝗虫一样出走。欧洲东南部和中部的人向安纳托利亚人学习耕作，定居的农民种植作物。欧洲中部林木葱郁的低地人烟稀少，湖上居民则在湖边建立拓居地。欧洲中部和南部人使用一种相当接近巴斯克语的语言。在此同时，原始印欧人仍是欧洲北部的个别繁衍族群，只有在气候最适期即将结束时学习过农耕。

再往东一点曾经发生过大规模人口移动。汉藏人向南迁徙。他们必须离开严寒的北方，寻找有阳光的地方，就如一千二百年后的印欧人一样。④乌拉尔—阿尔泰猎人来到西伯利亚，适应了北方的恶劣环境。楚克奇—堪察加人（Chukchi-Kamchatkan）留在西伯利亚，阿留

---

① Swadesh, op. cit., pp. 271-284.
② 参见许靖华，"Could global warming be a blessing for mankind", *Terrestrial, Atomspheric, and Ocean Sciences* (Taiwan), 1996, v.7, 375-392。
③ Rhulen, op. cit.
④ H. Kuehn, 1932, "Herkunft und Heimat der Indogermanen", reprinted in Anton Scherer, *Die Urheimat der IndoGermanen*, 1968, pp. 110-116.

申——爱斯基摩人横越白令海峡,到达北美洲。① 有些人学会畜养牲口,成为北方的游牧民族。

汉藏人进入中国引发了骨牌效应。苗瑶人被迫离开中原,他们朝南迁徙,又造成人口压力和朝海外迁徙。来自中国南部和越南的南亚民族横越台湾海峡,迁徙到菲律宾,再经过各岛屿到达密克罗尼西亚和波利尼西亚。优秀的波利尼西亚航海人最后到达新西兰、复活节岛和夏威夷。

气候最适期于公元前第三个千年后半接近尾声时,欧洲南部和亚洲西部住的是使用非印欧语的民族。接下来,大规模的印欧人散布即将展开。

扩散与基础

我的家族发源于扬州。我小时候这个地方叫做江都,唐朝时称为广陵。扬州这个地名相当古老,可以追溯到秦始皇时代。1949 年之后,又改回扬州这个旧地名。

江都、广陵和扬州这几个地名都是中文。地名改变并没有反映出族群种族的变化。住在江都、广陵和扬州的人一直是汉族,说的是相同的中国北方方言。

另一方面,欧洲的地名则常透露出当地的历史。瑞士东北部的弓塔林根(Guntalingen)曾是弓塔尔家族的村庄。阿勒曼尼人清除了原始森林,成为农耕的先锋。以往没有人来过这里,从此他们就在这里定居。弓塔林根一直称为弓塔林根。但苏黎世在罗马时代称为图里库姆(Turicum)。阿勒曼尼人来到之前,住在苏黎世的是罗马人和凯尔特人,从这个地方的罗马地名就可看出这一点。

---

① J. Pokorny, *Die indogermanische Spracheinheit*, reprinted in Anton Scherer, *Die Urheimat der Indo-Germanen*, 1968, pp. 357-384.

历史学家和语言学家使用底层（substratum）这个词，意思是一个地区的原始居民构成入侵者的基础。我们从巴塞尔到斯特拉斯堡或米尔海姆（Mühlheim），从村庄的名字可以看出，阿尔萨斯人原先是讲德语的。阿尔萨斯拥有底层，因为在1648年阿尔萨斯被法国并吞之前，当地人是日耳曼人。瑞士的地名大多是德文，但也有伊利里亚文、凯尔特文或罗马文，可以从中看出阿勒曼尼人入侵之前，这里曾经有些什么人。

地名只是底层的一种，还有一种底层是曾经或短时间成为个别繁衍族群的残存者。历史学家可以借助研究村庄小孩的身体特征，追溯阿瓦尔人（Avar）奸淫掳掠的路线。继承自匈奴的蒙古人眼皮不会消失，所谓的"遗传标记"会一再出现。许多来自瑞士东部的人可以证明"匈奴"曾经到过那里。

底层这个概念有助于判别印欧人来到某个地方之前，当地人说的是不是印欧语。印欧人不是发源于印度，真正的原始印度人是德拉威人。印欧人不是发源于中东，闪米特人（Semitic）从有历史以来就住在那里。印欧人不是发源于安纳托利亚，在赫梯人入侵前后，当地人是说胡里语和卢威语（Luwian）。印欧人不是发源于非洲，那里是含米特人（Hamitic）和其他非印欧人的地方。印欧人不是发源于欧洲南部，在古希腊人、伊利里亚人、意大利人、乌恩费尔德人（Urnfilder）入侵之前，希腊和意大利住的是伊特鲁里亚人和利古里亚人，伊比利亚半岛上则是巴斯克人。印欧人不是发源于法国或德国南部，地名的底层透露出乌恩费尔德人和凯尔特人入侵之前，当地已经有非印欧人居住。印欧人不是发源于不列颠群岛和爱尔兰，在凯尔特人和撒克逊人来到之前，住在那里的是皮克特人和巴斯克人。[1]

---

[1] 参见 H. Krahe, *Sprache und Vorzeit*, Hedelberg：Quelle & Meyer 以及 A. Toche, *Krahes alteuropaische Hydronymie und die West-indogermanischen Sprache*, Heidelberg：Winter, 1977。德语地区没有非印欧语的河流名称，无法证明印欧人之外的其他民族没有在这个地区居住过。欧洲中部就曾有过新石器时代族群。由所谓高山种族身体特征所提供的人类学证据可以看出，曾有不同的个别繁衍族群出现融合，包括较早到达的印欧人和非印欧人等。伊利里亚的河流名称在瑞士不算少见，而且日耳曼语言的伊利里亚基础中不一定能看出非印欧人的语言基础。

斯堪的那维亚北部的拉普兰也不是印欧人的故乡，因为后来拉布人（或称萨米人）来到这里。他们的语言属于乌拉尔—阿尔泰语系。LEH基因在拉普兰相当常见，显示亚洲北部入侵者和北欧当地族群曾经融合。拉布人也会做石雕，并在其中描绘麋鹿、熊、鸟、鱼、海洋哺乳动物、人、船和几何图形。这些具有艺术气息的图画和早年马格德林文化后代所刻的自然风格形象有根本上的差异。

依据底层准则，我们不可以说俄罗斯南部不是印欧人故乡，因为库恩（Kuehn）在俄罗斯南部找不出印欧语的底层。① 而且，高加索地区有"孤立"语言存在，显示黑海—里海人的原始民族并不是印欧人。金布塔斯宣称库尔干人使用原始印欧语，而这种语言则源自克罗马侬人的语言。依照往例，金布塔斯还是没有证据就做出结论，而且她的想法完全不合理。金布塔斯认为距离相当接近的不同族群会在几千年内发展成差异极大的个别繁衍族群，这种想法完全违背常理。库尔干人为什么在北边的邻居决定使用芬兰—乌戈尔语时开始使用印欧语？如果两个民族的文化交流频繁，怎么可能阻挡基因交流？金布塔斯假设斯堪的那维亚半岛的北欧人是某种非印欧人和俄国来库尔干人入侵者融合的混血后代，纯粹只是幻想。少数库尔干征服者的遗传组成怎么可能完全涵盖大批当地人口？这些问题的答案相当简单：只要抛弃金布塔斯的荒谬想法，这些问题根本不存在。

离开发源地的各种印欧语言向非印欧底层借用单词。值得注意的是，日耳曼语是各种印欧语中唯一没有底层的语言。更值得注意的是，斯堪的那维亚半岛南部和德国北部只有很少数地名可判定为非印欧语。②

---

① Lothan Killian, *Zum Ursprung der Indogermanen*, Bonn: Habelt, 1988, pp. 121-153.
② 布鲁纳的职业是中学老师，但他对语言极富热情，可以说是一位"准语言学家"。他曾在瑞士圣加尔自行出版的《金石学会会刊》中发表这个突破传统的看法。

尼安德特人、克罗马侬人和雅利安人

　　印欧人的故乡只是冰川期后世界史中的一小部分。一万年前德国北部和斯堪的那维亚半岛南部冰川退去后，克罗马侬人迁徙到欧洲北部。他们成为波罗的海沿岸浅色眼睛与头发同型合子的个别繁衍族群，也是印欧语的原始使用者。

　　源于尼安德特人与克罗马侬人的北欧"起始人"相当适合成为魏登瑞、沃波夫和索恩等人类学家提出的"横向区域连续"模型的一部分。欧洲北部的"起始地"很适合成为曼恩、希姆等语言学家和科西纳（Kossina）与基里安（Kilian）等考古学家提出的 Birch/Beech/Salmon 地区的一部分。欧洲北部起始地（Urheimat）的北欧原始人（Urvolk）使用的原始语（Ursprache）很适合成为斯沃德什和鲁伦等语言分类学家提出的"扩大中心模型"的一部分。

　　欧洲北部的克罗马侬人留在故乡，成为印欧人个别繁衍族群。法国南部和西班牙北部的克罗马侬人也留在故乡，但他们没有避开来自欧洲东部或中东的新移民进入。他们和新居民婚配融合，成为巴斯克人和欧洲地中海沿岸居民的深色眼睛与头发的祖先。使用原始巴斯克语的人由布列塔尼半岛向西迁徙，到达威尔士和爱尔兰。他们向东迁徙到欧洲中部，因此有许多河流与村庄是巴斯克语名称。第三支克罗马侬人从西班牙横越直布罗陀海峡，建立了撒哈拉文化，猎捕动物及在撒哈拉湖泊中捕鱼。

　　因此，我们了解印欧人是克罗马侬人的后代，而克罗马侬人则是尼安德特人和智人的混血。他们是于冰川期结束后来到波罗的海沿岸。他们的语言就是印欧体系，在北欧一直居住了公元前第三个千年后半，但是令人费解的问题依然存在：印欧人为何突然离开故乡，到了印度就是所谓雅利安人，到了新疆就是所谓吐火罗人，他们是不安分要去征服世界呢？还是家乡环境恶化，不能不走？

第六章
离开寒冷的北方

> 耶和华对该隐说:"现在你必从这地受咒诅。你种地,地不再给你效力,你必流离飘荡在地上。"
> ——《圣经·创世记》第4章第11节

四千年前发生了一些状况。撒哈拉地区的湖泊干涸,人类向东迁徙到尼罗河河谷,或向南迁徙到热带非洲西部。中东地区和印度河河谷的青铜器时代文明式微,人类离开城市和农场。阿尔卑斯山湖泊泛滥,人类逃离湖边的居住地。欧洲北部非常寒冷潮湿,人类离开家园,寻找有阳光的地方。

此时发生的状况,有些科学家将它称为"四千年前事件"。其实这个名称是错误的,因为它并不是持续数年或数十年的天气事件或一连串事件,而是气候出现剧烈变化,全球冷化持续数个世纪,气候最适期也随之结束。

四千年前没有阿尔卑斯山冰川

苏黎世的瑞士联邦理工学院于 1967 年聘请我担任实验地质学教授。在此之前我一直是理论学者,没有人知道我对实验器材相当在行。那年夏天,我在爱丁堡参加国际沉积学会议时又见到了埃默里（Ken Emery）。他是海洋地质学的先驱，一直是年轻科学家从事研究的动机来源。

他说："听说你现在在瑞士。"

我说："对。"

"你为何不研究研究瑞士的湖泊？"

我从来没想过这件事。我想了一下，犹豫地说："好啊，有何不可？"

"那么到五号展览厅来找我，我告诉你怎么做库伦贝里管。"

库伦贝里（Annette Kullenberg）是瑞典海洋学家。他设计了一种器材来取样海洋沉积物，称为库伦贝里活塞取芯管。这种器材可由船上放到深海海底，钻入海底沉积物，取出数米深的样本。库仑堡沉积物芯可让我们了解比较近代的海洋历史。

我到五号展览厅找埃默里。他在一张面纸上画出库伦贝里管的概略图。埃默里的热忱很有感染力，但我没有完全被说服。瑞士技师没有办法由画在面纸上的"蓝图"做出东西，我也不确定联邦理工学院愿不愿意冒险投下大笔资金研究湖泊，而且他们原先是希望我成立岩石力学实验室。除此之外，我没有机械工厂，也没有技师。事实上我完全没有后援，没有副手，没有助理，也没有学生。

在命运的安排下，我从爱丁堡回来后不久，瑞士一位女士打电话给我。

"我找许教授，谢谢。"

"我就是。"

"我女儿的美国朋友来到这里。他是你在加州大学河滨分校的学生，他想到瑞士联邦理工学院你那边念书。"

"好啊，有何不可？"

凯尔特（Kerry Kelts）第二天就来了。这位高大黑发的年轻人在男女合校一向很出风头，但我不记得他是否是个聪明的学生。

"你想做什么？"

"不知道，你要我做什么都可以。"

"好，我上个月刚见过埃默里，他觉得我们可以研究瑞士的湖泊。"

"有何不可？我没问题。"

这三个偶然间的"有何不可"（why not）启动了我们在联邦理工学院的湖泊地质学研究计划。在埃默里的好构想、凯尔特的好个性，以及联邦理工学院好行政单位的财务支援下，这个计划没有理由失败，而且最后也真的没有失败。

凯尔特花了将近十年做他的博士论文，研究苏黎世湖的沉积物。这座湖位于海拔 410 米处。苏黎世的气候温和，冬季时湖泊鲜少结冰。现在湖底只有一种称为"湖白垩"化学沉淀物。凯尔特的库伦贝里管只能取样 6—7 米的沉积物。下层部分是纯白垩，但上层部分，也就是近四千年沉淀下来的部分，则不是纯净的。这个改变引起了凯尔特的兴趣。四千年至今的气候显然有所改变。有些时期比较潮湿、冲刷较强，来自山中溪流的沙石没有全部被拦截在上游的瓦伦湖中，混浊的水流出，沉淀在苏黎世湖中，成为白垩中的杂质。

我们在大学时读过安提夫（Ernst Antev）关于全新世这一万年间气候的作品。他说在全新世前半的气候最适期时，北美洲西部地区比较温暖干燥，后来变得比较寒冷潮湿。凯尔特在苏黎世的研究显示冷化现象遍及全球，但瑞士变化最剧烈的时间是距今四千年前。

因此气候最适期时比现在温暖，那么在最适期之前情形又是如何？

在距今约一万八千年前的冰川期最高峰，北美地区的一半、整个斯堪的那维亚半岛以及欧洲中部山地都被冰层覆盖。后来冰川开始退却，到距今一万五千年时步调加快。斯堪的那维亚半岛南部脱离冰川，一种阿尔卑斯山的小白花——仙女木出现在丹麦，当时此地是退却冰川边缘的冻土地带。科学家将冰川期后第一段气候时期称为旧仙女木期（Old Dryas）。

冰川前沿退后一些又前进一些，但最后气候在摆荡之间又逐渐变暖，针叶林与混合林取代了欧洲的冻土地带。接着在距今约一万一千年前①，冰川卷土重来。这一段比较短暂的寒冷时期中，阿尔卑斯山的仙女木又回到丹麦，因此称为新仙女木期。接着寒冷时期再度结束，所谓的更新世冰川期终于结束，接续其后的全新世于一万年前展开。

前面曾经提过，全新世前半的全球气候相当温暖，但四千年前左右，全球平均气温开始下降，全新世后半又下降了几次。凯尔特在研究湖底沉积物时发现这些变化的证据。他取得了全新世的沉积物芯，但他想取得苏黎世湖底的新仙女木期、旧仙女木期和更古老的冰川时期沉积物。

凯尔特一直要求我争取经费在苏黎世湖钻挖深层钻孔。需要的经费高达100万美元，不过我觉得不大可能争取得到。后来我相当惊讶，联邦理工学院提供了经费，因此我们在1980年春天开始在苏黎世湖钻挖。

当年有三个学生从中国来。赵先生来自农村，赵先生以往的成绩并不太出色，因此他被分配到凯尔特的实验室担任"苦力"工作。凯尔特人很好，他很喜欢中国和中国人。赵先生帮了很大的忙，并且获得机会协助描绘从苏黎世湖钻孔中取出的首批钻芯。有一天他冲进我办公室，我很不高兴被打扰，我站起来想赶他出去："赵先生，你要找我可以等休息时间。我有二十个学生，如果大家都这样闯进来，我就没时间做自己的事了。"

"不过我有急事，许教授，我发现纹泥了！"他相当兴奋，把一张相片塞到我手里。

我看着相片，开始失去耐心。

"赵先生，你读过屈嫩（Kuenen）和米廖里尼（Migliorine）的经典论文吗？这种一层层的纹层沉积物不是纹泥。"

"不过它真的是纹泥，我问过凯尔特，他也同意。"

我打电话给凯尔特。"凯尔特，赵先生在我办公室，他说他发现

---

① 后冰川时期的特征是旧仙女木期后的气候短暂剧烈变动，包括伯灵期（Bolling）冰川前进。

了纹泥。"

"是的，许教授，那是新仙女木期的纹泥。我帮他做过分析，没问题。"

纹泥是瑞典地质学家德耶尔（De Geer）提出的名词，指的是沉积在湖底的薄层泥沙和黏土，一层纹泥代表每年一次的沉积循环。波罗的海是个大淡水湖时，湖底也有纹泥沉积。第二次世界大战前，德耶尔计算瑞典的纹泥，表示斯堪的那维亚半岛的冰帽于一万年前左右完全退却。我们相信他的说法，虽然我们大多没看过纹泥。后来到了20世纪50年代，两位沉积学家投下一枚震撼弹。他们表示所谓的"纹泥"是春季风暴后水下水流在湖底沉积下来的，因此每年的纹泥可能超过一层。屈嫩和米廖里尼的构想相当好，他们的理论也成为典范。70年代，我们在苏黎世确实以仪器侦测到这类水下水流，而且我们在某些状况下可取样到一年内多达五层纹泥，也就是风暴沉积物。因此这个问题解决了，纹泥不是每年沉积一层。但是现在我知道了一点：凯尔特和赵先生发现的是真正的纹泥。他们认为，纹泥真正的定义应该是顶端的黏土层，黏土是冬季的典型沉积物，而每年只有一次冬季。

纹泥是在每年冬季结冰的湖泊中每年沉积一层。在一般状况下，溪流终年都会将沉积物带入苏黎世湖。泥沙粒子沉降的速度很快，但黏土粒子沉积得相当慢。黏土和泥沙粒子的沉积通常不会分开，因为较晚开始、速度较快沉下去的泥沙粒子，会赶上较早开始、速度较慢的黏土粒子，因此两者会一起沉积下来。但在冰冻的湖中有好几个月，泥沙粒子不会被带入湖中。停留在湖水冰块下只有黏上粒子会单独沉积在湖底，形成黏土层。因此冰冻湖泊的冬季沉积物是黏土层。在湖泊每年结冰的气候中，夏季会有一个泥沙层，冬季会有一个黏土层。夏季泥沙和冬季黏土是构成年度纹泥的一对沉积层。

如果凯尔特和赵先生对纹泥起源的解释是正确的，那么纹泥应该只会出现在每年结冰的山中湖泊。我们提出一项研究阿尔卑斯山湖泊的计划。这个提案争取到经费，我们的预测也获得证实。在阿尔卑斯山年年冰冻的十个湖泊中，全都发现了纹泥。纹泥最上层的黏土层是所谓"冰川奶"的沉积物，这种绿色悬浮液的来源是冰川融化的水。

欧洲中部的湖泊必须要好几星期气温为零度以下才会结冰。这种状况在1963年苏黎世湖结冰时曾经出现，距今已有四十年。苏黎世湖在小冰川期时结冰频率较高。发现纹泥代表苏黎世湖在新仙女木期每年冬季都会结冰。当时好几星期的零度以下气温是正常而非例外。

纹泥是特殊气候状况的标记，现在我们获得了研究过去气候的有力工具。阿尔卑斯山高山湖泊是目前的纹泥沉积地点。气候一直是这么冷吗？我在联邦理工学院的最后一个学生莱曼（Andreas Lehmann），进行了一项研究来解答这个问题。

莱曼在上恩加丁（Ober Engadine）河谷的席尔瓦普拉纳湖（Silvaplana）发现了纹泥。他已经知道会发现纹泥，但没有想到最早的纹泥竟然是四千年前。气候最适期没有纹泥沉积现象。这个湖当时没有每年结冰，没有冰川奶沉积物是因为这里没有冰川奶，而没有冰川奶是因为当时没有冰川。

四千年前，刚好又是这个神奇数字。我打电话给凯尔特，他当时在美国明尼苏达州。

"凯尔特，在四千年前之前没有纹泥沉积现象。"

"没错，我早就想到了。这二十年来我一直跟你和大家这么说，不过你们都不相信我。我们都知道从气候最适期到全新世晚期出现了变化，但只有我相信四千年前在全世界同时出现气候变化。温暖时期在公元前第三个千年末结束。"

我答道："现在我相信了。"

撒哈拉的大湖

1989年在巴黎举行的全球变迁会议中，我认识了珀蒂—玛丽（Nicole Petit-Maire），这位马赛大学教授研究撒哈拉地区气候变迁多年。我听说过撒哈拉在气候最适期是湖泊之国的说法，现在我有机会获得第一手的资讯。

没错，她告诉我当时气候不仅比较温暖，也比较潮湿；不只是非洲北部低纬度地区如此，中东和亚洲同一纬度的地区也是如此。撒哈拉地区确实曾经有大淡水湖。珀蒂—玛丽自己在马里工作。那里在九千五百年到四千年前是温暖时期，雨水相当多。鱼群从尼日尔河和塞内加尔海岸迁徙到撒哈拉地区。湖边的土地生长着棕榈树和青草。许多地方都曾经发现中石器和新石器时代的工具，许多证据可证明撒哈拉沙漠当时有人类居住。

这些人是什么人？

石壁上的绘画和雕刻提供了线索。考古学家库恩曾经这么描述他的经验：

> 我们必须骑骆驼好几小时穿越沙漠。太阳相当大，眼前的景色一望无涯。沙漠横亘在我们面前，看起来好像是一片汪洋。我们没碰到其他人，连商队也很少见到。突然有座山矗立在我们面前，还有石块和岩石。再靠近一点，从远方就可看见绘画和雕刻。绘画的内容有大象、犀牛、水牛、河马、羚羊、长颈鹿等。画中总是有一个猎人拿着弓箭，站在动物前面。①

这些壁画的风格和西班牙东部黎凡特（Levantine）的壁画相同。非洲各地都曾发现同类的壁画。据说欧洲人刚刚来到非洲时，布须曼人还在画这种壁画。画这些画的人和现在的布须曼人一样以狩猎为生，不饲养家畜也不种植作物。阿尔及利亚哈西艾卜耶德（Hassi El Abiod）附近的古代湖泊沉积物中曾经发现人类骸骨，这种人居住的

---

① Z. Petit-Marie et J. Riser eds., *Sahara ou Sahel?* Paris：Libraririe R. Thomas, 1983.

时间约为八千五百年到七千五百年前。这些骸骨具有所谓"北非克罗马侬人"的特征。这些中石器时代猎人后来被新石器时代的陶器制作人取代①。

珀蒂—玛丽的研究结果应该可以让所有人相信在九千五百年到四千年前这段时间，撒哈拉地区的气候相当潮湿。不过有些科学家连常识都欠缺。他们像宗教信徒一样不断鼓吹基本教义。他们只会用计算机来研究自然现象。我见过一个这样的人，是在世界气象组织（WMO）工作的知名学者。

当时是20世纪80年代初，我和他一起到瑞典参加国家海洋理事会议。世界气象组织的宗旨是推广对气象的了解，但现在世界气象组织还发行"世界气象新闻"、举办气候变迁研讨会，同时参与世界气候研究项目（WRCP）。②由于我不太了解气象学，因此我想这位在世界气象组织工作的旅伴应该可以给我提供一些启发。我犹豫地问道："有些地质学发现证据，证明撒哈拉地区五千年前比较温暖，同时也比较潮湿，沙漠中曾经出现过淡水湖。"

"不会，不可能。"

"不过他们真的找到证据了。"

"这是不可能的！"他加重语气重复了一次，"在撒哈拉沙漠出现草地是不可能的事！"

"为什么不可能？"

"你没听过'哈德里环流圈'（Hadley Cell）吗？"

"没有。"

"地球自转的力使水汽由低纬度朝热带和高纬度移动。所以沙漠都在低纬度地区。水汽在撒哈拉地区会上升，不会下降。因为在温度较高的时期水汽更是会上升，所以撒哈拉沙漠在温暖时会更干旱。"

---

① Herbert Kuhn, *Der Aufstieg der Menschheit*, Frankfurt：Fischer, 1955, p. 54.
② *World Climate News*, no. 13, June 1998, Geneva：WMO.

我当时还没认识珀蒂—玛丽，所以不确定地质证据的气候意义。我没有跟我的朋友争执。地质学家或许弄错了，物理学家通常懂得比较多。

我朋友可能也跟他在世界气象研究项目研究数学的同事说过同样的意见。气候模式建立学者曾经在《科学美国人》上发表文章告诉一般大众，撒哈拉地区在气候温暖时会更加干旱。他们的结果出自神奇的黑盒子——电脑。我们这些"集邮者"在"科学事实"面前还能说些什么？我们有什么资格质疑上流阶层手握的神器？

不过我读过珀蒂—玛丽的专题论文之后，又有了勇气。我开始理解到否定她的结论就等于否定常识。物理学家经常否定常识，甚至采信了爱因斯坦的相对论。但我们学自然科学的人仍然试图以日常语表达我们对自然界的理解。有时候常识确实合理。多年之后我认识一位气象学家，他在物理学方面不及我这位在世界气象组织工作的朋友，但在海洋学方面则比他优秀。他不认为撒哈拉沙漠现象难以理解，我向他提出质疑时，他答道："喔，这很容易解释，气候雨量和哈德里环流关系不大。非洲西部接收的水汽来自大西洋的季风。全球暖化时季风较强，为撒哈拉地区带来较多的雨水。"

我问他关于哈德里环流圈的问题时，他笑道："哈德里环流当然有①，但是水汽平常是空气推的。你看过电视气象预报吗？降雨通常是由风暴或气象锋面带来。中国南部的纬度和撒哈拉地区一样，都位于哈德里环流圈中，但是有稻田。那里没有沙漠，是因为来自东南方的季风会带来雨水。"

"中国南部一亿年前曾经是沙漠。如果你说得对，那么当时应该没有季风。"

"你应该知道古地理学，你的同事告诉我，当时没有南海，印尼群岛当时是干旱地带，因此来自太平洋的季风没办法到达中国南部。"

---

① 最近才有人提醒我，告诉我："哈德里环流圈将水汽输送到热带，费雷尔环流圈（Ferrel Cell）将水汽输送到高纬度地区。"请读者见谅我以比较宽松的定义使用"哈德里环流圈"这个词。

气候模型研究大多忽略了季风影响。我曾经提过印度洋季风在历史上的全球暖化时期曾经使阿拉伯沙漠绿化，因此大西洋季风曾在气候最适期使撒哈拉地区绿化的理论相当合理。后来撒哈拉地区的湖泊干涸，是因为四千年以前全球冷化所造成。

珀蒂—玛丽在马里所做的研究是一种返测：如果理论成立，就可以由此预测事实。现在一切看来都相当合理。撒哈拉地区的湖泊于距今四千五百年前开始干涸，而撒哈拉地区于四千年前成为石块荒漠。地质记录显示在七千到六千五百年前和五千年前左右都曾经有过干旱时期。环境恶劣时期的沉积物中没有人类居住的遗迹，只有温暖潮湿的时期才有人住在撒哈拉地区。撒哈拉文化于气候最适期结束时开始朝东迁移。发掘结果证实撒哈拉和埃及艺术关系相当密切。埃及文化层最早的陶器的绘画风格跟新石器时代的岩石雕刻与利比亚陶器绘画完全相同，其他文化遗迹的比较结果也证实这种相似性。所谓的埃及格尔塞（Gerzeh）陶器是在阿尔及利亚的奥兰区（Oran）和西班牙的阿尔梅里亚（Almeria）发现的。兰姆（Hubert H. Lamb）依据考古记录认为，公元前第四个千年的环境恶化，迫使猎人和放牧人朝西迁徙到埃及的冲积平原，五千二百年前左右，农业文明开始在这里发展。[1]交流过程包含双向交通，西克索（Hykso）入侵者于三千七百年前将马带入埃及，因此利比亚岩石上的马一定是在这个时间之后才刻上去的。干旱使环境变得越来越不适宜居住，而近三千年的撒哈拉地区沉积物中，人类居住的迹象也相当少。除了向东迁徙，撒哈拉人也分数个阶段向南迁徙。戴蒙德（Jared Diamond）最近总结的语言学研究中提到了这次人口移动。[2]

除了较晚来到的北方的非亚人（Afroasiastic）和马达加斯加的

---

[1] Hubert H. Lamb, *The Changing Climate*, London：Methuen 1966.
[2] 我参考了很多戴蒙德在 *Arm und Reich*（Frankfurk：Fischer, 1998）中对非洲人口移动的解释。戴蒙德则参考了很多格林伯格关于班图语起源的语言学证据，*Jour. African History*, v. 13, pp. 189-216。

奥斯特罗尼西亚人（Austronesian），非洲民族还有使用科伊桑语（Khoisan）、尼日尔—刚果语，以及尼罗—撒哈拉语的民族，以及俾格米人（Pygmy，原指希腊神话中的侏儒）。这些矮人以狩猎和采集为生，没有自己的语言，而是使用邻近民族的语言。他们可能是克罗马侬人和亚非人入侵前的非洲当地民族。

以往称为"布须曼人"或"霍屯督人"（Hottentot）的科伊桑人也是以狩猎和采集为生。他们的分布范围曾经广达非洲东部大部分地区、非洲中部和南部。他们的文化近似于以狩猎为生的克罗马侬人，违反撒哈拉文化的早期散播情形。来自撒哈拉地区的移民来到南方，与当地民族融合，因此其混血后代使用科伊桑语言。

尼日尔—刚果语的使用者以种植作物为生，他们于公元前 3000 年到公元 500 年之间由喀麦隆和尼日利亚东部向外散布。这次来自北方的大规模迁徙也是发生在四千年前左右！尼日尔—刚果语的使用者最后到达赤道以南的非洲大陆，只剩下科伊桑人留在干旱的孤立地区。

最后，非洲东部和中部还有一些尼罗—撒哈拉语的使用者居住在孤立地区。他们可能是被亚非移民融合之前向东迁徙的原始撒哈拉地区民族。

气候变迁似乎是这些迁徙行为的根本原因。

青铜器时代文明的衰败

中东地区是农业和文明的摇篮。人类首先在美索不达米亚和安纳托利亚尝试生产食物，现在这里的地面植被实在称不上茂密。比沙漠边缘更适合种植作物的地方很多，因此我们有理由怀疑中东地区是否一直是干旱地带。

中东地区现今的气候是冬季寒冷多雨、夏季炎热干燥。降雨来源主要是来自欧洲的西北风和来自地中海的西风。南风现在被来自陆地的北风阻挡，而来自印度洋的热带风暴很少到达内盖夫（Negev）沙漠这么北边的地方。①全新世初期的气候与现在不同。以往有季风带来的夏季降雨。在气候最适期和其他温暖时期，中东地区的气候比现在潮湿。②

1995年我到以色列时，曾经到内盖夫沙漠边缘的迦南地区城市阿拉德（Arad）旅游。这个城镇的设计显示出具备高水准的都市计划。市中心有个大型水库，但水槽目前是空的。阿拉德市人口稠密的居住地曾有数千名居民。后来人类突然舍弃这个城市，而且已经沙漠化的住宅并没有遭到战争破坏的迹象。③这个青铜器时代早期居住地是因为干旱而被舍弃的吗？

一年后，我到明尼阿波利斯（Minneapolis）造访我的学生凯尔特。他很高兴我终于对他的研究感到兴趣。我们的角色对调过来，他成了老师，我则成了学生。我告诉他我在以色列的旅游经历，他听到退休的老师跟新发展如此脱节时笑了一下。我不知道耶鲁大学的魏斯（Harvey Weiss）曾经进行跨国研究，探讨美索不达米亚地区青铜器时代早期文明的衰败。凯尔特还说，他们刚刚发行一本新书。他们发现了明确证据，显示公元前2200年左右气候突然出现变化。区域性干旱迫使种植作物的农民放弃位于非洲东部、巴勒斯坦、安纳托利亚、美索不达米亚北部和南部以及阿曼湾等地的居住地。衰败几乎是在各地同时发生。④

我赶紧找书来看，发现最新的发展相当值得注意。从叙利亚北部的纳巴塔（Nabata）到印度的印度河河谷，亚洲西部的城市都在四千多年前被人类舍弃。没有激烈行为的迹象，也没有军事征服的证据。

---

① 参见 Stephen Burns, Albert Matgter, *Geology*, 26 (1998), 499-502。
② A. P. El-Moslimany, 1994, "Evidence of Early Holocene Summer Precipitateon in the Continental Middle East", in O. Bar-Yosef and R. Kr eds., *Late Quaternary Chronology and Paleoclimates of the Eastern Mediterranean*, ASPR Tuscon, Cambridge, pp. 121-130.
③ Ruth Amiran, et al., 1994, *Tel Arad—The Canaanite* City. The lsrael Museum, Jerusalem.
④ H. Weiss, M. A. Coury, W. Wetterstrom, F. Guichard, F. Senior, R. Meadow and A. Curnow; "The genesis and collapse of third millennium north Mesopotamian civilization", *Science*, 261 (1993), 995-1004.

在中东各地，这个现象的发生时间被精确地记录在青铜器时代早期及中期文化遗迹之间的"空白层"。被称为空白是因为其中没有人类居住的遗物。公元前 2200 年以前，城市相当繁荣，有水灌溉田地，有人种植作物。后来干旱迹象出现，田地和居住地被舍弃了三百年左右。后来在公元前 1900 年的青铜器时代中期，农民又回到美索不达米亚地区的田地。在公元前第二个千年中期，印度河河谷城市再度成为雅利安人的天下。

最近出版了一本研讨会专题论文集《公元前第三个千年的气候变迁与旧世界的衰败》①。其中的 33 篇论文主题包含中东地区的环境灾变、尼罗河洪水泛滥、非洲北部及热带地区的气候突变，以及印度河古文明的衰败。大多数论文赞同魏斯的结论，认为公元前 2200 年左右，气候突然急遽恶化。

又是公元前 2200 年！安纳托利亚的田地被舍弃、阿卡德帝国瓦解、古埃及王国式微、印度河河谷的城市荒漠化。没错，这些居住地是被舍弃，而不是被破坏。印度西北部的哈拉帕（Harappan）文化向东迁徙到降雨较多的地区。②寒冷干旱气候对亚洲西部造成的影响确实十分深远。

湖上居民失去的家园

我们研究湖泊的第一年，有一天一位体格健壮的年轻人走进我办公室。他自我介绍他叫鲁夫（Ruff），是苏黎世市的水底下古学家。我曾经听说过"湖上居民"，它是凯勒（Ferdinand Keller）于 1854 年冬天的重大发现。当年天候干旱，苏黎世湖的湖水比平常降低约半米。凯勒在湖边发现新石器时代居所的基桩。他认为这些房子原先是建造

---

① 参见 Z. H. Dalfes, G. Kukla and H. Weiss, *Third Millennium BC Climate Change and Old World Collapse*, Heidelberg: Springer, 1998。
② B. Stein, *A History of India*, Oxford: Blackwell, 1998, pp. 50-51。

在水中的脚柱上。现在这个人告诉我这些房子不是建造在水中，而是建造在地面上。

我说："真的吗？"

鲁夫说："对，我们相当确定。这些小屋中火炉附近的地板有烧焦的痕迹。"

"所以这种屋子不是建造在水上？"

"对，它们是建造在湖边，因为要将基桩打入松软的泥巴比较容易。除此之外，他们也不用砍伐没有树木生长的森林。"

因为我也曾经用花园木桩打进家中后院的冰碛石，所以我很能体会鲁夫的考量。不过他来找我不是为了来教我，而是来找我帮忙。现在这些基桩在数米深的水中。是这些居所滑进湖里，还是湖水水面上升淹没了它们？

我研究了一会儿他的相片，然后回答道："不对，鲁夫先生，这些基桩原本就在那里。移动的是湖底，我们将这种移动称为潜移。通常斜坡不是潜移而是滑坡，整个湖岸滑到湖中深处。但从相片看来，基桩跟原先打入的位置距离不远，只有略微倾斜。"

"许教授，谢谢你。我们也觉得是湖水上升淹没居所，但还是希望请专家提供意见。"

"那里发生过洪水吗？"

"不知道，这些人离开得很仓促，连东西都没有带。我们发现了漂亮的木制器皿，石斧的把手在水里泡了这么多年还是完整无缺。但湖里没有尸体，人可能在大水来到前已经走了。"

"洪水是发生在什么时候？"

"根据目前掌握的资料还无法确定，青铜器时代居住地之前和之后都有过洪水。"

后来我跟鲁夫没再联络过，但三十年后为了撰写关于青铜器时代早期文明衰败的文章，我打电话到他办公室。这位驻市考古学家已经退休，但他的助理跟我谈过，给了我几份再版资料。

我们现在知道新石器时代农民曾在苏黎世湖畔居住许多代。最初有人居住的年代是公元前第五个千年末,第一次洪水发生在公元前3500年左右。这里被舍弃数百年后,新的居民来到此处,这些人的最后几代制作了绳纹陶器,后来在前2400年左右,湖边的村庄再度被舍弃,一直到前1600年之后,湖畔才再度有人居住。①

欧洲中部在气候最适期时气候相当温和。山岳冰川于前3300年第一次返回到南蒂罗尔山(South Tyrol)中,受害者正是"冰人奥兹"。奥兹(Oetzi)是深色头发,衣着整齐的中年男性。他上山的时候,使用弓箭,带着一把铜制斧头。他在秋末收割后离开村庄,死在暴风雪中。雪结成冰,奥兹就这样埋葬在大山之中,直到1991年被发现。②奥兹的死预告了欧洲中部第一次冰川前进。

全球冷化时期,欧洲中部夏季潮湿,阿尔卑斯山冰川规模增大。湖水水面正如鲁夫的同事所发现,在小冰川期时上升。第一批苏黎世湖居所于公元前3500年被淹没,比奥兹埋葬在冰川下更早。后来气候再度转为温暖干燥,不过蒂罗尔山中的冰原还是没有完全融化。这一段温暖时期是气候最适期的末尾。湖水水面再度下降,人类得以在原先的地点建造新的湖上居所。霍根人(Horgan)经历了六七百年的好时光,但第三个千年末,气候再度改变。湖水水面无情地再度上升。湖上居民再度仓皇逃离。不过,他们的家和东西保存在水和泥巴中,历经四千多年依然完整。

塔克拉玛干沙漠的木乃伊

一个学生让我注意到1995年5月9日《先锋论坛报》(*The Herald*

---

① S. Jacomet, M. Magny and C. A. Bruge, *Die Schweiz von Palaolithikum bis zum fruhen Mittelalter*, Basel: Schweiz Ges. Ur-& Frühgeschicht, 1993, pp. 53-58.
② 参见 Konrad Spindler, *The Man in the Ice*, New York: Harmony Books, 1994。

Tribune）上的一篇文章：

追踪亚洲早期白种人

最近在中国西部塔里木盆地所发现，距今一千四百年到四千年的木乃伊，从外貌看来相当接近欧洲人，有些则类似爱尔兰人或威尔士人。他们使用的语言是目前已消失的吐火罗语，也很接近凯尔特和日耳曼语言。

第一具木乃伊发现时我听说过，是在新疆发现的红色头发女性白种人，1983年我在乌鲁木齐博物馆里看到了这具木乃伊。现在报纸报道宾夕法尼亚大学的梅尔（Victor Mair）召集了语言学家、考古学家、历史学家、分子生物学家和其他学科的学者，在费城举行研讨会，提出最新的研究结果。梅尔当时说：

这具塔里木盆地白种人木乃伊应该可以确定是印欧人族系最东边的现身记录，同时由于它们的年代相当早，和印欧人由家乡向外散播有关联，因此有人认为它们在判定印欧人扩散地点方面将扮演重要角色。

也就是说，塔里木盆地的白种人，又称为五堡人，是解答雅利安人问题的关键。

我们必须解释两件比较反常的状况。第一，五堡人出现的地点比俄罗斯南部、伊朗和印度所谓的丝音民族更偏东方，但他们使用的是西方的颚音语言。第二，四千年前左右，他们在很短的时间内移动了很长的距离，从欧洲西部到中国西北部的塔克拉玛干沙漠定居下来。

四千年前，又是这个数字！

我写信给梅尔，他回信道：

去年我在京都大学人类学研究所担任客座研究教授,看到几篇日本学者的文章。文章中提到公元前 2000 年左右,气候曾经严重恶化,我感到很有兴趣。这个时间正好和印欧人开始由本都山脉发源地朝各地迁徙的时间相同。您的信印证了这些重大气候转变。

我的研究团队成员很早就猜想当时可能发生某些灾难事件,使印欧人离开家乡,迁徙到塔里木盆地这么遥远又似乎不适合居住的地方。收到您的来信,现在我们朝真正原因又迈进了一步。

梅尔请我提供一篇论文放进他的专题论文集,我很高兴地答应了他的请求。我唯一不赞成的是他用了"本都山脉发源地"这个说法。目前并没有本都山脉发源地曾在公元前 1800 年左右发生重大灾害的证据,但重大灾害曾经在前 2000 年降临在印欧人在欧洲北部的发源地。

梅尔提出,公元前第一和第二个千年时在塔里木盆地的原始居民,是吐火罗人的祖先,而吐火罗人在 9 世纪前一直使用某种印欧语言。梅尔同时指出,五堡人拥有长形鼻子、深凹的双眼和金色头发,这些都是北欧人血统的特征。①

除了头骨尺寸,最具说服力的人类学证据则是来自五堡木乃伊的 mtDNA 分析结果。线粒体原先是类似细菌的独立有机体,在生物进化过程初期和有核细胞进入共生模式。细胞为线粒体提供营养和保护,线粒体则负责管理能量作为交换。高等生物每个细胞拥有多个线粒体,每个线粒体拥有自己的特定 DNA。mtDNA 没有重组,同时只能通过母系血统传播。欧洲人和非欧洲人 mtDNA 变体的相同部分非

---

① Victor Mair, 1993, Progress for Project entitled "A Study of the Genetic Composition of Ancient Desiccated Corpses from Xinjiang China", *Early China News*, 6 (1993), 4-9. 另可参阅 Victor Mair eds., *The Bronze Age and Early Iron Age Peoples of East Central Asia*, Institute for the Study of Man, Washington DC.

常少。举例来说,单倍群 H 在欧洲比较常见,涵盖瑞典、芬兰、意大利等国人口约百分之四十的线粒体血统,但在 1175 名非白种人中只有三人拥有。弗兰卡拉奇(Paulo Francalacci)研究过五堡木乃伊的样本,他发现这些木乃伊全都属于单倍群 H。这个结果印证了新疆这些古老尸体来自欧洲的假设。①

巴柏(Elizabeth Barber)和古德(Irene Good)的纺织品研究也有很大的收获。②有一种古代纺织品"是一种独特的欧洲斜纹织法目前已知最东的出现记录"。另外,五堡人身上的格子羊毛布料和新石器时代丹麦墓葬中类似布料的织法和花纹都非常近似。斜纹是起源于欧洲的织法。五堡人的格子斜纹布和苏格兰便帽与现在苏格兰凯尔特人穿戴的衣帽完全相同。相反地,中东的传统织法是表纬织法,形成了叙利亚的挂毯和里海的绒毛毯技术。这种纺织技术最后也传到塔里木盆地,但那是在时间上晚了许久。斜纹布制造者于公元前第二个千年来到这里,而且是直接来自欧洲西部。

吐火罗语言研究证实了这些语言自原始印欧语的早期分支进化而来。③科学家曾经以为我们不可能证明原始印欧语的使用者是蓝眼金发的人类,因为没想到会发现木乃伊。现在我们发现木乃伊了!确定从北欧迁徙到塔里木盆地的人就是现在吐火罗人的祖先之后,印欧人的发源地是欧洲北部也就毋庸置疑。使用吐火罗语的人于公元前 2000 年左右向东横越大草原。他们穿越了乌拉尔—阿尔泰语使用者的土地,这一点从吐火罗语中有许多借用自芬兰—乌戈尔语的词汇就

---

① 参见 Paolo Francalacci 的新疆古代干尸 DNA 分析论文。Victor Mair ed., *The Bronze Age and Early Iron Age Peoples of East Central Asia*, Institute for the Study of Man, Washington DC, v. 2, pp. 537-547。

② 参见 E. J. W. Barber and Irene Good, "Bronze Age cloth and clothing of the Tarim Basin", Victor Mair ed., *The Bronze Age and Early Iron Age Peoples of East Central Asia*, Institute for the Study of Man, Washington DC, v. 2, pp. 647-670。

③ 参见 D. Ringe, T. Warnov, A. Taylor and A. Michailov, "Computational cladistice and the position of Tocharian", Victor Mair ed., *The Bronze Age and Early Iron Age Peoples of East Central Asia*, Institute for the Study of Man, Washington DC, v. 1, pp. 391-414。

可证明。①

北方人

  北方冰帽在一万五千年前左右开始快速融化。冰川前缘，在冰岛传说中称为"巨墙"，当时矗立在斯堪的那维亚半岛南部。一万一千年前左右，冰川期结束之前，冰层最后一次前进，并于一万年前恰到好处地停下。快速的全球暖化形成持续五千年到六千年的气候最适期，当时的气候比现在温暖。猎人和渔人和抢劫者都聚居在波罗的海沿岸。

  接下来的一大进步是农业革命，形成了以粮食生产为特征的新式社会。农业是公元前8000年左右中东地区新石器时代最初的人类所发明。新石器时代文化先传播到欧洲东南部，再扩散到欧洲中部，但一直到前6000年左右才到达欧洲北部，又过一千年才到达斯堪的那维亚半岛。

  由于经常需要烹煮谷类和其他植物，促使人类寻求更好的容器。中石器时代的猎人和采集者使用不透水的篮子，新石器时代的农人发明了陶器。陶器制作最早可追溯到前7000年的欧洲东南部和安纳托利亚，这些地方住的是新石器时代最初的农民。陶器于公元前第六个千年传到欧洲中部，居住在长形房屋的农民以直线条纹装饰陶器。在黏土做的器皿烧制之前，表面划上曲线或锯齿线作为装饰。直线条纹陶器的德文字是 Linearbandkeramik，制作这类陶器的人称为 LBK 人。②他们居住在德国中部、波兰中部、奥地利、捷克和斯洛伐克。LBK

---

① 参见 E. E. Kuzmina, "Cultural Connections of the Tarim Basin people and pastoralists of the Asian steppes in the Bronze Age", Victor Mair ed., *The Bronze Age and Early Iron Age Peoples of East Central Asia*, Institute for the Study of Man, Washington DC, v. 1, pp. 63-93。

② Alasdair Whittle, *Europe in the Neolithic* (Cambridge University Press, 1996) 可提供许多资料。他根据丰富的资料推断从 LBK 到绳纹陶器等欧洲新石器时代文化，大多是在当地进化出来，因为有文化转移连续性的确实证据。

人的居住地通常位于肥沃的土壤上，如在河谷或地势较低的水边。值得注意的是，这种陶器没有出现在超越黄土最北端界线的欧洲北部。这条界线刚巧和上次冰川最南端的界线大致相符，同时它也是分隔畜养牲口的德国北部和种植作物的德国中部之间的自然界线。接下来，欧洲中部的陶器是以形状来区别，而不是装饰花纹。考古学家曾经研究过漏斗颈陶文化（TRB 文化，前 4000—前 3300 年）和球状细颈陶文化（前 3300—前 2600 年）。

欧洲中部的 LBK 人居住在森林中。从德国南部的河流名称看来，这些人使用的是与西班牙的巴斯克有关的语言。从前 4000 年左右，欧洲中部人开始将死者埋葬在仔细建造的土堆、石堆和平台形坟墓中，有单一或集体墓葬。他们的骸骨有很大的比例为圆形头颅，身体特征则有明显不同。

界线以北最早的新石器时代居民是原始印欧人。南边的 LBK 人已经在种植作物时，他们仍然靠收集为生。德国北部人和丹麦人于第四个千年初开始以燃烧和砍伐清除森林，斯堪的那维亚半岛南部人则依然以狩猎和捕鱼为生。

新石器时代晚期，欧洲北部人也制作陶器，制作方法和 TRB 人相同。西北部欧洲人的墓葬习俗与其他人不同，是以巨石建造而成。最早的巨石遗迹建造在布列塔尼半岛，而从伊比利亚半岛到英国和丹麦的大西洋沿岸各地都有巨石建筑物，但欧洲中部和东部则没有。

牲口在新石器时代相当于黄金，稳固的领导地位则是建立在牲口所代表的财富上。海登（Brian Hayden）认为，新石器时代的酋长从公元前 2000 年开始建造巨石阵和其他巨石建筑，他们在这些"石器时代的大教堂"举行非基督教至日节庆的圣诞仪式。[1] 在欧洲大陆上，人类则以巨石建造壮观的集体墓葬遗迹，也就是巨石墓。

公元前 2000 年后，欧洲开始使用青铜器，墓葬风格出现改变。

---

[1] Brian Hayden 则在书中写了一节关于巨石文化的杰出内容，同前书。

在欧洲北部和东部，尤其是莱茵河和维斯瓦河之间的地区，可以发现埋在矮土堆下的单人墓葬。较公元前3000年略早一点，欧洲中部陶器的形状也开始改变。漏斗颈陶器被钟形陶器或球状细颈陶器文化取代。以考古学术语来说，是TRB被球状细颈陶文化取代。图林根地区的农民发明了另一种新的陶器装饰①，在烧制之前，用线或绳索在湿软的黏土器皿上压印花纹作为装饰。公元前2700年左右，瑞士的湖上居民承袭了这种制作绳纹陶器的习俗，前2500年左右，欧洲北部的牧人也承袭了这种习俗。②不过，某些丹麦和斯堪的那维亚半岛部落比较保守，仍然是以刻画或凹下的符号来装饰陶器。

他们用石斧清除森林，以便畜养牲口。使用绳纹陶器的北欧人发明了新型工具。他们不将斧头绑在木柄上，而是在斧头上钻出孔，再将木柄穿过这个孔。③他们在迁徙和征战途中就是使用这种穿孔的战斧。

科西纳将公元前第三个千年后半居住在欧洲北部的人类称为"绳纹陶器／战斧／单一墓葬人"。我们曾经在上一章中提到，第一批北方人是追踪冻土地带大型猎物的克罗马侬猎人。他们在冰帽融化后来到北方。一直到一万一千年到一万年前的新仙女木期，传说中称为"巨墙"的冰川前缘一直矗立在挪威南部和瑞典。冰岛的《埃达·弗鲁斯帕》(*Edda Völuspa*)是神祇世界的故事。北欧先锋并没有征服当地族群，而是忙着消灭"森林巨人"——长毛象。斯堪的那维亚冰帽完全消失前，这种长毛动物曾经游走在冰帽周围。④这里不论是语言

---

① 科西纳，同前书。
② 科西纳认为绳纹陶器的起源在德国中部。金布塔斯和信徒则犯了很大的错误，认为绳纹陶器的起源是俄罗斯南部的库尔干高原，但库尔干高原上的坟墓中发现的陶器完全不同。L. Kilian 和 A. Hausler 提出明确的证据，证明绳纹陶器文化与公元前第三个千年后半期欧洲北部的北欧人相当类似（参见 Killian, *Zum Ursprung der Indogermanen*, Boon：Haelt, pp. 92-97）。
③ 事实上这种战斧最初是在中东以青铜制成的，欧洲北部的战斧仅以石头制造。
④ W. Ho Berger, 1991, in D. W. Muller et al. eds, *Controversies in Modern Geology*, London：Academic Press, 1991, pp. 115-132.

或地名都没有更早的文化存在的征兆。北欧人是这片土地的新居民，也是这片处女地第一次有人居住。

北欧人的生活方式在气候最适期中逐渐演进。他们猎取数量丰富的小动物，同时学习大量收获的捕鱼技术。他们制作篮子，并且采集谷粒。他们不再在洞窟中绘画，而在挪威的裸露岩石上雕刻图形。后来他们还学会了畜养牲口。文化改变了，但人没有改变。惠特尔发现它有连贯性：TRB 于新石器时代转变为绳纹陶器／战斧／单人墓葬文化，在德国各地都有连贯性。德国没有发生大规模人口取代，没有出现过外来者入侵，也没有当地人被入侵者征服。北欧人这个个别繁衍族群一直居住在欧洲北部。[1]在欧洲进行田野工作的考古学家一再验证了这个结论。欧斯墨（Einar Ostmo）研究挪威的血统传承，没有发现外来者入侵挪威的证据。[2]格林印卡斯（Agirdas Girininkas）研究了波罗的海国家的血统传承，同样表示波罗的海周围的人一直在波罗的海地区狩猎、采集和耕种，从第一次冰川消失之后就一直居住在这个地区。[3]

没错，北方人是旧石器时代来到这里。在平原上四处移动的猎人之间没有语言障碍。一直到新石器时代革命之后，印欧人也变成定居的农人之后，才开始分化出方言。分裂可能始于公元前 5000 年左右，在几千年之间，德国和斯堪的那维亚的西分支使用颚音语言，而波罗的海地区的东分支则使用丝音语言。

原始印欧人是爱好和平的农人和畜牧人。他们可能有一点懒散，就如塔西佗描述他们的日耳曼后代一样。他们住在森林附近的小片空地上。他们畜养牲口，并且种植裸麦和大麦。他们会说故事，也庆祝

---

[1] A. Whittle, op. cit., p. 287.
[2] Einar Ostmo, 1996, K. Jones-Bley and M. E. Huld eds., *The Indo-Europeanization of Northern Europe*, J. Indo-Eur. Studies, Monograph 17, pp. 23-41.
[3] A. Girininkas, 1996, K. Jones-Bley and M. E. Huld eds., *The Indo-Europeanization of Northern Europe*, J. Into-Eur. Studies, Monograph 17, pp. 23-41, 42-47.

圣诞节。他们过得快乐且相当知足。那么他们为什么会想离开这里，征服大草原、山地和沙漠呢？或者是他们自甘堕落而去征服他人？

我们又回到了老问题：吐火罗人为什么来到塔克拉玛干沙漠？

历史上只有一种动机能让这些人离开家乡，就是他们不得不离开。因为气候变迁使气候最适期结束，因此印欧人必须离开家乡。史前时代曾经发生全球冷化的证据，在自然科学研究中已经相当清楚。在波斯古经《阿维斯陀》（*Avasta*）中也可看到历史记录：雅利安人的家乡曾经被描述为一年有十个月冬天和两个月夏天。①

印欧人不是离开家乡去打仗，他们和旅鼠一样，离开家乡是因为面临饥荒。面临饥荒是因为他们没办法，饲养的牲口或种植的作物不足以养活自己。他们饲养的牲口或种植的作物不够是因为气候最适期于公元前第三个千年结束。这次自然灾害也导致人类离开干旱的撒哈拉地区、青铜器时代文明衰败、湖上居所被水淹没，以及印欧人向外扩散。

第一批印欧人移民像圣经时代的海上民族或恺撒时代的厄尔维几人，或是上个世纪的美国的摩门人一样迁徙。男女老幼抛弃家园，一起迁徙，靠双腿步行或乘坐马车，必要时还得保护自己。厄尔维几人、吐火罗人、阿勒曼尼人和摩门人迁徙的主要动机不是征服，而是移民。所以印欧人与其说是征服者，还不如说是移居者。没错，有必要时他们会战斗，但大多数人都想找处女地或废弃的农场。第一批北欧人是在冰川离去后来到斯堪的那维亚半岛。吐火罗人来到中国的沙漠绿洲，带路者就是印欧人的"摩西"。根据近代的研究，即使是恶名昭彰的雅利安人，也不需要为印度河河谷破坏负责，他们只是南下定居在被建造者沙漠化的城市。

印欧人在气候最适期非常爱自己的家乡。他们可以打猎和捕鱼，就像亚当和夏娃在伊甸园里一样。后来他们学会饲养牲口和耕作田地，就像亚伯和该隐一样。他们在上帝的眼中一定是犯了过失。土地不再给

---

① L. Kilian, *Sum Ursprung der Indo-Germanen*, Bonn：Haelt, 1988, p. 33.

他们效力，他们流离飘荡在地上。印欧人是在小冰川期离开家园，这是近五千年来四次小冰川期中的第一次。北方人将感受到冷化的第一波冲击：公元前2500年过后不久，印欧人开始向南迁徙。全球开始冷化，也将改变山中湖泊沿岸欧洲中部人的生活，他们的居住地将在公元前2400年被淹没。波罗的海地区的丝音民族向南迁徙，他们遇到了本都—里海地区的当地民族，就像罗马时代的哥特人一样。印欧人在大草原的库尔干人之间建立殖民地，后来某些部落继续向南迁徙到伊朗和印度。德国和丹麦的颚音民族向东迁徙，前进到巴尔干半岛、希腊和安纳托利亚，他们也是第一批经由丝路到达新疆的旅者。

移民可能分成数个阶段，历经多个世代，可能定居在处女地，例如塔克拉玛干的吐火罗人，或是与当地人融合，例如印度—伊朗人的祖先在本都—里海地区和堆坟建造者融合一样。

小冰川期于公元前2200年到达最高峰时，亚洲西部的新石器时代农民也开始受害。美索不达米亚地区最坏的状况在数百年后结束，定居者于公元前1900年左右回到自己的农场，印欧人移民离开后就没有再回来。

远东地区也有类似的迁徙活动。一波波汉藏语使用者南下，他们占据了中央的平原，驱赶了苗人和瑶人。他们继续南下，对奥斯特罗尼西亚人造成压力。略早于距今四千年前，波利尼西亚人的祖先从越南和中国南部来到台湾，再从台湾沿着各岛屿到达菲律宾、印尼和太平洋岛屿。

全球冷化终结"气候最适期"

我的同事谈起"四千年前事件"。但这不是一个事件，四千年前是一个千年气候变化的结束，但气候最适期的结束则是逐步到来，地方不同，时间也不同。这不是单一事件，而是小冰川期逐渐到来。人类的迁徙也不是事件，而是人类离开家乡，寻找有阳光的地方。

终结气候最适期的全球冷化，以后还有一波小冰川期将会到来。耶稣基督诞生之后还有另外两波。地球气候是不是有周期性变化？

第七章
气候变化的循环

> 这些不认识的陌生人来自文明以外的地方。他们坐着实心轮的重型货车,拉车的是驼背的阉牛,上面堆满了家庭用具和家具。男女老少都有,这些外来者不断行进……这个可怕的队伍不论停留在哪里,都会留下烧毁的房屋、残破的城市和遭到踩躏的作物。没有人阻止得了这些外来者,他们击溃所有的抵抗。
>
> ——凯勒(Werner Keller),
> 《圣经中的历史》(*The Bible as History*)

> 古代世界的萌芽时代,也就是古希腊和罗马的古典世界,跟随在地中海伟大的青铜器时代文明和"黑暗时代"开始之后出现。
>
> ——伦弗鲁(Colin Renfrew),
> 《黑暗时代》(*The Centuries of Darkness*)前言

1994年,台湾大鬼湖沉积物芯中两道白色条纹引起我的兴趣,开始研究气候与历史的关联。继续研究下去之后,我发现在印欧人向外扩散的时代,是一次年代更早的小冰川期。1996年我回到苏黎世后,这个模式开始逐渐成形。欧洲北部人和亚洲北部人的大规模迁徙至少分成三个阶段,高潮是分别在公元前2000年、公元400年和1600年。如果周期性确实存在,其时间间隔应该是1200年左右,因此在公元前 800 年前后应该还有一次小冰川期和大规模迁徙。是否有科学证据或历史记录可以证明？

希腊黑暗时代气候变迁的历史证据

希腊的多利安人入侵相当引人好奇，我们对希腊黑暗时代的事件所知极少。这个历史事件是否与气候变迁有关？布莱森（Reid Bryson）和默里（Thomas Murray）认为确实有：这次入侵，或者说青铜器时代文明开始消失，是由迈锡尼一场旱灾所引发。他们曾于 1977 年提道：

> 迈锡尼市的遗址位于希腊南边阳光普照的平原上。耶稣诞生前一千二百多年，迈锡尼曾是伟大文明的中心……公元前 1200 年之前，迈锡尼的势力突然开始没落。公元前 1230 年，迈锡尼的主宫殿和谷仓遭到攻击焚毁。迈锡尼的其他中心，包括皮洛斯（Pylos）和梯林斯（Tiryns），也出现衰败和破坏的征兆。迈锡尼文明的衰败和没落十分突然和彻底，关于它的记忆只留存在传说中，而这些传说一直到谢里曼（Heinrich Schlimann）于 19 世纪 70 年代开始发掘后，才重见天日。[1]

关于迈锡尼帝国因旱灾而衰败的说法，是由著名古典学者卡彭特（Rhys Carpenter）所提出的。[2]他提出柏拉图所说的传说来支持它的假设。目前的历史证据相当少，只有公元前 13 世纪末在利比亚的饥荒和在安纳托利亚的旱灾可当作参照。[3]德鲁兹（Robert Drews）引

---

[1] Reid Bryson and Thomas Murray, *Climate of Hunger*, Madison：U. Wisc. Press, 1997, p. 4.
[2] Rhys Carpernter, *Discontinuity in Greek Civilization*, New York：W. W. Norton, 1968.
[3] Robert Drews, *The Historical Facts Pertinent to the End of the Bronze Age in the Middle East*, Princeton University Press, 1933.

用了希罗多德和迈尔奈普塔（Merneptah）的卡纳克碑文，以及某些赫梯人的说法作为证明。不过他认为，这些历史证据还不足以支持卡彭特的干旱理论。德鲁兹比较赞成青铜器时代文明是被使用铁制武器的入侵步兵毁灭的说法。

布莱森是气候学家，有科学基础可证明他的假设。他指出1955年1月的异常气候形态使伯罗奔尼撒半岛的降雨量减少了40%。布莱森推测，如果1955年的气候形态持续数年或数十年，迈锡尼就可能发生严重干旱。

尽管了解饥荒可能导致黑暗时代降临，詹姆斯（Peter James）却发现难以证实这个"普遍干旱理论"，他以史前气候学的论点来反驳布莱森[①]：

> 如果预期它会对全欧洲造成影响，那么干旱理论的支持者就必须解释，许多欧洲中部和北部花粉放射性碳年代鉴定记录显示，当时曾经出现过潮湿气候。

詹姆斯忽略了气温变化有可能遍及全球，但降雨变化不一定遍及全欧洲。我曾经提到过欧洲北部寒冷潮湿，而欧洲南部寒冷干旱的天气形态。这种天气形态正可印证布莱森于1955年1月观察的欧洲天气：伯罗奔尼撒半岛冬天更加寒冷，降雨减少了40%，匈牙利的降雨则增加了15%，挪威的降雨也高于一般水准。气候的历史记录验证了这种天气形态。欧洲中部和北部非常潮湿，欧洲南部则干旱。洪水破坏了匈牙利的文明，挪威的雪线向山下移动，此时迈锡尼则遭到干旱侵袭[②]，因此詹姆斯的反对理由并不成立。小冰川期可能发生在欧

---

① P. James, *Centuries of Darkness*, London: Jonathan Cape, 1991, p. 313.
② R. Bryson, H. H. Lamb and D. L. Donley, 1974, "Drought and the decline of Mycenae", *Antiquity*, v. 48, pp. 46-50.

洲地中海沿岸寒冷干旱的黑暗时代。

公元前800年左右可能非常寒冷的理论，其实语言学家希尔特（Hermann Hirt）也提出过。①他认为日耳曼语言中的变元音（umlaut）应该是公元前800年的全球冷化所造成。天气非常寒冷时，北方人讲话时不想把口张得太开。例如要发a的音时会将口半闭，形成变元音ä。亚洲北部部落的语言也有类似的元音变化。举例来说，土耳其语在一个词中往往有四五个ü。瑞士山中的方言同样也有比较多的变元音，而且阿尔卑斯山中可能非常寒冷，冬天气温往往低于零下30摄氏度。近代语言学家舍弃了希尔特的假设②，因为希尔特并未提出变元音的确实改变时间。

希腊黑暗时代全球冷化的证据也可在中国古代历史中找到。青铜器时代的商朝，气候温暖潮湿。中国北方可以种植稻米，丝绸业相当兴盛。公元前1122年，商朝被周朝取代。史官将商朝灭亡归咎于统治者昏庸无能，但由这次事件和希腊黑暗时代的关联可以看出，此时可能发生了气候灾难。周朝反抗军获得饥饿的民众支持后，商朝随之覆亡。气候持续恶化，小冰川期于公元前第二个千年来到后，中国历史上出现了以下的记录：

  前903年 长江与汉江结冰，许多牲口无法度过严寒的冬季
  前897年 长江与汉江结冰，许多牲口无法度过严寒的冬季
  前857—前853年 连续六年大旱
  前778年 7月降霜
  前783—前773年 作物歉收、饥荒，民工挨饿
  前773年 夏季异常寒冷，杏与桃仅在10月有收成③

---

① Hermann Hirt 曾推断元音变化和气候之间的关系，参见 Habilitationsschrift, 1892, *Ueber die Urheimat der Indogermanen*, op. cit.。
② 参见 H. Lussy, *Umlautprobleme im Schweizerdeutschen*, Fraufeld：Huber, 1974, p.80。
③ 刘绍民：《中国历史上气候之变迁》，第259页。

非常寒冷干旱的气候持续近两百年。农作物年复一年歉收。农村奴工起而反抗，外来入侵者也由西北方前来。最老的长城也就是在这段时间建造的。尽管有公元前 8 世纪末对匈奴的军事胜利，反抗活动依然难以平息。最后到了公元前 722 年，首都不得不由西安迁往洛阳，代表西周正式结束。根据中国历史记载，气候要到公元前 7 世纪才会再度转为温暖潮湿。

希腊黑暗时代气候变迁的科学证据

卡彭特的理论是建构在间接的迁徙及系统瓦解证据之上。他发现迈锡尼人抛弃了城市，于黑暗时代迁徙到克里特岛和塞浦路斯。那里有谷物和其他食物仓库的破坏遗迹。他们成为"饱受旱灾之苦的民族不得不诉诸暴力"的受害者。[1]卡彭特的说法让我想到《三国演义》中的情节，多利安人在他的描述中宛如黄巾贼的前身。

小冰川期发生在黑暗时代的证据，也可从古植物学研究得到。[2]欧洲北部植物群显示，在所谓"亚大西洋"时期，气候由温暖干燥转为寒冷潮湿。欧洲西北部许多沼泽的白色和黑色泥煤之间有明显分界，可以证实曾出现这样的变化。白色泥煤中发现的人造物品是青铜器时代的工具，而黑色泥煤则属于铁器时代。变化的发生时间目前推定在公元前 850 年。气候变化对史前农人造成极大的影响。荷兰北部的发掘成果也显示，有人居住的时期于青铜器时代晚期完全停顿，一直到公元前 9 世纪的"黑泥煤"时期地下水位上升，这个地区才再转为适合居住。

---

[1] 卡彭特，同前书。

[2] 感谢 Bas van Geel 告知她 1998 年论文的标题 "Solar Forcing of Abrupt Climate Change around 850 Calender Years BC"（共同作者 O. M. Raspopov, J. van der Plicht and H. Renssen），in *Natural Catastrophes during Bronze Age Civilizations* (B. J. Beiser, T. Palmer & M. E. Bailey eds.), BAR International Series, pp. 162-168。

海平面的变化也提供了一些证据。①大冰期后，南极冰帽融化过多时，海平面上升，而在全球冷化时，上升的速度会减缓或停顿。目前科学家已经发现近似周期性的减缓循环，年代分别是距今 9000 年、7600 年、6500 年、5100 年、4200 年、3200 年、1900 年和 350 年前。②350 年前 (1650 年) 刚好是上一次小冰川期，而 1900 年前（公元 100 年）则是哥特人离开家乡前往波罗的海沿岸的时间。3200 年前（公元前 1200 年）正是布莱森推测迈锡尼发生干旱的年代。这些时间上的巧合，进一步证实了地中海地区在黑暗时代气候寒冷干旱的说法：4200 年前则是雅利安人大迁移的时代。

格陵兰冰层中变化的尘土浓度，也显示全球变迁有循环性。③尘土大多是全球冷化时期由亚洲中部吹来。尘土中的细沙落在中国北部的黄土高原以及台湾山中湖泊底部。最细的黏土颗粒可移动超过半个地球，落在格陵兰冰原上，埋入冰川之中。气流最强，或可说是天气最冷的时期，冰中尘土层的厚度也最厚。格陵兰冰层中的尘土层记录显示这种循环性，而尘土厚度达到最高峰的几年，则和近五千年来几次小冰川期的最高峰大致相符，我做出这个假设的主要依据是历史证据。现在有了资料表明，公元前 1200 年的尘土最大值最为明显，这更证明希腊黑暗时代确实有全球冷化现象！

山中冰川前进则是属于另一类的科学证据。④在阿尔卑斯山西部，冰川在公元前第二个千年后半全都前进这一阶段称为洛本期 (Löbben)。

---

① R. W. Fairbridge and C. Hillairie-Marcel, "An 8000-year Palaeoclimatic Record", *Nature*, 268 (1977), pp. 413-416.

② A. Meese, M. S. Twickler and S. I. Whitlow, "Complexity of Holocene Climate as Recongructed from a Greenland Ice Core", *Science*, 270 (1995), 1962-1964. 另外，美国宾夕法尼亚大学的 Richard Alley 也给了我未发表的 GISP 冰核分析结果。

③ J. M. Grove, "The Spuatial and Temporal Variation of Glaciers during the Holocene in the Alps, Pyrenees, Tatra and Caucasus", *Palaoklimaforschung*, 24 (1997), pp. 95-103.

④ S. Jacomet, M. Magny and C. A. Burga, "Klima-und Seespiegelschwankungen im Verlauf des Neolithikums und ihre Auswirkungen auf die Besiedlung der Seeufer", in *Die Fruhgeschichte*, Basel, 1995, pp. 53-58.

在阿尔卑斯山东部，当时冰川前进的幅度甚至超过小冰川期冰碛丘的末端。冰川证据印证了科学证据，证明公元前第二个千年末的全球冷化十分严重。

阿尔卑斯山中湖泊的湖面变化也提供了证据。①湖面在寒冷潮湿的夏季会上升。洛本前进期的高水位淹没了青铜器时代湖上居民的家园。气候再度转为温暖干燥时，湖面下降，新的居民是凯尔特人，在罗马时代的拉坦诺文化（La Tane）全盛时期达到顶点。

沉积物也提供了关于气候变迁的信息。②一个德国团队在死海海底钻挖井孔，发现黑暗时代盐层沉淀在海底时，中东地区气候那时是寒冷干燥。而希腊文化时代有泥层沉积时，气候则比较温暖潮湿。

瓮棺墓地人、多利安人入侵与寒冷时期的海上民族

土葬是古代人较常采用的埋葬方式，火葬通常不被采用，尤其是保存遗体涉及永生的时候。欧洲从尼安德特人的时代开始一直是采用土葬。旧石器时代欧洲北部猎人偶尔采用火葬方式③，后来新石器时代丹麦农民进一步发展了这种技术。他们选择火葬可能是因为要在冰冻的土地上埋葬遗体比较困难。第一批印欧人移民将这种习俗带到安纳托利亚、伊朗、中国西北部和印度。火葬需要温度很高的火焰，不过在青铜器时代之前，火葬并不常见。在欧洲北部的森林地区，火葬逐渐取代土葬，到青铜器时代晚期已经完全取代。④

历史上采用火葬的民族中，最著名的就是瓮棺墓地人。⑤火葬是突然出现的。上奥得河河谷的劳济茨（Lausatian）和波希米亚地区的

---

① Jorg Negendank 等人的论文，*Naturwissenschaften*，84 (1997)，pp. 298-401。
② Peter James 引用 Oliver Gurney 的作品，让我注意到赫梯人的火葬习俗。
③ 参见 P. V. Globb，*Danish Prehistoric Monuments*，London：Faber and Faber，pp. 137-216；Johannes Brondstad，*Nordisches Vorzeit*，Nermunster：Wachholtz Verlag，p. 317。
④ F. Morton，*Hallstatt und die Hallstattzeit*，Hallstatt：Verlag des Musealvereines，1995.
⑤ Maspero，*Gaston*，*Histoire ancienne des peoples de l'Orient classique*，Paris，1985.

人首先开始采用这种方式，以瓮棺墓地取代坟墓。青铜器时代晚期，他们的村庄和火葬仪式快速成长，瓮棺墓地文化也很快地由发源地向东扩散到乌克兰和俄罗斯南部，向东南经过巴尔干半岛到达希腊和安纳托利亚，向南到奥地利和德国，并越过阿尔卑斯山到达意大利和西西里岛，向西经过法国到达伊比利亚半岛。

瓮棺墓地人突然出现以及快速扩散，显示有人由北方大规模向外迁徙，而北方长久以来一直采用火葬。这个假设有语言学证据支持，因为瓮棺墓地人说的是印欧语。

他们为什么迁徙？这些北欧人为什么又离开欧洲北部？

知道小冰川期发生在青铜器时代末之后，迁徙的动机就很明显了。北方的印欧人必须再一次放弃农场，找其他地方来种植作物及畜养牲口。饥饿的农民起而离开。他们是劳济茨和奥地利和德国的瓮棺墓地人，以火葬方式处理遗体。因为人口压力十分庞大，他们继续向南迁徙。伊利里亚人到达巴尔干半岛、意大利人到达意大利，弗里吉亚人到达安纳托利亚，多利安人则入侵了伯罗奔尼撒半岛。海上民族从欧洲东南部入侵利比亚和埃及，最后定居在塞浦路斯和巴勒斯坦。

小冰川期迫使北方的印欧人离开家乡，地中海地区陷入黑暗时代。这是一场大灾难。迈锡尼王朝消失，强盛的赫梯王国灭亡。黎凡特（地中海东部诸国）大城市遭到破坏，连亚述王国也衰弱下来。埃及的第二十王朝成为新王国最后的朝代，法老的荣耀也随之告终。

19世纪末的学者发现青铜器时代文明衰败和外来者入侵有关。有人指出，用以纪念拉美西斯三世（Ramses III）战功的埃及浮雕上出现的非利士人（Philistine），看起来很像欧洲人。他们显然不是闪米特人。马伯乐（Gaston Maspero）提出了迁徙的骨牌理论。佩拉斯吉人（Pelasgian）到利比亚是被多利安人赶过去的。另外，海上民族到埃及和巴勒斯坦，是被弗吉里亚人从安纳托利亚赶过去的。多利安人和弗吉里亚人到南边则是被来自巴尔干半岛的北方入侵者赶过去的。

海上民族侵入黎凡特和埃及沿岸，参与利比亚军队和法老作战。

不过他们不仅是入侵者,也是移民,而且他们来自迁徙的国家。《圣经》中有关于这些印欧人大规模迁徙的记述。记述者描述他们来到时的情景相当令人害怕。这些不认识的陌生人来自文明以外的地方。他们坐着车,那是实心轮的重型货车,拉车的是驼背的阉牛,上面堆满了家具和细软。男女老少都有,这些外来者不断行进。队伍前方是武装的人。他们手持圆形盾牌和青铜制的刀剑。因为人数非常多,所以他们周围尘土漫天。没有人知道他们来自何方,这个浩浩荡荡的行列首先出现在马尔莫拉(Marmora)海边。他们从这里沿着地中海岸向南行进。威武的船队在蔚蓝的水上朝同一方向航行,大群船只载着武装的人。这个可怕的队伍不论停留在哪里,都会留下烧毁的房屋、残破的城市和遭到践踏的作物。没有人阻止得了这些外来者,他们击溃了所有的抵抗。①

但拉美西斯挡住了他们。这位法老在位于马迪纳特哈布(Medinet Habu)的陵庙墙上的浮雕中宣扬自己的功绩。在浮雕中,海上民族联军驾着战车作战,家人坐着实心车轮的以公牛拉的车跟在后面。拉美西斯取得决定性胜利,但海上民族不久后就卷土重来,从海上攻击。拉美西斯再度获胜,海上民族被逐出埃及沿岸。后来他们转往迦南沿岸。②高大的印欧人成为非利士人。后来其中一人,也就是巨人歌利亚,将在历史上最著名的战役中和大卫决一死战。

拉美西斯对海上民族漂流的记述,看起来很像一千多年后恺撒在《高卢战记》中对厄尔维几人出走的描述。那一群包含男女老幼的乌合之众不是组织严谨的入侵军队。海上民族是不得不离开家园的绝望民族。他们把家当堆在牛车上,找寻有阳光的地方,在有需要时方才起而战斗。

没错,他们不得不离开家园,因为瓮棺墓地人来了。

---

① Werner Keller, *The Bible as History*.
② J. A. Tubb, *The Canannites*, London: British Museum Press, 1998.

瓮棺墓地人本身或许并没有南下到希腊或安纳托利亚，但他们的火葬习俗却被多利安人带到伯罗奔尼撒半岛。多利安人从希腊西北部经过迈锡尼到达希腊本土。迈锡尼宫殿被破坏就是这些当地反抗军的杰作。迈锡尼粮仓遭到烧毁，让人联想到明朝末年饥饿农民的作为，乱民将抢不走的东西全部烧光。迈锡尼当时动荡不安，许多人离开伯罗奔尼撒半岛。上层阶级逃到内陆的隐蔽地点或坐船渡海，例如塞浦路斯就有来自迈锡尼的皇族坟墓。①留在希腊的居民则深受伤害。他们目睹生计被毁，生活在恐惧的阴影下。人口大幅减少，大片已经耕作的土地杂草丛生，道路也无人维护。政治凝聚力逐渐降低，贫穷挥之不去。黑暗时代降临，但留下来的人仍然大多具有迈锡尼性格。

希腊的黑暗时代一开始，移民由欧洲中部大批进入意大利，意大利人使用一种原始形式的拉丁语，他们是罗马人的祖先。他们的邻居法利希人使用另一种方言，于公元前1000年到达，略早于铁器时代初期的开端。意大利北部卡莫尼卡（Comonica）河谷的雷蒂亚铭文和法利斯坎（Faliscan）非常接近。许多人认为，向南迁徙的部落是奥地利的瓮棺墓地人。他们越过阿尔卑斯山到意大利，也带来火葬的习俗。大约在同一时间，法国的瓮棺墓地人越过比利牛斯山，在西班牙定居。

意大利以往曾经有非印欧人。希罗多德指出弗里吉亚人到达安纳托利亚西部，造成爱琴海民族迁徙到意大利北部，他们就是意大利的伊特鲁里亚人的祖先。这个说法最近获得进一步支持，爱琴海岛屿上有一块公元前510年左右竖立的石碑，刻有伊特鲁里亚方言。不过这些出现伊持鲁里亚语的地方，很可能是先前广泛散布后形成的孤立地区。印欧人向南入侵，造成非印欧人在零散地区被孤立，例如意大利北部的伊特鲁里亚人，以及希腊另一个使用伊特鲁里亚语的民族。

中东地区黑暗时代的开始与印欧族的赫梯帝国崩溃有关。依据埃

---

① V. R. d'A. Desborough, *The Greek Dark Ages*, London: Ernst Benn Ltd., 1972.

及年表，最后一个赫梯殖民地的年代早于公元前 12 世纪初。赫梯帝国没落后，在安纳托利亚中西部发现年代最早的物品，属于公元前 8 世纪的弗里吉亚王国。考古记录在青铜器时代中期有明显的空白。维利科夫斯基（Immanual Velikovsky）认为这段不连续期间是人为造成，因为历史学家判定赫梯帝国结束的年代有误。詹姆斯也发现青铜器时代晚期结束的年代应该较晚，因此他将希腊黑暗时代的期间缩减为公元前 1000—前 800 年，也就是为时二百年左右。[1]考古学家或许还需要整理取得的资料，但现在没有人否认以往曾经发生大灾难，不过时间还不确定。

目前有许多种假设来解释青铜器时代结束。布莱森和卡彭特认为原因是地中海地区的干旱，德鲁兹则提出军事的解释：拥有改良武器的入侵者消灭了旧文明。[2]黑暗时代出现小冰川期的科学证据和人口迁徙的历史证据告诉我，历史会不断重复。公元前 1200 到前 800 年，以及前 2200—前 1900 年的两次大灾难，都和剧烈的气候变迁发生在同一时间。小冰川期到来，使难民离开冰冻的北方，他们的到来造成地中海地区文明没落。印度—伊朗人到达的时间正好和青铜器时代早期文明崩溃的时间相同。多利安人和海上民族到达于青铜器时代末期。在这些人口迁徙行动之后，日耳曼民族于基督纪元初期迁徙，而在距今最近的小冰川期则是欧洲西部国家的殖民化。

气候变迁有循环性，人口移动也有循环性。在文明史的发展过程中，一样有循环重复现象。

温暖时期的希腊人、罗马人和凯尔特人

新石器时代欧洲中部的当地族群是所谓的 LBK 人，从公元前第

---

[1] Drews, op. cit.
[2] 这些记述是由希腊文和拉丁文学翻译成德文，引用者为 G. Herm, *Die Kelten*, Augsburg: Berchtermunz Verlag, 1996, p. 15。

六个千年开始居住在这里。后来绳纹陶器与战斧印欧人（也就是雅利安人）从欧洲北部来到这里。青铜器时代末的下一次小冰川期来到的入侵者是瓮棺墓地人。他们也是印欧人，而且在山顶建造城堡。这种人会打猎、畜养牲口，也会耕种田地。他们会做生意，也会作战。最重要的是，他们以火葬处理遗体。印欧人将社会分成至少三个阶级：领导者、战士贵族和自由农民。从坟墓中的陪葬品丰富程度来看，国王和贵族几乎一定采用火葬。自由农民，包括征服之前的当地族群，则火葬和土葬两者兼采。

瓮棺墓地人被凯尔特人取代。奥地利哈尔施塔特村（Hallstatt）史前墓地中的坟墓，记录了这次取代。在这里发现了大约两千个坟墓，年代较早的坟墓（大约为公元前1200—前800年）是瓮棺墓地人的瓮棺，年代较晚的坟墓（大约为公元前800—前450年）则是凯尔特人的骸骨。

凯尔特人是谁？他们是从哪里来的？

凯尔特人于公元前450年左右开始向外扩散，扩散的中心是欧洲西北部，但他们的发源地可能是其他地方。数百年后的罗马时代，凯尔特民族的分布范围西到爱尔兰，东到安纳托利亚。公元前3—前4世纪，罗马人将凯尔特人称为"Galli"，希腊人称他们为"Galatai"或"Keltoi"。希腊历史学家西西里的狄奥多罗斯（Diodorus Siculus）写道："他们的外貌让人望而生畏。"他们高大健壮，皮肤白皙。他们的头发是金色，看起来好像森林里的恶魔。许多人留着胡子，但也有人不留胡子。他们穿有色的衬衫、长裤和披风，以苏格兰格子呢的布料做成。①

凯尔特人来到南方，接触到伊特鲁里亚人和罗马人。公元前400年，伊特鲁里亚人在意大利的势力达到最高峰，占领了托斯卡纳到台

---

① James F. Wilson and others, "Genetic Evidence for Different Male and Female Roles During Cultural Transitions in the British Isles", *Proc. Nat. Acad. Sci.*, 98 (2001), 5078.

伯河之间的第勒尼安（Tyrrhenian）海岸，影响力向东延伸到威尼斯，向北到达瑞士的湖泊地区。后来凯尔特人从阿尔卑斯山另一边来到这里。狄奥多罗斯写道："他们和伊特鲁里亚人交易，没有一天不发生冲突，他们开着大军到来，将伊特鲁里亚人逐出波河平原，将肥沃的土地据为己有。"

凯尔特人定居在意大利，就像一千年后丹麦人定居在东英格兰一样。他们成为优秀的农人，在此建立居住地，最后形成城市，例如麦迪奥拉农（即米兰）、杜理农（即都灵）、贝尔戈蒙（即贝加莫）。米兰在落入罗马人之手以前，已经是个富有的凯尔特城市。

凯尔特人于公元前390年占领罗马，在此之前，塞农人（Senonian）攻打了伊特鲁里亚人的城市克鲁西乌姆（即丘西）。有人以为此时这些金发巨人沉溺于葡萄酒，想拿下蒙特普尔恰诺（Montepulciano）的葡萄园。事实上塞农人是因环境所逼而迁徙。狄奥多罗斯写道："当时亚得里亚海沿岸太热，凯尔特人必须离开遭到疾病侵袭的沿海低地。"他可能说对了，正当欧洲享受全球暖化时，亚得里亚海沿岸潟湖成为蚊虫的繁殖温床。罗马人前来协助伊特鲁里亚人时，凯尔特人向罗马前进。他们劫掠罗马，围困卡皮托利诺山（Capitolino）七个月，最后取得一千磅黄金赎金后撤退。

凯尔特人继续不断侵扰希腊罗马世界。他们入侵巴尔干半岛，亚历山大大帝于公元前335年在这里接见亚得里亚海凯尔特人代表团。他们继续南下希腊，于公元前279年占领德尔斐，后来被埃托利亚人（Aetolian）阻挡。他们越过博斯普鲁斯海峡，于公元前276年前定居在弗里吉亚。接着他们劫掠安纳托利亚，后来于公元前230年被帕加马击败。罗马人到公元前192年才在阿尔卑斯山近侧高卢取得优势地位。他们于公元前124年征服阿尔卑斯山西部另一边的普罗旺斯，阿尔卑斯山远侧高卢的凯尔特人则被夹在罗马和条顿部落之间。最后恺撒出现，于公元前58年完全并吞高卢。

瓮棺墓地人的帝国，从不列颠到土耳其，最后都被凯尔特人占领。这些人被征服,但来自欧洲西北部的一小群四处游走的凯尔特人是否消灭了他们?基因研究得到的答案是否定的。

凯尔特人到达不列颠群岛,带来哈尔施塔特和拉坦诺文化和凯尔特语言。现在在威尔士和爱尔兰仍有人使用凯尔特语。科学家原本认为凯尔特人迁徙取代了当地族群,但基因研究否定了这个想法。爱尔兰人、威尔士人和原始盎格鲁—撒克逊人在遗传上与现在的巴斯克人类似,显示他们拥有新石器时代欧洲非印欧人的血统。①

相同地,欧洲中部哈尔施塔特和其他地方的变化比较倾向文化转变,族群变化幅度相当小。②希腊和罗马对凯尔特人的描述主要针对战士阶级。从骸骨看来,战士和平民在身材和头形方面有明显不同。凯尔特战士或许是征服者,但他们并没有消灭或完全取代当地居民。因此,瓮棺墓地人在欧洲中部被凯尔特人取代,可能类似于中世纪日耳曼人再度征服易北河和奥得河间土地的状况:统治者易人,下层阶级则互相融合。

欧洲西北部的原始凯尔特人可能是,也可能不是当地瓮棺墓地族群的后代。在罗马时代,欧洲北部人是日耳曼人,包括条顿人和辛布里人(Cimbri)等。波塞多尼奥斯(Poseidonius)表示日耳曼人居住在莱茵河以东,和凯尔特人的土地隔河相望。日耳曼人其实也是凯尔特人,而且是最纯粹的凯尔特人。③他们是留在家乡的凯尔特人,皮肤较白、头发颜色较浅、眼睛通常比较蓝,而且比较野蛮。他们没有跟其他欧洲人融合,依然是个别繁衍族群,就塔西佗的观点看来可说是"纯粹民族"。

---

① Fritz Moosleiter, "Kelten in Flanchgau", in *Feldinger Archaologie beiderseits der Salzach*, Salzburg: Landerarchaologie, 1996, pp. 60-74.
② V. H. Mair, "Die Sprachamobe", in V. Mair ed., op. cit., 1998, pp. 835-856.
③ 关于 German 这个词的起源有许多种说法。G. Herm 提出的说法(*Die Kelten*, Augsburg: Berchtermunz Verlag, 1996, p. 107)未被普遍接受,但这种说法对日耳曼人和凯尔特人之间的密切关系是个有趣的解释。

希腊罗马的征服时代

　　凯尔特人于公元前390年占领罗马,曾被比作八百年后西哥特人的成就,事实上更应该和维京人在一千二百年后的功绩相提并论。凯尔特人于公元前7—前5世纪开始向外扩散时,是温暖时期,所以在家乡并没有苦于饥荒。举例来说,铁器时代晚期的拉坦诺人,起源于公元前5世纪后半,是凯尔特人再度兴起。拉坦诺文化扩散到法国、伊比利亚半岛东北部、意大利中北部、瑞士、德国南部、奥地利、捷克和匈牙利。从拉坦诺坟墓中大量的黄金看来,他们显然没有遭遇饥荒。当时到处都有肥沃的田地,凯尔特人成为富有的农牧人。他们当然没有遭遇饥荒,而且还在各地建造城堡,也就是山顶的防御堡垒。他们制造的武器比犁还多。他们渴望更多的侵略、更多的战争、更多的征服。凯尔特人和哥特人不一样,他们没有被迫离开家乡,凯尔特人不是旅鼠。他们向外侵略,跟阿拉伯人、突厥人、蒙古人以及维京人一样,他们是成群结队的蝗虫!

　　除了凯尔特人之外,当时还有西徐亚人。他们控制黑海沿岸,而罗马人则使地中海成为罗马的内海。欧洲由此几乎完全被印欧人控制,巴斯克人、伊特鲁里亚人、高加索人等非印欧族群则被排挤到孤立地区。

　　西徐亚人的祖先在印欧人第一次迁徙到阿尔泰地区时来到亚洲中部。西徐亚人向西迁徙开始于黑暗时代末。西徐亚人没有抛弃家园,许多人留在西伯利亚西部和阿尔泰山地区。入侵者将西米里人赶出高加索地区,再跟着难民到达安纳托利亚。他们出现在波斯边界。他们跟亚述国王结盟,成为乌拉尔图(Urartu)的统治者。后来他们入侵叙利亚和犹太地区,于公元前7世纪到达埃及边界。西徐亚人最后因米底亚人而被迫退出中东地区,在俄罗斯南部建立帝国。个别的小群劫掠者向西远达匈牙利和普鲁士东部。希腊城市曾经向西徐亚人进贡。公元前5—前7世纪的国王陵墓是史上最奢华的坟墓。西徐亚王国一直是军事和经济强权，一直到公元前1世纪，萨尔马特人的势力才和他们平起平坐。后来这两个族群都于2世纪被哥特人征服。

西徐亚人和凯尔特人一样，可以和维京人相提并论。西徐亚军队和其他印欧人军队一样，完全由自由人组成。西徐亚人也和凯尔特人一样会剥下俘虏的头皮，用头骨做成杯子。和凯尔特人一样，这些野蛮人应该被送上法庭为掀起战争负责，但他们却受到赞扬！

当时的文明人行为又比较好吗？

当时的文明人是亚述人、巴比伦人、米底亚人、波斯人、希腊人、马其顿人、腓尼基人、迦太基人，还有最重要的罗马人。他们可耻的行为受到更大的赞扬。我们听说过亚历山大大帝这个称号，其实最大的是他的贪婪。我们听说过恺撒，他建立的传统最后造就出威廉二世和尼古拉二世沙皇这样的统治者。西方文明的极致是"自由世界"的社会进化论思想和德国的国家社会主义。等同于蝗虫群的侵略行为被当成英雄主义的模范。

黑暗时代的"文明曙光"成为模范。文明成为组织化野蛮行为的同义词。印欧人，不论是凯尔特人、西徐亚人、希腊人或罗马人，恬不知耻地自称为优越民族。他们其实是劫掠的蝗虫群，应该以自己的行为为耻。更愚蠢的是许多西方历史家歌颂恺撒、征服者威廉、卡努特大帝、皮萨罗（Pizzaro）、拿破仑、俾斯麦。希特勒实行大屠杀之后，暴君和战犯才开始失去大众对他们不切实际的幻想。

气候与中国历史的循环

东方历史有什么不同吗？其实没有。

苗瑶人发明了种植稻米，但没有享受到和平。来自西伯利亚的入侵者南下。炎黄子孙终于打败了当地民族，于五千年前占据了中原。后来的统治者是三皇五帝，当时中原有大象和犀牛漫步。黄帝的妻子（嫘祖）发明了丝绸，用桑叶喂养蚕。桑树现在只生长在长江以南，但当时嫘祖是在中原种植，现在中原的气候太过寒冷干旱，不适合种植这种阔叶植物。

温暖潮湿的气候持续下去，公元前第三个千年末，中国中部低洼地区经常发生洪水。禹成为当时的大英雄。孔子记述禹经过九年奋斗，终于治水成功，因此舜将帝位禅让给他，禹于公元前 2200 年左右建立夏朝。

在西方四千年前事件时在中国也是一段寒冷干旱时期的开始。中国湖泊沉积物的花粉研究显示，禹的时代气候越来越干旱。① 禹非常幸运，因为全球冷化使他的治水工作更加容易，降雨减少，为害的洪水也随之消失。②

我们对夏朝所知不多，但商朝是一段和平富庶的时期。接着下一次气候反转到来，全球冷化造成商朝覆亡，也终结了中国的青铜器时代。寒冷干旱的气候持续下去，于公元前 1000 年左右到达最高峰。外来部落于公元前 1000—前 800 年入侵中国北方，正是欧洲地中海地区的黑暗时代。这些入侵者是游牧民族，原本是骑马的牧民，后来成为农民。西周君主跟北方蛮族作战，最后周朝首都向东迁到洛阳。

中国的气候在公元前 700 年快速转好。中国北方维持了数百年温暖潮湿的气候，公元前 6 世纪，许多地区曾连续八年冬季没有冰雪。一直到公元前 4 世纪，中原乡间还可看见老虎、大象和犀牛。桑树、麻、竹和稻等现在只有南方才有的植物，当时在中国北方都有种植。在气候最温暖的时期，春天提早两个月到来，柳树在 2 月转绿、桃树在 3 月开花、燕子归巢、蝉在 6 月开始鸣叫。在这段温暖时期，中国北方的年平均气温高出 1.5 摄氏度。

---

① 施雅风主编：《中国全新世大暖期气候与环境》，北京：海洋出版社，1992 年。
② 在撰写这一段关于中国气候和历史的文字时，我的主要参考资料为刘昭民：《中国历史上气候之变迁》，第 259 页。

温暖气候维持了数百年。老虎、大象和犀牛继续在原野漫游。中国北方仍然可种植桑树、麻、竹和稻等。丝路上的居住地发展成城市。中国历史上的春秋战国时期正当西方的古希腊时代。中国这段"黄金时期"时的君主、诸侯和贵族恣意挥霍上天恩赐的良好气候。他们将时间浪费在内战上。小诸侯互相征伐，大诸侯征服小诸侯，最后秦始皇将他们全部征服。他的部队毁掉了中国所有的好东西。

　　秦始皇死后，一位揭竿而起的农民平定了混乱的情势，成为汉高祖。中国转变成和蚂蚁相仿的国家。风调雨顺时期的丰收，为军事扩张提供了税收。西汉成为可与罗马相提并论的帝国。汉武帝将匈奴赶到长城外，成为和同时代的恺撒相当的大英雄。中国史学家和西方史学家同样有英雄崇拜的症状。

　　不可避免的状况后来还是发生了：下一次小冰川期于西汉末年到来。遍地饥荒下，反抗的农民起而推翻了皇帝，时间略晚于公元前第一个千年末恺撒彻底击溃厄尔维几人。

　　秦汉时代的中国和罗马帝国相当，但其中有一个差别。秦始皇征服的各民族在种族上都是中国人。纵使强大如秦朝的军力，秦始皇仍没有征服北方蛮族的能力或野心，只是采取守势，将战国时期建造的城墙修筑成连续的长城。

　　中国人继续留在长城以南，两千年来一直采取跟北方蛮族和平共存的政策。不论是匈奴、吐火罗人、突厥人、蒙古人或是满族人。即使是中国历史上最好战的汉武帝和唐太宗，也和西域各国建交结盟，维持丝路畅通。西方边境的羌人被逼退，定居的中国农民在灌溉技术帮助下，定居在半干旱的土地。没有罗马征服阿尔卑斯山近侧和阿尔卑斯山远侧高卢的军事行动，也没有荣耀许多格马尼库斯、阿勒曼尼库斯、哥德库斯等的远征军。在远东地区，生活方式差异强化了种族区别：西部和北部的游牧民族，以及南部和东部的定居农民。

　　太阳神是无情的。有如蚁后的皇帝无法永远享有富贵。可能出现全球冷化，农民群起反叛，也可能有北方的蛮族入侵。从农村招募而来的步兵抵挡不了骑马的职业战士。亚洲北部人一次次地征服中国。接下来两次小冰川期,他们都南下,中世纪温暖期间,他们也在中国各地游走。中国在汉朝之后于3—6世纪被胡人统治,唐宋之后于11—14世纪被辽、金、元统治,明朝之后则于17—20世纪被满族人统治。

统治中国的外族通常会将中国的防御政策改变为帝国主义的扩张政策。忽必烈不仅征服了中国,他的铁骑也征服了北方的韩国、南方的和缅甸。只有在远征日本时,台风摧毁了蒙古人的舰队,让日本免于受鞑靼人荼毒。清朝初年的皇帝采取攻势,他们发动三次军事行动,将西域变成中国的一省。他们使韩国、缅甸和印度支那的王国成为中国的藩属。欧洲分裂成拥有自治权的王国或共和国时,中国则被外族统治者结合成统一的大帝国。

汉族于1912年发动革命,推翻清朝。在共产党带领下再次发动革命,于1949年成立中华人民共和国,其基本政策是对前清殖民地少数民族给予自治权。

气候创造历史

在这一节中,我要总结我对旧世界历史的看法。

黑暗时代终结时,正当西方的希腊罗马世界兴起和东方的汉朝统一。没错,恶劣气候转好了数百年。人类随之兴盛,创造了音乐、艺术、文学和哲学。但随着财产和空闲时间增多,人类被贪婪蒙蔽,想要更多的东西:更大的权势、更多的钱财,以及更深的堕落。

罗马帝国兴起之后就步入衰亡。汉朝的扩张也因匈奴入侵和大批中国人南迁而中断。饥荒时代之后又是贪婪征服的时代,征服者包括维京人、阿拉伯人、突厥人和蒙古人。全球暖化对人类不一定是好事。

中世纪温暖期在小冰川期到来后结束。欧洲的海上民族为饥饿的农民找到殖民地,残暴的士兵蹂躏欧洲中部。中国农民在寒冷干旱时起而反叛。

近一百五十年来的全球暖化正当国家富足时期。人类的贪婪使财产无法公平分配。在这个富足的世纪发生了两次世界大战、自由运动和恐怖行动。

不论气候是好是坏，世界上总是有战争。人类文明史就是一部战争史。小冰川期为需求而战，气候最适期为贪婪而战。气候创造了历史，但人类的痛苦永远挥之不去。

第八章
新世界与其他地区的全球变迁

> 年平均气温的小幅变化,将严重影响生长季节的长短,进而影响农民可种植玉米的海拔高度。
> ——彼得森(K. L. Peterson),
> 《多洛雷斯考古计划》(*Dolores Archaeological Program*)

> 气候平均值与变异性改变,会扰乱重要的身体与生物系统,而人类健康依据这些系统在生物或文化方面进行调整。
> ——麦克迈克尔(A. J. McMichael),
> 《教育与辩论》(*Education and Debate*)

> 政府建立在为群众谋福祉的共生关系之上。
> ——莫斯利(M. E. Moseley),
> 《印加人》(*The Incas*)

气候变迁如果确实遍及全球,寒冷和温暖时期对美洲应该也会和欧洲一样造成影响。气候是否在新世界的文明中留下印记呢?气候是否在南亚、大洋洲或世界其他地区文明的历史上留下印记呢?

被舍弃的阿纳萨齐悬崖住所

1994年,约翰·瓦尔梅(John Warme)和我一起进行地质旅行,我告诉他我快退休了。他要我去科罗拉多州,科罗拉多矿业学院有个凯克(Keck)讲座教授的职位。我婉拒了他的邀请,因为我已经有了其他安排。

约翰·瓦尔梅没有轻易放弃。我在耶路撒冷担任客座教授时,收到一封从戈尔登(Golden)发来的传真。他们邀请我于1996年度到矿业学院任教。当时我对气候对人类历史的影响相当感兴趣。由于我对美洲史前史所知不多,因此我想,去科罗拉多州任教是个认识美国考古学家研究成果的好机会。

我于1997年新年过后到达丹佛,很快就体验到高山地区凛冽的寒冬。我到达之后当天就有暴风雪来袭,气温低于零下30摄氏度,旅馆房间的暖气不够。约翰·瓦尔梅派一个学生来帮忙,协助我抵挡严寒。太阳出来之后,环境变化的相当快。高速公路上的雪很快就消失。第一个周末我开车到霍皮族保留区,那里是阿纳萨齐人的后代居住的地方。

阿纳萨齐人又称为普韦布洛(Pueblo)印第安人,是爱好和平的农民。他们在科罗拉多高原边缘和大盆地发展出很进步的文化,其中最著名的就是弗德台地(Mesa Uerde)上的悬崖居民。

西方的北美印第安人大约在基督诞生的时代开始从事农业。原来越过白令海峡的移民以小群来到这里。当时人口压力不大,人类有几乎无穷的空间可以探索,并以狩猎和采集维生。公元最初几世纪气候转坏,可能迫使人类依靠自己的作物维生。古印第安人成为筐篮制作者。最后他们学会制作陶器,成群居住在矮屋中。文明演进在第一个千年中慢慢进行。

在弗德台地附近的北部地区,筐篮制作者居住在低地,当时他们简陋的小屋仅能大致抵挡高原冬天酷寒的风雪。阿纳萨齐人于公元8—9世纪来到弗德台地，温暖时期人口扩增。后来演变成村庄的石造连栋房舍，建造地点在高原顶端之下。他们继续建造矮屋，将矮屋用于仪式。居住地沿着冲枳平原边缘建立，永久居住地也出现地下水农业。气候在公元900年左右变得更为温和，台地顶端终于也有人居住。不过温和的气候只持续不到几百年。人类于1200年左右开始离开台地顶端，向南迁移，到海拔较低的地方建造著名的悬崖住所。悬崖住所也只使用了一个世纪左右。许多家庭于12世纪初又开始迁离，少数人迁徙很快地变成大规模出走。弗德台地于1300年几乎完全荒漠化。①

西部阿纳萨齐的科罗拉多高原地区也有类似的发展。10—12世纪人口持续增加，有一段扩张时期。在所有可居住的地区，村庄都被农场取代。卡延塔中心地区的人类向西扩散到大峡谷地区。居住地点的人工制造装置功能完全正常。村庄在经济上可以自给自足。但是扩张于13世纪突然停止。某些高处居住地被舍弃，居住地点向下移动，迁移到支流峡谷和主流的交接处。和弗德台地一样，西部阿纳萨齐人居住的地方也变得越来越冷。13世纪时，状况持续恶化。凯恩塔（Kayenta）地区的居住地也同样在1300年左右被舍弃。②出走行动相当有条理，没有慌乱的迹象。可携带的物品都被带走，门口也被封闭，似乎还打算再回来住。移民向南移动，在中间地点暂时停留过一两个世纪。最后这些人聚居在几个避难所，包括霍皮台地，杰第托（Jeddito）河谷，以及小科罗拉多河两岸。17世纪西班牙人来到时，亚利桑那州除了某些霍皮村庄之外，所有社区都已被舍弃。

阿纳萨齐人也在新墨西哥州圣胡安盆地耕种。现在这个地方的环

---

① G. J. Gumerman & J. S Dean, "Prehistoric Cooperation and Competition in the Western Anazasi Area", in L. S. Cordell ed., *Dynamics of Southwest Prehistory*, 1989, pp. 99-148.
② D. G. Noble, *Ancient Ruins of the Southwest*, Flagstaff, Ariazona：Northland, 1981, pp. 36-43.

境不是很适合农业，但有许多阿纳萨齐人的废墟。发掘成果显示，查科（Chaco）峡谷和其他地方的阿纳萨齐人口于8—9世纪开始增加。状况持续转好，人类开始进入地势更高的地方，在海拔2000米以上的区域种植作物。查科峡谷的居住率于1100年后不久到达最高峰，在此之后，居住地点减少，而且建造在地势较低的地方。后来整个族群于13世纪突然分散。① 查科峡谷的族群朝南迁徙。但他们依然居住在村庄中，例如弗里乔尔（Frijoles）峡谷和新墨西哥州帕哈里托（Pajarito）高原的族群。他们建造独立的居所或小村庄，通常仅容纳两三家人。1300年，阿纳萨齐人不得不完全舍弃四州交界地区的家园，向南迁徙到人口快速增加的里奥格兰德地区。这里的生活依然以农业为中心，人类种植玉米、在低地种植豆类和南瓜。不过他们只住了两或三世纪就再次迁徙。西班牙人于1541年来到里奥格兰德地区时，也只发现了一些印第安人。②

早在欧洲人发现美洲时，科罗拉多高原上令人惊奇的阿纳萨齐废墟已经荒漠化。弗德台地的悬崖住所是多层石造建筑构成的城市，其中有些才建好不久就被抛弃。

阿纳萨齐人为什么离开？他们为什么没有回来？

战争理论曾经是普遍认可的解释。学者表示，当时他们可能与犹他人或阿萨巴斯卡人发生战斗。但这些参与战事的部落到17世纪才来到美国西南部，因此不可能成为数百年前大批出走的理由。

也有人推测可能是村民之间发生冲突。不过小规模争执或许可能造成一两个村庄人口减少，但不可能导致整个地区所有村庄和城市都被舍弃。除此之外，我们也找不到敌对状态的证据。

另外也可能是遭到瘟疫侵袭。的确，我们不清楚阿纳萨齐人为什

---

① W. J. Judge, "Chaco Canyon-San Juan Basin", in L. S. Cordell ed., *Dynamics of Southwest Prehistory*, 1989, pp. 209-261.
② Noble, op. cit., pp. 175-184.

么一方面在弗德台地和查科峡谷顶端建造建筑物，一方面又必须到河谷耕种田地，高地的气候比较好。不过，高山地区的生活应该比较健康，也没有明确的理由可证明传染病导致农耕族群放弃自己的农场。

抛开以上这些可能说法，考古学家现在比较支持一两种环境解释：阿纳萨齐人离开是因为气候变迁。

1300年这个时间相当值得注意。这是旧世界中上一次小冰川期到来的时间。

查科村庄被舍弃的时间较早，但它们位于比较不利于农业的地区。大半阿纳萨齐人于13世纪末离开圣胡安和弗德台地。这些流浪的阿纳萨齐人后来居住在小科罗拉多河上游和怀特（White Nountain）山地区，最后这些居住地也于1450年被舍弃。弗里乔尔峡谷的居住地也是向南迁徙的中继站，但这些位于南方的住所要到16世纪才被抛弃，到了17世纪，最南端的里奥格兰德河谷居住地也没有人居住。①小冰川期到达最高峰时，阿纳萨齐人朝更南边移动。

试图解释阿纳萨齐人之谜的理论必须能够解释（a）迁徙的时间，（b）被舍弃的居住地没有人回来住，以及（c）人口迁徙是朝南的单向移动。人类向南移动一段距离，找到暂时避难所住一两个世纪，但厄运女神再度到来。她总是追上他们，可怜的移民就必须再度打包行李，流浪到更远的地方。

他们的厄运严格说来就是小冰川期。全球冷化就是他们的厄运，他们受到的诅咒。

寒冷气候带来了什么？

干旱是相当常见的解释。美国西部树木年轮研究结果显示有每二十二年一次的近似周期性干旱，在1275—1299年之间，弗德台地就有一段严重干旱时期。

不过干旱经常发生。阿纳萨齐人建造了谷仓，并且适应了经常干

---

① L. S. Cordell, *Prehistory of the Southwest*, San Diego：Academic Press, 1984, p. 313.

旱。不仅如此，在干旱周期结束之后，他们也可以回家，不需要放弃城市，永远不再回来。[1]我自己的勘查经验显示，缺水应该不是阿纳萨齐人离开的原因。我在盛夏时节造访圣胡安山地，那里到处都有很多水。圣胡安山中有永久性溪流。山脉间的草地翠绿得像公园，事实上在科罗拉多州，它们就被称为"公园"。看不出阿纳萨齐地区曾于13世纪末变成荒漠。事实上在阿纳萨齐人离开后，气候变得更寒冷，但降雨增加。如果流浪的移民是因干旱离开，他们应该会回来才对。

针对阿纳萨齐人抛弃圣胡安居住地这个问题，罗恩（A. H. Rohn）曾经这么评论：

> 1276—1299年的大干旱不一定导致全数迁徙。尽管有多项环境因素影响史前普韦布洛印第安人的生活，即使细微的变化也可能导致适应上的反应，但这些反应并不需要迁徙。
>
> 因此只有两种可能的原因：纯粹社会、政治或宗教方面的原因，或者是迅速扩增的人口造成生态完全崩溃。[2]

罗恩不认为有什么理由造成生态完全崩溃，因此"越来越倾向于接受普韦布洛人大规模迁徙纯粹为文化因素所导致的解释"。

罗恩忽略了第三种可能。生态崩溃不是因为人口迅速扩增，而是气候出现灾难性及无法恢复的变化。

我要强调1280年或1300年在旧世界是很重要的一年，这两个年代都可说是上次小冰川期开始的时间。阿纳萨齐人在全球开始冷化时离开，他们离开是因为高原太冷。在他们向南迁徙的过程中，必须不断抛弃暂时居住地，甚至在1680年离开南方的里奥格兰德河谷，当

---

[1] 参见 A. H. Rohn, in L. S. Cordell and G. J. Guderman eds., *Dynamics of Southwest Prehistory*, Washington DC: Smithsonian Press, 1989, p. 167。

[2] Rohn, op. cit., p. 167.

时正值小冰川期的最高峰。

全球气温改变一两摄氏度,为何会导致大规模出走?

阿纳萨齐人靠农作物维持生活。如果气温变化足以导致农作物歉收,他们就必须离开。

全球气温改变一两摄氏度,可能造成阿纳萨齐地区农作物歉收吗?

彼得森(Kenneth Peterson)认为会。他"综合了各项证据,认为年平均气温的小幅变化,将严重影响生长季节的长短,进而影响农民可种植玉米的海拔高度"[1]。因此他认为生长季节缩短是导致阿纳萨齐人离开圣菲(Santa Fe)山地的原因。[2]

玉米是阿纳萨齐人赖以维生的食物。玉米每年需要110天到130天的生长季节。1996年4月底我到弗德台地和圣胡安时,尽管处于全球暖化时期,当时地上依然有雪,可以想见小冰川期时雪应该停留得更久。阿纳萨齐人可能要等到5月才能开始耕种。我想起来有个东德朋友曾经告诉我,如果到5月中还不能开始整地,当年就没有收成,因为生长季节太短。

阿纳萨齐人显然使家乡变成了荒漠,因为他们没办法收成作物,和欧洲北部的印欧人一样。在欧洲北部,确实还有些印欧绳纹陶器制作者留在那里。但是他们倒退回中石器时代的狩猎和采集生活方式,并饲养少数牲口作为辅助。阿纳萨齐人没有学习驯养牲口。虽然圣胡安地区的"公园"地貌对畜养牲口而言是非常适合的地区。不过人不能吃草,阿纳萨齐人必须朝南迁徙,迁移到生长季节仍然够长的地方。不过无情的全球冷化在整个小冰川期中亦步亦趋地追着他们,最后,他们不得不完全放弃农耕。

科德尔(Linda Cordell)曾经提到小冰川期里奥格兰德地区居住

---

[1] 参见 L. S. Cordell 的论文, L. S. Cordell and G. J. Guderman, op. cit., pp. 293-335。
[2] 参见 E. S. Cassells, *The Archaeology of Colorado*, Boulder: Johnson Books, 1983; G. J. Gumerman ed., *The Anazasi in Changing Environment*, Cambridge: Cambridge University Press, 1988,与其他许多关于阿纳萨齐人史前史的著作。

地的扩充现象，表示人口明显增加，有移民来到此地。从 1300 年开始，这里有相当大的聚居群落。在亚利桑那州，来自北方的难民居住在称为"大屋"的贫民区，因为它是一栋很大的泥砖建筑，可容纳数千人。一种称为"里奥格兰德釉"的新式瓷器一直制作到 1700 年。①新式瓷器有一项显著的特色，就是从里奥格兰德地区到霍皮地区的图案编排十分一致。当时似乎曾经出现工业革命，移民必须生产成品，并出售瓷器维持生计。阿纳萨齐人现在有了瓷器，而且能够迁徙。

阿纳萨齐人的传说写在他们留下的废墟中。最大的促成力量是全球变迁，也就是小冰川期到来。如果我们没有在旧世界的历史记录中找到这些线索，就无法找出元凶。

失落的玛雅城市

玛雅文明于 8 世纪末达到全盛时期时，分布范围由墨西哥的恰帕斯州（Chiapas）和危地马拉的佩滕（Petén）地区到洪都拉斯西部和萨尔瓦多北部。公元 900 年灭亡之后，玛雅的土地再度变为热带森林。②1746 年，索利斯（Solis）神父和兄弟以及兄弟的妻儿来到帕伦克（Palenque）。他们来寻找可以耕种的新土地，但偶然间发现了石造房屋的废墟，那些是玛雅遗迹的移民所建造的。

帕伦克只是古典时期许多失落的城市其中之一。后来陆续发现了许多壮观的遗迹，包括科潘（Copan）、基里瓜（Quiriguá）、亚斯奇兰（Yaxchilán）、彼德拉斯内格拉斯（Piedras Negras）、多尼恩（Tonian）、乌斯马尔（Uxmal）、卡布纳（Kabna）、沙耶尔（Sayil）、波南帕克（Bonampak），以及规模最大的蒂卡尔（Tikal）等处。遗迹中有金字塔和石碑，石碑上还刻有象形文字。目前已知最古老的玛雅建筑，

---

① Cordell, op. cit.
② C. Baudez and S. Picasso, *Lost Cities of the Maya*, London: Thames and Hudson, 1984.

是位于瓦哈克通的金字塔，大约建造于公历纪元开始时。最古老的象形文字石碑发现于蒂卡尔，上面记录了对应公元292年的日期。另外，在一百一十处以上的城市或仪式中心也发现了其他象形文字。

近二十年来，玛雅文字终于被解读出来。玛雅文字其实不是象形文字，而是拼音文字。文字内容包含日期、人名和事件。奇怪的是，玛雅文化最杰出的成就不是位于气候宜人的南方高地，而是位于低地热带森林中。

他们是什么人？他们来自何处？去了哪里？为什么离开？又是什么时候离开的？

玛雅历史分为四个阶段：公元前1500—300年的前古典时期、300—600年的早古典时期、600—900年的晚古典时期，以及900—1527年的后古典时期。玛雅人属于美洲原住民的一个大族群，使用同一语系的语言。他们可能是由危地马拉西北部来到低地。城市建造于古典时期，以往曾被认为是仪式中心，现在考古学家则认为人民和祭司都住在城市中。

玛雅人是新石器时代人类，一直到公元900年才知道金属，当时他们已经迁往尤卡坦（Yucatan）。他们没有黑曜石可供制作石造用具，因此必须和高地人交易以取得黑曜石。玛雅人也没有玉可供制作首饰，这种珍贵的石头同样必须进口。玛雅人的经济基础是农业，农民居住在郊区分散的居住地，以种植玉米为生。

玛雅人不是中美洲地区唯一的文明。墨西哥的其他民族也留下了文明遗迹。墨西哥河河谷中的大城特奥蒂瓦坎（Teotihaacan）建造于公元2世纪，相当于他们的古典时期（150—900年间）初期。萨波特克人（Zapotecs）则开发了阿尔班山（Alban），他们最古老的城市可追溯到公元前6世纪，而在公元前200年到公元150年的前古典时期，他们已经有了文字和历法。年代更早的文明还有墨西哥湾沿岸奥尔梅克人（Olmec）的拉文塔文化（La Venta，前1200年—前400年）和圣洛伦索文化（San Lorenzo，前1700年—前500年）。前古典时期开始于公元前 1800 年左右,但玉米早在公元前第六个千年就已开始种植。前古典时期的农人建立了小型居住地,他们制造陶器、使用纺织机织布、制造石造用具,并使用黏土制作女性塑像。

中美洲农民是狩猎和采集者的后代,族系可以追溯到上旧石器时代北美地区的长毛象猎人。玛雅语使用者的分布地带从尤卡坦半岛沿墨西哥湾海岸一直延续到瓦斯特克 (Huaxteca)。① 他们建立了奥尔梅克文明,而属于玛雅语言的瓦斯特克语,目前在韦拉克鲁斯州 (Veracruz) 北部仍有人使用。传说中表示奥尔梅克人来自塔莫安禅 (Tamoanchan),在玛雅语中是"雨雾之地"②。似乎玛雅人不是来自远方的入侵者。

古代玛雅人来自危地马拉西北部。第一批遗迹建造者于耶稣基督诞生后不久来到低地。他们来到的这片土地不是处女地。第一批居民从公元前 2000 年就居住在此,小型居住地则建造于公元前 1000 年。古典时期的新居民建造了城市及铺设道路。他们也相当擅长航海,贸易范围既广又远,北至坦皮科 (Tampico),南到巴拿马,甚至可能远达南美洲。

科潘和蒂卡尔在古典时期持续开发数个世纪后,建设活动突然中断,显然 9 或 10 世纪出现了不寻常的状况。考古学家在这个"古国"中没有发现年代晚于公元 1000 年的遗迹。玛雅人突然离开他们居住的城市。这个突如其来又无法回头的瓦解使许多考古学家感到困扰。冯哈根 (von Hagen) 提道:

> 玛雅人由数百个城市大举出走不能归因于暴力。虽然玛雅人离开了,但庙宇、祭司宅邸、金字塔和石碑目前依然存在。我们没有发现曾经出现灾难性气候的证据,或是曾经发生毁灭性战争

---

① M. E. Coe., *Mexico; from the Olmecs to the Aztecs*, London: Thames and Hudson.
② M. E. Coe, op. cit.

或传染病的迹象。①

究竟发生了什么事？玛雅人是离开了还是灭绝了？他们为什么离开自己的城市和田地？

有些考古学家试图忽视这个谜，而将这个事件视为正常。他们认为只有仪式中心被舍弃，原因是农民起而反抗"使他们工作过度"的统治阶级。他们的说法不怎么有说服力。农民习惯于工作努力，而且习惯于为活命而努力工作，只有在挨饿时才会造反。我们是否找得到气候变迁造成粮食危机的证据？

关于这点的各方看法不一。干旱一向被认为显而易见。但干旱来来去去，发生的频率相当高。即使干旱持续一段时间，等到雨水再度出现，人类应该也会回到此地。此外，这里也几乎找不到热带森林可能变成荒漠的证据。

另外一派极端看法则认为是降雨太多。雨水过多使树木生长过快，难以砍伐。这派说法认为农民砍伐树木的速度太慢，无法种植作物。这种说法也相当令人存疑。

另外还有其他比较特别的解释。1997年春天我造访宾夕法尼亚大学时，看到另外一个学者观点。这些专家认为可能没有干旱，但雨水可能太多。

我问道："他们没办法砍伐树木吗？"

"不是的。这个民族的动员能力强到可以建造城市，要砍掉几棵树当然不成问题，尤其是这还涉及他们的生计。"

"那他们为什么大举出走？"

"原因是土壤侵蚀。当地农民采行刀耕火种农业，跟目前新几内亚的'新石器时代'农民一样。以灰烬作为作物生长的肥料。因为河谷土地全被祭司或统治阶级占领，用来建造仪式中心，所以穷苦的农

---

① V. W. von Hagen, *Sonnen Konig Reiche*, Th, Knaur, Munchen, 1962.

民必须在丘陵地区耕种。公元9世纪与10世纪,小气候最适期达到最高峰,大雨降临。雨水不断落下,刀耕火种法的土壤被冲刷消失,土地变得贫瘠,没有办法种植作物。"

这个说法相当不错,我差点就相信了,但后来我看到危地马拉低地的相片。那里有波状丘陵,但没有像新几内亚那样切割相当深的峡谷。刀耕火种田地应该会像喀麦隆的草地一样长满绿草,雨量再大也冲刷不走土壤。

没错,玛雅人没有灭绝,而是迁移到其他地方。一项估算认为玛雅有三百万人口。迁走的不只是祭司或统治阶级,而是全部三百万人,而且这次大举出走和粮食生产危机没有关系。

他们为什么离开?又去了哪里?

移民大多朝北方移动。尤卡坦半岛和危地马拉高地的人口于公元1000年后大幅增加。玛雅艺术和建筑在这些国家再度出现。奇琴伊察(Chichen Itza)在公元5世纪时还是小城市,古典时期玛雅消失之后才发展成今日看到的壮观景象。最初的金字塔和城堡是987年之后所建造。

他们为什么离开壮丽的城市和肥沃的田地,到北方建立新城市,开发新田地呢?

有一天,我和来自巴塞尔热带研究所的同事一起旅行时,突然谈到一件事。当时我们聊到全球暖化和所谓的"温室灾难"。

他问我:"现在有全球暖化吗?"

我说:"上个世纪以来,全球平均气温一直小幅提高。"

"你认为暖化的原因是大气中的温室气体吗?"

"我有点怀疑。大气中的二氧化碳含量从上个世纪中以来一直增加,全球气温应该也会相对增加。事实上观测记录显示近一百五十年中趋势曾经逆转三次。"

"那么暖化是自然现象吗?"

"这是很可能的。我们才刚刚脱离小冰川期。"

"所以全球气候会越来越热?"

"如果可以用过去的历史来预测未来,那么气候最暖的最高峰还没来到。"

"我很关心这一点,你知道致命的疟疾吗?"

"我小时候住在中国西南部时得过疟疾,但它不会致命。"

"这种致命的疾病只会经由某种热带蚊虫传染。目前这种蚊虫的分布受限于22摄氏度冬季等温线。低于这个温度,这种蚊虫的孑孓无法生存。目前这条等温线大约位于南北纬10度之间。如果全球平均气温提高,这种病媒蚊的分布范围就可能扩大。"

"大概扩大多少?"

"如果全球平均气温提高1—2摄氏度,这种病媒蚊可能远达南北纬15到20度。这样可能造成大灾难!"

当天晚上我回到家后,拿出地图察看科潘的位置。科潘位于北纬16度,其他更靠北边的玛雅城市都位于北纬20度附近。

全球气候变迁以各种方式影响人类的健康和福祉。有些影响是有利的。气温提高在寒带国家表示冬季会比较温和,从而降低冬季的婴儿和老人死亡率高峰。不过,有许多可预测的影响是不利的。气候变化将会干扰人类根据气候进行调整,以维持健康的身体和生物系统。一篇著名的期刊文章提道:"传播疟疾、登革热、锥虫病、病毒性脑炎和血吸虫病等疾病的生物分布受到气候影响,将改变传染病的发生风险。"[1]

我在巴塞尔的同事说得对。在非洲进行的观察研究显示,气候暖化明显造成疟疾朝高纬度与高海拔地区移动。确实有报告指出,在数个大陆的疟疾病例增加与全球暖化有关。

我找到了! 现在我搞清楚了!

---

[1] Andrew Haines and A. J. McMichael, "*Global Climatic Change: the Potential Effects on Health*", *BMJ*, 315 (1997), 870-874 以及其他人在 *Ecosystem Health* (1, 15-25) 的论文。

玛雅人必须离开遍布森林的低地，是因为这地方生存着病媒蚊。他们必须迁徙到北边的尤卡坦半岛和西北边的高地。玛雅人来到和离开的时间提供了线索。古典时期玛雅人于公历纪元开始时迁徙到热带低地，当时是全球冷化时期的开端。他们在这里居住到公元900年，中世纪温暖期已持续一段时间。以后危地马拉的热带低地更为热了，而冬季气温已降到22摄氏度左右。全球暖化时期来到后，年度最低气温可能高于临界气温，因此孑孓冬天仍能存活。随着气候逐渐暖化，病媒蚊最后可能入侵玛雅帝国。森林变得不适于人类居住，跟巴拿马运河建造者到热带工作时所看到的状况一样。

玛雅古典时期的开始刚好和小冰川期的开端相同。人类从高地向下迁徙，清除森林，整地耕种。人类越来越兴旺，因为气候适宜，土壤又肥沃。人口增加，社会变得井然有序。玛雅人建造金字塔，竖立石碑。特权阶级得以安稳统治，农民则满足地耕种与收获。

玛雅人建造船只，进行海上贸易。他们于公元8或9世纪到达巴拿马，带回病媒蚊。起初这些蚊虫在玛雅的冬季无法存活，但后来气候逐渐暖化，到9世纪末已经开始高于临界气温。22摄氏度等温线朝北移动到北纬20度附近，因此病媒蚊得以存活繁殖。疟疾大流行爆发，人口大量死亡。存活者向北迁徙到气候比较寒冷干燥的尤卡坦半岛和西北方高地，逃离病媒蚊的栖息地。他们重新建造新城市，耕种新田地。古典时期玛雅帝国的土地则被舍弃，再度成为热带森林。

印加帝国的合并

如果我们在阿尔卑斯山前沿由西向东走，会觉得地貌改变不大，因为这里属于同一个植被区和气候区。但如果我们在南美洲的太平洋沿岸由西向东走，很快就会穿越海岸沙漠和河谷绿洲，接着会看见科迪勒拉（Cordillera）山脉的高山、草原和高原，再由东侧一路下降，到达后面的山地和丛林。两者之间的差异其实可以想见，因为阿尔卑斯山是东西走向，安第斯山则是南北走向。

　　降雨有显著差别是安第斯山气候的特色。南方夏季时，因热而形成的低压区在南美洲中部上空形成，由南大西洋吸取水气。在此同时，高原上空的对流活动在安第斯山地区形成降雨。因此，雨水大多在12月到3月之间落下。不过，由西向东的大气环流定期会被厄尔尼诺现象产生的西风所阻挡。这些都是气象事件，而且发生频率在气候变迁时期通常会较高。

　　科迪勒拉山脉的西坡比较干燥。高度低于1800米时几乎完全没有降雨，这使安第斯山的峭壁和太平洋沿岸一片荒芜。有很短的河流由山地流向沙漠。在河流上游可以通过灌溉补足雨水，采用梯田耕作。不过，海岸沙漠居民虽然可以利用特殊的天气状况，但非常依赖海洋资源。举例来说，在厄尔尼诺现象期间，海岸在南半球的冬季经常被浓雾笼罩。有一种特殊的植物称为Loma，可以在此生长，用于喂养牲畜、绵羊和山羊。在厄尔尼诺现象时期，渔民捕到的鱼可能很少，但猎人则因栗色羊驼成群地在雾蒙蒙的平原上觅食而大有斩获。

　　秘鲁与智利安第斯山的冰川在冰川后时期完全退却或消失。不过到公元前2000年、300年和600年左右，冰川再度出现。[1] 冰川出现的时间跟旧世界的小冰川期时间差不多。在气温降低之外，降雨一定扮演了相当重要的角色。同时冰川前进和高原湖泊水面之间的关联相当小，因为水面不仅与冰川融化水量有关，也与降雨量有关。[2]

　　气候对最早期的安第斯山民族影响并不明显，因为他们是以狩猎和采集为生。热带北部和东部的原住民进入新石器时代后，于公元前3000年左右开始制作陶器。不过，秘鲁中北部则是到1800年才开始

---

[1] M. E. Moseley, *The Incas and Their Ancestors*, London: Thames and Hudson, 1992.
[2] M. B. Abbot et al., "Holocene Paleohydrology of the Tropical Andes from Lake Records", *Quzaternary Reasearch*, 47 (1996), 70-80.

使用陶器。的的喀喀湖（Titicaca）和智利北部的民族到公元前1400年后才开始实行农耕。刚开始是采用雨水耕作，但灌溉传入之后，干地也可开发用于耕种。最后，灌溉加上广阔的梯田开拓了陡峭干旱的山坡。①

查文（Chavin）文化在温暖时期相当兴盛。早期查文文化的人工物品年代大多为公元前800—公元300年。高地居所大多位于3000米以上。农民饲养骆马及种植玉米。这个国家在基督纪元开始前不久的全球冷化时期衰亡。查文文化销声匿迹的同时，海岸沙漠民族莫希（Moche）和纳斯卡（Nasca）逐渐兴盛。这些人主要依靠海洋资源为生，但也建造隧道和运河来灌溉作物。

全球冷化末期，厄尔尼诺现象造成的强烈风暴再度来袭，海岸莫希文化没落。新的民族在其后的温暖时期出现，同样擅长在高地耕种。这些民族包括高地中部的瓦里人（Huari）和的的喀喀高原的蒂瓦纳库人（Tiwanaku）。蒂瓦纳库文化的全盛时期为500—750年，正好是莫希文化的没落时期。最后这个高地帝国于1000—1100年完全瓦解，略早于旧世界的小冰川期。

在安第斯山区耕种的成效取决于种植的植物种类、可耕种的土地区域、降雨，以及气温和阳光等因素。在海拔较高、较干燥的科迪勒拉地区，只有雨水充足或是采用特殊灌溉方法的平地可以耕种。的的喀喀湖周围的蒂瓦纳库人成为富有民族，因为他们发明了"垄田耕作法"。垄是人工堆高的长形种植表面，周围是较低的壕沟，壕沟内有不流动的水，作用是维持地下水位高度。垄内填入圆石和鹅卵石，形成渗透性的地下水层，将水储存在其中，以便在旱季让植物继续生长。

---

① B. L. Valero-Garces et al., "Limnogeology of Laguna Mischati: Evidence for mid-to late-Holocene Moisture Changes in the Atacama Altiplano (Northern Chile)", *J. Paleolimnology*, 16 (1996), 1-21.

蒂瓦纳库文化没落的原因是干旱使湖水水面下降，造成地下水位降低，人工地下水层无法储存水分供农业使用。居所迁移到其他地方。最后，新的灌溉技术引进安第斯山高地后，科迪勒拉山脉陡峭东坡上的印加人将取代的喀喀湖畔的蒂瓦纳库人。印加人建造梯田，以便运用由陡峭峡谷流下的急流进行灌溉。他们的村庄，包括著名的马丘华丘（Machu Picchu），都位于山顶，村民定时下山，到山区乡间照顾玉米、可可、棉花和其他日常作物的田地。印加人还在外围建立卫星社区，形成"经济列岛"。这么做的优点在于能在中间的荒地投下最少的水与人力，取得距离遥远的分散资源。

印加人其实是向首先开垦梯田和在陡峭地带进行灌溉的瓦里人学会梯田耕作。他们的开垦技术让他们得以耕种原先利用率相当低的大片土地。瓦里帝国的印加居民居住在山顶，后来变得相当有组织，进而发动征服战争。他们扩大地盘的方式是将被征服者迁离邻近的山顶居住地，安置在地势较低、没有防卫的社区。印加帝国很快就拓展到环境差异极大的多个地区，从海拔大约为 2000 米的山地、高山山谷，一直到海拔高又潮湿的高山荒原。经过一段时间的合并后，印加人从高山下来，征服了秘鲁中部和南部的荒漠低地。强大的沿海国家奇穆是最后被征服的国家，于 1470 年并入印加帝国。

托帕印加（Topa Inca）可说是南美洲的亚历山大大帝。这位天才战术家沿科迪勒拉山脉将帝国领土拓展了 4000 公里以上，从厄瓜多尔中部延伸到智利中部。维系一个帝国一向不容易，但印加统治者的成就相当值得称道。他们延续了瓦里人的传统，这是为了适应兼具全球极端状况的环境条件所孕育出来的国家特质。他们建造了道路，以便在某个地方歉收时可由其他丰收的地方运来谷物补足，因此可以避免发生饥荒。印加政府采取共生关系架构，为全国生态地位差异极大的人民谋福利。来自西班牙的贪婪征服者打断了这场规模宏大的实验，可算是历史上一大憾事。

新世界、新形态

旧世界的历史是以两个地方为中心：东方和西方。中心地带是远东地区的中原，以及西方的地中海地区。这些地方有来自周边地区的入侵，也有从中心地带向外拓展的行动。有寒冷时期，也有温暖的时期。不过，国家的命运不一定是循环的。蛮族永远在周围觊觎，一次次前来侵略。在六百年的一段饥荒期间，蛮族前来劫掠是因为饥饿，但在六百年的富饶期间，他们也一样前来劫掠，原因则是贪婪。

北美地区的内陆平原和美索不达米亚地区或中国的中原地区不同，这里不是北美文明的摇篮，也没有集结中心。大美洲内陆地区不适合居住，对迁徙而言也是障碍。北美大平原不适合原始农业，在欧洲定居者来到之前，只有靠猎取水牛维生的人住在这片干旱的土地。因此他们的文化历史与气候变化关系不太大，但是农业社会则不同。

气候变化时，居住在旧世界经济地区边缘的人向外迁徙。新世界的人类通常也是如此。举例来说，科罗拉多高原边缘的阿纳萨齐人就是居住在边缘地区。没有办法继续耕作时，他们也就离开。同样如此，阿拉斯加的纳德内人以狩猎和采集维生，但在气候变得十分寒冷时来到南方。纳瓦霍人和阿帕契人是小冰川期最后来到的人类，他们占领了原来是阿纳萨齐人留下的农场上。他们的语言属于北美西部到巴拿马的美洲原住民使用的语系。墨西哥的阿兹特克人属于同一个乌托—阿兹特克语群。阿兹特克传说描述了他们流浪了一个世纪，在南方寻找家园。最后他们于 1325 年到达墨西哥河谷，来到他们的先知应许的土地，在特斯科科湖（Texcoco）上的小岛上建立了帝国。

新世界人口迁徙的形态并不是明确的从中心向边缘。戴蒙德（Jared Diamond）特别强调美洲山岳为南北走向，与旧世界的东西走向不同。①美洲科迪勒拉山脉由于是纵向，因此横越山脉方向的差异特别大。不需要长距离迁徙，就会体验到很大的差异。举例来说，印加人不需要下山很远，就灭了奇穆。

厄尔尼诺现象也可能曾经影响南美洲文明，历史学家也将沿海国家的灭亡归因于厄尔尼诺现象的毁灭力。②厄尔尼诺现象和旱灾一样是天气事件，造成的影响应该比较短暂及局部。不过，经常出现的天气事件则可能代表气候转变。厄尔尼诺现象在511年、512年、546年、576年、600年、612年、650年和681年频繁地出现，而在592—596年之间的数十年间，沿海地区则经常发生大旱灾。这些频繁出现的天气事件发生在小冰川期即将结束、中世纪温暖期即将开始时。另一次灾难性的厄尔尼诺现象与旱灾发生于1100年，当时则是中世纪温暖期的全球暖化即将结束。小冰川期结束后，厄尔尼诺现象又变得频繁，分别在1876—1878年、1899—1900年、1904—1905年、1913—1935年、1925—1926年、1940—1941年、1972—1973年、1982—1983年、1986—1988年、1991—1995年、1997—1998年曾经出现。

由于频繁的厄尔尼诺现象通常发生于气候变迁的转变时期，因此国家兴衰与厄尔尼诺现象之间的明显关联，实际上可能是气候由暖转冷或由冷转暖时所造成的影响。举例来说，查文文化和山地高原开始兴盛，是因为温暖时期开始时高地降雨有利于农业。寒冷时期比较干燥，但莫希和纳斯卡可能因为渔业经济而生活得较好。这个通则唯一的例外是小冰川期的安第斯山印加帝国。印加人是优秀的征服者，他们的战争或许也是源于贪婪。相同地，印加帝国的合并建立起共生关系，为生态地位差异极大的不同族群谋福利。

---

① R. T. Keating, *Peruvian Prehistory*, Cambridge：Cambridge University Press，1988.
② 关于秘鲁史前史的简短介绍，我的参考来源是 M. E. Moseley 和 Keating 编辑的专题著作。

欧亚及美洲之外区域

在欧亚与美洲以外地区，我们对于气候与民族的关系还不太清楚，但大体上这关系是存在的。

印度次大陆没有与世隔绝。近四千年来，这里经常遭受来自北方的侵略。雅利安人在所谓的"四千年前事件"后定居在印度河谷。希腊人、萨卡人、安息人和贵霜人在耶稣诞生前后几世纪来到这里。回教徒于中世纪温暖期来到此地。最后是小冰川期的最高峰时，蒙古人从亚洲中部挥军进入。来自遥远北方的人南下来到次大陆，或者是因为家乡十分寒冷又缺乏粮食，或者是来自绿化沙漠的盗贼或骑马的土匪出现在温暖时期，则是因为他们贪得无厌。随之而来的人口以后再向东迁徙，是侵略引发初期移动所造成的骨牌效应。不过也有方向相反的移动出现。使用印度语的人离开印度河河谷，于寒冷的公元最初几世纪到达波斯，成为吟游诗人。后来他们再向北移动，于中世纪到达欧洲，成为吉卜赛人。

印度支那的历史则是一部小国兴亡史。其中最令人印象深刻的是高棉王国，首都位于吴哥窟。高棉人于 10 世纪初开始建造这座城市，当时是中世纪温暖期最温暖的一段时间。高棉王国于 13、14 世纪间消失，首都也于上次小冰川期开始后被舍弃。[①] 吴哥窟的没落相当令人费解。目前在吴哥窟的村庄，曾经是拥有百万居民的城市，这个城市为何被舍弃？

2001 年我造访吴哥窟，寻找气候影响的线索。我发现印度支那的季风气候具有降雨不均的特色。夏季降雨很多，但旱季降雨相当少。缺水可能造成问题，尤其是在人口密集的地方。吴哥窟会不会就

[①] Joseph Greenberg 考证迁徙史的主要依据是语言重建，参见 *Jour. African History*, 13, 189-216。

是因为人类无法克服缺水危机而被舍弃？

年降雨量相当高，但冬季干旱。吴哥窟的人需要的水从何而来？答案很简单：他们必须在雨季集中雨水，储存在地底供旱季使用。

我在吴哥窟的建筑中发现一个特色。庙宇是金字塔形并不出奇，但奇特的是庙宇都有许多天井形的祈祷室。除此之外，庙宇附近还围绕着壕沟和大型人工湖。天井形建筑内部庭院的建造方式相当适合用于集中雨水。水由天井流入庙宇底下的沙和土壤，变成地下水流入壕沟和湖中。雨季时集中形成的地下水相当充足，因此壕沟和人工湖永远不会为维持地下水位而枯竭。百万人口可钻井取水使用，而等到下次雨季来临，又可补足旱季消耗的水。因此，只要维持这套集水系统，缺水问题应该不会出现。①

历史学家认为，吴哥窟王国没落是来自中国西南部的泰国人向南迁徙的结果，而泰国人向南迁徙则是因为家乡被忽必烈征服。不过我想再强调一次"别怪匈奴"。人口移动和高棉王国衰败，更有可能是气候导致。寒冷时期，中国西南部和印度支那地区的季风雨应该会减少。不仅如此，水资源可能管理不当，使问题更加严重。如果集中及储存系统两者没有妥善协调，地下水使用过度和污染就可能使这块地区不适合人类居住，因此吴哥窟的民众必须离开。他们到湄公河沿岸建立居住地，那里一定不会缺水。

亚洲热带地区气温从来不会过低，雨量永远不会过少，因为来自太平洋和印度洋的季风定期造访亚洲南部的半岛和岛屿。马来西亚和印尼的农业经济受气候影响不大。可以想见，气候影响在这些国家的历史中可说微不足道。

相反地，非洲大陆的气候差异和变化相当大。有热带森林、大草原、灌木业区域、沙漠，还有邻近地中海的区域。一万八千年前的冰川时期最高峰，非洲热带地区普遍受越来越严重的干旱侵袭，撒哈拉

---

① Chandler.

地区向南扩大。一万到五千年前的气候最适期，撒哈拉地区是一片大湖。因此，非洲的历史是一部迁徙史，格林伯格和戴蒙德将这段历史描述得十分详尽。

源于气候的历史周期性

我准备将叙述部分告一段落。过去五千年来共有四次气候循环，每次变化的周期为一千二百或一千三百年。大致说来，气候对文明史的影响可以浓缩在一张表格中（参见表一）不过，气候周期的开始和结束并不一定和历史上的时代完全相符。举例来说，罗马帝国开始于希腊罗马温暖期，但罗马帝国持续扩张到公元2世纪，此时标记为"迁徙时代"的小冰川期已经开始许久。

我们是否能建立起一套历史理论，说明人类史和气象史之间的关联？

是否有自然理论可以解释历史上每一千二百或一千三百年一次的近似周期性气候变化？

燃烧化石燃料是否真的会造成气候灾难？

这些问题就是未来四章的主题。

表一　气候变迁及其对文明史的影响

年代	时期	地中海	欧洲中部	欧洲北部	中国	美洲
前2400—前1800年	四千年前事件	寒冷干燥 青铜器时代早期结束	寒冷潮湿 湖水位高	寒冷潮湿 印欧人出走	寒冷干燥 禹（夏朝）	寒冷 旧石器时代
前1800—前1250年	古代文明	温暖潮湿 青铜器时代中晚期	温暖干燥 湖上居民	温暖干燥 青铜器时代	温暖潮湿 商朝	温暖 旧石器时代
前1250—前650年	黑暗时代	寒冷干燥 青铜器时代结束	寒冷潮湿 湖水位高	寒冷潮湿 印欧人又出走，成为瓮棺葬地人	寒冷干燥 商朝结束 西周结束	寒冷 奥尔梅克人
前750—前65年	希腊罗马	温暖潮湿 希腊 罗马	温暖干燥 凯尔特人	温暖潮湿 日耳曼人	温暖潮湿 春秋战国	温暖 查文人
前65—600年	迁徙时代	寒冷干燥 罗马衰亡 哥特人	寒冷干燥 日耳曼部落	寒冷干燥 印欧人又出走	寒冷干燥 汉朝结束 三国南北朝	寒冷 玛雅 莫希 纳兹卡
600—1280年	征服时代	温暖潮湿 阿拉伯 塞尔柱突厥	温暖潮湿 斯拉夫人 阿勒曼尼人	温暖潮湿 维京人	温暖潮湿 唐宋 西夏/蒙古人	温暖 玛雅结束 山脉高原
1280—1860年	小冰河期	寒冷干燥 奥斯曼帝国	寒冷干燥 殖民主义 三十年战争	寒冷潮湿 殖民主义	寒冷干燥 元朝结束 明朝结束 鸦片战争	寒冷 印加帝国 印加帝国结束
1860年至今	现代	温暖潮湿 奥斯曼衰亡 南欧发展	温暖干燥 工商贸易 两次世界大战	温暖干燥 工商贸易	温暖潮湿 战争 灾荒	温暖 工商贸易 两次世界大战

第九章
气候创造历史？

> 那人和他妻子夏娃同房，夏娃就怀孕，生了该隐。又生了该隐的兄弟亚伯。亚伯是牧羊的；该隐是种地的。有一日，该隐起来打他兄弟亚伯，把他杀了。
>
> ——《圣经·创世记》第4章第1节

环境决定论

许多学者发现历史轨迹和气候变迁有关。亨廷顿（Ellsworth Huntington）是这方面的先驱，兰姆则是现代最著名的支持者。环境决定论者的理论基础来自马尔萨斯（Thomas Robert Malthus）于1798年发表的《人口论》。他推测人口会一直膨胀到生存极限，并在饥荒、战争和疾病的影响下维持这个极限。我们可以看到，人类在小冰川期确实遭遇到饥荒、战争和疾病等命运。饥饿的民众起而造反、掠夺、发动战争，或是迁徙到远方。目前已知有四段时期因全球冷化造成的明显的气候影响，分别综述如下：

早期青铜器时代末，前2200—前1900年

早期青铜器时代于"四千年前事件"时结束。前面曾经说明，这个事件不是单一事件，而是连续数个世纪的寒冷气候。这段时间形成

了近五千年间四个小冰川期中的第一个。

气候变迁造成很大的灾害。欧洲北部的畜牧民族在寒冷的夏季无法取得足够的饲料,以便在冬天喂养牲口。农耕民族则因生长季节太短而歉收。粮食需求无法满足。人类遭遇饥荒,必须离开家乡。迁徙行动刚开始规模很小,印欧人随之大规模出走,向外扩散。

美索不达米亚一向是流着牛奶与蜜的富饶之地。由于气候最适期结束,人类不得不放弃美索不达米亚南部的农耕居住地长达三百年。早期青铜器时代文明于公元前2200年左右开始消失,农耕民族一直到前1900年才回到此地。印度的印度河河谷民族也必须离开,朝东迁徙到季风降雨较多的地区。

四千年前事件对撒哈拉地区的民族也是一场大灾难。游牧民族必须向南迁徙到非洲西部的草原地带,或是向东迁徙到尼罗河河谷,最后撒哈拉湖泊于公元前2000年左右干涸。在埃及,新居民和当地民众结合,成为含米特农耕民族。旧王国兴起,后来因寒冷时期到来而式微。

"四千年前事件"小冰川期的开始,也结束了中国一段和平繁荣时期。由于气候由温暖潮湿转为寒冷干旱,水灾因而平息,夏朝的开国君主禹也成为治水成功的英雄。事实上他只是运气好,因为中原地区降雨减少,水灾也随之平息。

这四千年前的气候变化似乎没有大影响美洲地区的狩猎和采集民族。每平方公里的收获量或许有所减少,但可供狩猎和采集的区域有好几千平方公里,因此旧石器时代的传统仍然延续下去。

地中海黑暗时代,东周时代,前1250—前650年

青铜器时代的北欧人在遥远的北方享有干燥温暖的气候。但是气候变得寒冷潮湿后,村民便需要离开居住地。他们离开的时间恰好相当于瓮棺墓地人突然出现在欧洲中部的时间,也就是前1250年左右。由于全球持续冷化,他们流浪到更远的地方。有些人到达法国与西班牙,许多人定居在巴尔干半岛和意大利。其中一个部落色雷斯到达保加利亚，引发一连串效应，最后造成多利安人入侵。迈锡尼帝国灭亡，残存的阿卡迪亚人迁徙到爱琴海沿岸和塞浦路斯。在此同时，弗里吉亚人到达安纳托利亚，赫梯帝国灭亡。海上民族继续前进，到达地中海东部沿岸，地中海世界的青铜器时代到此告一段落。在旱灾、饥荒为害和入侵者压迫下，欧洲和亚洲西部进入了地中海区的"黑暗时代"。

亚洲北部人在历史上第二次小冰川期时同样必须离开家乡。寒冷气候于公元前12世纪来到，也在中国掀起叛乱，推翻了辉煌的商朝。随后建立的周朝君主继续对抗外来侵略和国内叛乱。周朝于公元前8世纪迁都洛阳之后，进入了中国逐渐分裂的春秋时代。

公元前第二个气候变迁，在新世界的史前史上也没有留下什么记录，仅有中美洲拉文塔文化萌芽。气候更冷时，墨西哥湾海岸的绿地也变得无法居住。

迁徙与混乱时代，公元纪年开始—600年

希腊罗马温暖期结束后，全球冷化再度降临。厄尔维几人于前1世纪迁徙到高卢，或许预告了历史上第三次小冰川期的开始。气候于公元1—2世纪更加恶化，日耳曼部落离开波罗的海沿岸。哥特人、汪达尔人、士瓦本人、伦巴底人、勃艮地人、阿勒曼尼人和法兰克人都向南发展，寻找有阳光的地方，也因此和罗马人发生冲突。

在远东地区，公元开始农民起义灭亡王莽，酷寒在东汉末期又迫使饥饿的农民起而造反，以后五胡乱华，大量移民向南迁徙。但在中美洲，气候变冷使玛雅人在热带地区建立帝国，当时寒冷的气候使热带森林变得比较适合居住。在南美洲，莫希和纳斯卡等海岸民族兴起，安第斯山高地的查文文化则步向没落。

小冰川期，1280—1860年

小冰川期来临时，欧洲北部和亚洲北部的民族都无法向南迁徙，

因为较早的移民已经占据了这些地区。因此，欧洲海洋民族的过剩人口被送往海外殖民地，内陆国家的饥饿农民起而造反，或是加入流寇行列四处劫掠。

小冰川期降临北美地区，造成阿纳萨齐农民舍弃科罗拉多州的悬崖住所。他们分批向南迁徙。最后一代移民成为亚利桑那州大屋贫民区中的陶器制作民族。在这段寒冷时期，密西西比河河谷的美洲原住民大量死亡，东北部的强盛部落被欧洲移民征服。在中美洲，阿兹特克人建立王国，在南美洲则有印加人建立帝国。

马尔萨斯的饥饿长征？

马尔萨斯的理论正确地返测了历史上寒冷时期的人口迁徙，但马尔萨斯错误地将饥荒和战争归因于人口压力提高。饥饿的长征者需要离开家乡，即使人口减少时也要这么做。他们离开的原因是气候变迁在生产力处于边缘的地区造成粮食严重短缺。

征服时代

马尔萨斯认为若不加以抑制，人口会呈几何级数（等比级数）不断增加，但生存方式只会呈算数级数（等差级数）增加。因此他假设生产增加跟不上人口增加。但是他没有考虑到气候变迁的可能性。粮食产量在温暖时期可能跟得上人口增加，尤其是在降雨增加使沙漠变成绿地的地区。在饥荒发生之前，过剩的人口可能被组织起来，进行劫掠和征服。因此马尔萨斯又说错了：人口压力并没有造成饥荒，反而造成了贪婪。历史上的温暖时期也是征服时代，这些时期综述如下：

中晚期青铜器时代，前 1900—前 1250 年

巴比伦人、亚述人、埃及人和赫梯人在中东地区建立帝国，领土争议战争因而爆发。特洛伊人、古希腊人和克里特岛人在爱琴海地区

建造宏伟的纪念碑，迈锡尼人的影响力最远可延伸至不列颠群岛①。在中国，在气候和调商朝统治中原富庶地区，历史记载了得意洋洋的征服战争。欧亚大陆是富饶的大陆，但后来气候变寒冷了北方蛮族于地中海区的黑暗时代到来时南下入侵。

希腊罗马最适期，前650—公元纪年开始

希腊罗马时期是一段富足时期，套用吉本的一句名言，人类此时可说是过得舒服极了。腓尼基人和古希腊人首先统治地中海世界，后来由罗马人继承统治地位。在他们的北边，凯尔特人的领土由爱尔兰延伸到安纳托利亚。

罗马帝国统治了西方的文明世界，但罗马人贪心地想征服更多地方。这股动力让他们的扩张一直持续到公元2世纪的寒冷时期。

在远东地区，春秋时代的诸侯和当时古希腊地区的城邦一样"百花齐放"。其后的战国时代发生许多因贪婪而起的内战，后来中国在秦朝和汉朝时代再度统一。西汉皇帝和西方的罗马统治者一样，拥有富饶的领土，但也一样因贪婪而发动扩张战争。

中世纪与唐宋最适期，650—1280年

新的温暖时期开始时，欧洲各地的人口均有增加。阿勒曼尼先锋开垦了阿尔卑斯山地前沿。斯拉夫人来到巴尔干半岛和德国北部。维京人劫掠不列颠群岛，移居到冰岛和格陵兰。拜占庭和基辅帝国向外扩张。阿拉伯人征服中东和北非地区，最远到达西班牙。突厥人和波斯人跟随阿拉伯人向外扩张。十字军劫掠了圣地。中亚地区的沙漠民族建立新帝国。

混乱时代的寒冷时期结束后，中国在隋唐时代再度统一。气候宜人，帝国也相当富庶，文学与艺术随之复兴。在远东，沙漠变为草

---

① Colin Renfrew, *Before Civilization*, London：Random House, 1973, p. 245.

原，成吉思汗及其子孙，征服欧亚。

现代最适期，1860年至今

普法战争开始了新的贪婪时代。数十年间，工业化国家的人口呈几何级数成长，后来才在小康阶级自发性节育下获得控制。富裕国家没有饥荒问题，但财富增加反而鼓动贪婪和"征服的渴望"。20世纪发生了两次世界大战。

第三世界"低度工业化"的农业国家在富足时代反而遭遇饥荒，因为经济作物取代了生存作物，为殖民地主牟取利益。在冷战紧张情势从中取利的区域独裁者，更是恬不知耻地利用饥饿的民众。

诅 咒

我曾经跟费耶阿本德（Paul Feyeraband）学习历史：历史有其必然性，机会则有其特性。气候决定论忽视了人类在现代人类史中扮演的角色。《圣经》没有教导环境科学，但古代部落在人类的劣根性上却高明不到哪里去。《圣经》的第一章"创世记"说明了形成历史过程的四个诅咒。

第一个诅咒是性与人口压力。亚当和夏娃就是因为吃了禁果而被逐出伊甸园。

> 我必多多加增你怀胎的苦楚；你生产儿女必多受苦楚。你必恋慕你丈夫。

亚当和夏娃在伊甸园中靠狩猎与采集快乐地度日。园中有许多猎物和水果。后来邪恶的蛇和人口增加出现。食物需求增加，但提高机会，增加供应，才可平衡增加的人口。举例来说，人口压力造成第一波西伯利亚狩猎民族迁往美洲。没错，上帝是跟夏娃说："你应该生产儿女"，但她的小孩必须寻找新的狩猎地。

第二个诅咒是我们对土地生产的依赖。

神对亚当说：

> 你既吃了那树上的果子，地必为你的缘故受咒诅；你必终身劳苦才能从地里得吃的。

旧石器时代的狩猎民族在动态平衡下维持一定人数，仅在发源地附近狩猎和采集。外在因素反应造成气候大幅变化时，平衡遭到扰乱，智人必须运用头脑发明农业，开始依靠于生产。对农业的依赖首先始于一万一千年前新仙女木期冰川回到中东地区时。① 不过，全世界并不是在同一时间转变为新石器时代农耕。在没有压力的地方，人类并没有改变生活方式。安纳托利亚人一直到八千年前气温下降，雨水不足时才开始改变。② 欧洲人拖得更久，新石器时代的农牧经济首先于七千年前出现于地中海西部地区。③ 欧洲北部当地人继续狩猎采集了一千年，所以当地的新石器时代于六千年前左右开始。前往美洲的移民获得更大的狩猎的机会，一直到公历纪元开始后才转变为农耕。

在远东地区，新仙女木期的气候恶化在中国促成种植稻米。稻米种植开始的原因是温带人类无法取用亚热带的野生稻米，必须照顾自己种植的变种。④ 稻米种植的传播相当缓慢，因为全球变迁对亚洲南部的植物生长影响很小，当地农民食用野生稻米就已足够。稻米首先被中国驯化之后，过了三千年才出现在泰国和文莱。

第三个诅咒是我们对气候的依赖。

耶和华对该隐说：

---

① D. R. Harris ed., *The Origins and Spread of Agriculture and Pastoralism in Eurasia*, London: UCL Press, 1996.
② D. R. Harris, op. cit., p. 558.
③ A. Whittle, op. cit., p. 131.
④ 参见 Peter Bellwood, in Harris, 同前书。

> 现在你必从这地受咒诅。你种地,地不再给你效力,你必流离飘荡在地上。

这种依赖是"耽溺"于农业所导致。全球变迁对狩猎和捕鱼民族影响很小,但是气候变化造成"地不再给你效力"。人类开始流离飘荡。历史上重要的大规模人口移动多半是由气候灾难引发。

在人类只需对抗大自然的地方,历史上的迁徙是和平的。吐火罗人迁徙到新疆的绿洲。阿勒曼尼人开垦了阿尔卑斯山地前沿。斯拉夫农民偷偷潜入人口减少的欧洲。中国的汉族砍去南方的森林。西藏人在西夏的领土建立了殖民地。但是如果"流浪者"侵入了定居族群的地盘,迁徙往往只会造成冲突。

最后一个诅咒是人类的贪婪。

> 那人和他妻子夏娃同房,夏娃就怀孕,生了该隐。又生了该隐的弟弟亚伯。亚伯是牧羊的;该隐是种地的。有一日,该隐起来打他兄弟亚伯,把他杀了。

全球冷化时期的武装冲突大多是因需求而起的战争,但在温暖时期,富足的年代,同样也有冲突。人类的诅咒不仅包括人口过多、"耽溺"于农业以及气候灾难,最大的诅咒就是贪婪。

维京人起来打自己在欧洲的兄弟,杀人掠夺。阿拉伯人、突厥人和蒙古人也起来打自己在亚洲的兄弟,杀人掠夺。他们没有在小冰川期动手,他们没有为了这块土地"不再给你效力"杀人掠夺。他们起来打自己的兄弟,把他杀了,都是为了贪婪。

马尔萨斯的环境决定论举出四个因素:人口数目、生存需求、食物供给土地面积,以及土地产量。我在其中再增加一项:贪婪。五项因素中有三项不可能超过一定限度,地球上的可用土地面积是有限的,土地的产量是有限的,生存需求则有最低限度。但是即使是人口增长,也可加以集体抑制。但贪婪也可以解决问题,却也可能没有限度。气候变化使贪婪是否在历史上扮演重要角色,取决于机会的特性。

贪婪可能是人类的天性。在克罗埃西亚的尼安德特人或中国的北京人头骨上的破损,曾被解释为侵略冲突的证据。有人不这么认为。举例来说,惠特尔曾在作品中提到狩猎和掠夺民族在居住方面有许多策略,包含足够的空间和移动能力。扩散和移动能力有助于降低资源耗尽的风险。另外还有"合作与团结的伦理标准,借此结合所有族群成员。这些民族的社会似乎相当平等,这点可由墓地看出。通过结合人类与自然、活人与死人的概念秩序,进一步强化共享与合作的实际伦理标准"①。

旧石器时代的人类居住在伊甸园内,但贪婪在新石器革命后成为变化因素。新石器时代农耕民族学习到财产权的概念,贪婪也起于私有。该隐杀了亚伯,揭开农业民族和游牧民族间永不止息的冲突。贪婪,或说"对食物或财富永不满足的欲望",正是所有罪恶的根源。

贪婪从小就缠着我们不放。"汉斯丹夫什么都有,但他仍然不满足,一直想要自己没有的东西。"②贪婪也会随财富而升高:一个人拥有的越多,也就越贪婪。文明史就是这段瑞士童谣的最佳例证。寒冷时期后的气候改善,使农业生产增加。其结果不仅是人口爆炸,还带来贪婪爆炸。贪婪的自我主义者竖立纪念碑宣扬胜利。我们在埃及、美索不达米亚、罗马、中国都可看到,伦敦、巴黎和柏林等大城市也都有。

没错,饥饿会引起战争,但贪婪引起的战争更多。

人类命运的骤变

18 世纪后期的两次大革命,产生了两份重要的历史文件。美国

---

① A. Whittle, op. cit., p. 36.
② *Der Hansdampf im Schlaggeloch hat alles*, *und was er will*, *das hatt er nud*, *und was er hat*, *das wiler nud.*

革命促成了美国宪法，法国大革命则促成了马尔萨斯的人口论。这两次革命也产生了两位伟大的领袖：华盛顿和拿破仑。近两个世纪的人类历史轨迹，就在这两份文件的引导和两位国家领袖的影响下展开。这两个世纪的历史究竟是历史的必然，还是机会的特性？

法国大革命是气候在历史上年代最近的一次重大影响。造成革命爆发的背后原因很多，但最主要的是法国没办法喂饱人民。18世纪80年代是小冰川期中最冷的十年，粮食产量相当凄惨[1]，财产分配也不平均。一直到1789年7月14日，民众占领象征皇室暴政的巴士底监狱，法国大革命爆发。8月14日人权宣言发表，提出自由、平等、博爱。欧洲渴望改变的人民，都相当同情这场革命。雅各宾俱乐部成立，英国、德国、奥地利和意大利相继举行街头示威。当然，也有反对法国大革命的反制行动。为对抗反对革命的外国入侵，群众占领杜乐丽宫（Palais des Tuileries），俘虏国王。自愿从军的民众涌入法国军队，革命唤起了民族主义。他们赢得胜利，处决国王，后来军队又遭遇新的挫败。入侵势力威胁着巴黎，极端主义者却趁机夺取权力，实行恐怖统治。最后理性获得胜利，罗伯斯庇尔于1794年7月被推翻。共和议会开始制定新宪法。保皇党曾经试图反扑，但被拿破仑击溃。

1791年，拿破仑是瓦朗斯（Valence）驻防部队的中尉。在恐怖统治时期，拿破仑回到科西嘉岛，但在政治密谋失败后不得不逃走。他于1793年12月在土伦战役中担任炮兵司令，保住了营地。对英国作战胜利后，拿破仑被任命为准将。后来他前往巴黎，没有任何职位，但1795年他的好运降临，透过情妇约瑟芬（Josephine）认识了独裁者巴拉斯（Paul François Barras）。巴拉斯急于镇压保皇党暴动，因

---

[1] D. M. G. Sutherland, "Weather and peasantry of Upper Brittany, 1780–1790", In *Climate and History: Studies in Past Climates and Their Impact on Man*, edited by T. M. L. Wigley, M. J. Ingram and G. Farmer, Cambridge: Cambridge University Press, 1981, pp. 834-849.

此任命拿破仑为内政部部队副司令官。这位年轻将领的火炮打垮了向议会进攻的保皇党叛军。

拿破仑其他的战功在历史上相当著名。拿破仑背叛了革命。他对世界史造成的影响不需一一列举。拿破仑去世了，但对权力的贪婪成了欧洲人的信条。较不为人所知但同样重要的一点，是拿破仑对马尔萨斯的影响。马尔萨斯的人口论影响了达尔文和马克思。现在欧洲的政治信条则是保留在求生奋斗中具优势的种族，或是无产阶级专政的胜利。社会达尔文主义最糟的代表是英国的帝国主义、法国的虚伪、荷兰和比利时的殖民主义、德国的民族主义、俄国的集权主义，以及日本的军国主义。法国大革命留下的是充满专制占据、殖民压榨、世界大战、极权镇压、民族解放阵线，以及国际恐怖行动的历史。

美国独立革命发生于法国大革命前十年。殖民地人民反叛不是因为饥饿，而是为了反抗英国皇室的贪婪。主要争议是税收，比较精确的说法是只能纳税而没有代表权。殖民地召集大陆议会，杰弗逊（Thomas Jefferson）草拟了独立宣言。

杰弗逊于1743年出生于弗吉尼亚州，父亲是农场主人。他在大学时认为，法律是塑造人民文化的利器。他因责任感而从政，历史知识丰富，富命运感。他对政府终结的概念源自于自然定律和天赋权力的信念。他的基督教信仰认为人天生拥有生存、自由和追求快乐的权力。他相信人类拥有自我管理的能力，他相信人类有与生俱来的道德感，可以分辨对错。他认为代议政府必须有富足的经济基础，才能顺利运作。杰弗逊撰写了独立宣言，他的理想也在美国宪法中具体成形。

美国宪法是人类争取自由获得胜利的成果。这部宪法大多源自于历史经验，新概念或实验性做法相当少。不过，建立共和政府的行动却是崭新的实验，没有人能保证这种新式政府会成功。这次实验之所以成功，是因为建立美国的是华盛顿。不仅因为他排除了成为君主的想法，甚至还力抗各界压力，拒绝担任第三任总统。华盛顿是我最敬重的历史人物。

宪法成为美国的最高指导原则。这个国家成为超级强权，证明了美国实验确实成功。

历史结果是可以预测的吗？不能。

那么我们可以通过历史理论返测历史结果吗？同样不能。

环境决定论是科学理论。现代人类因应气候影响的历史应该可以返测。工业革命之前的人类历史多少可以返测。现代历史无法返测，证明环境决定理论是错误的。

杰弗逊或华盛顿是机会使然吗？

杰弗逊并非独一无二。另一位来自维吉尼亚州的绅士或许曾经草拟过类似的独立宣言，另一位来自维吉尼亚州的绅士麦迪逊曾经草拟美国宪法。但是华盛顿是相当独特的。如果阿诺德或伯尔（按：均为美国叛国者）被选为将军或美国第一任总统，美国甚至全世界的历史都可能大为改观。华盛顿的谦逊约束了政治上的贪婪。是对人类历史的一个大幸运。

罗伯斯庇尔和拿破仑是机会使然吗？

拿破仑或许是杰出的军事天才，但另一位能干的将领也可能在法国革命战争中为法国取得胜利。不过我们可以这么问，如果在恐怖统治之前声势较大的是丹东而不是罗伯斯庇尔，法国国王或许不会被处决，拿破仑或许没有机会崛起。不仅是法国的历史，连欧洲历史，甚至全世界的历史可能都会大为改观。

这就是命运的骤变，历史上的机会使然。

科学的历史理论不可能存在，因为贪心在历史上是主要因素。历史结果没办法预测，也没办法返测。不过由于有美国宪法的示范，我们能够缓和或节制贪婪，善良也得以战胜邪恶。

气候确实能创造历史

我们脱离了对农业经济的依赖，气候影响农业，因此近五千年来，气候确实创造了许多历史。我们前面列出了四次带来饥荒的小冰川期，以及四次带来贪婪的温暖期。这样的交替可以视为准周期性，每一千二百年或一千三百年循环一次。自从工业革命后，人类命运跟气候的关联也不是那么明显，但是水资源短缺依然对社会福祉有很大的影响。干旱和饥荒依然是很大的威胁。我们现在破坏环境，是不是又造成气候不稳定的灾难？是不是要了解气候变迁的原因而设法控制气候变化。

第十章
盖亚与它的温室

> 海洋可能会继续吸收二氧化碳，也可能不会。海洋或许会突然饱和，开始释出二氧化碳。如果这样，气候就会大幅反转。如果杀死海中所有浮游生物，或使海洋温度太高，让浮游生物无法生存（因为浮游生物需要凉爽环境），海洋就无法吸收更多二氧化碳，那会怎么样？请证明！这会使海洋温度更高，杀死更多浮游生物，温度再提高，杀死更多浮游生物，温度再提高，形成连锁反应……我们造成气候改变的速度超过自己的想象，我们让地球变得不适于居住。现在我们谈的时间范围是几十年，因此现在的问题是人类可能灭绝，甚至可说是非常可能，而且就在几十年内。
>
> ——轶名环保人士

我一个朋友跟环保人士谈到温室灾难。他离开时十分担忧即将发生的温室灾难。他告诉我："海洋可能会释出二氧化碳，一直到海洋沸腾，造成气候改变，使地球变得无法居住。这是可能的，而且连人类都会在未来几十年内灭绝。"

我告诉他不用担心。没错，温室在调节地球气候上确实扮演重要角色。不过还有盖亚，它会随时留意，让地球温室防止海洋沸腾或冰冻。盖亚赖以维持温度稳定的调温器就是生物进化。

我们的时代本来就是悲剧的时代

劳伦斯在经典小说《查泰莱夫人的情人》开头这么写:"我们的时代本来就是悲剧的时代。……大灾难已经发生,我们身处于废墟之中。……这大致就是康斯坦丝目前的处境,战争让她的天塌了下来,她明白人总得生活和学习。"

我们的处境跟康斯坦丝(Constance Chatteley)大致相同。我们也必须生活和学习。我们该如何生活在这个本来就是悲剧的时代?我们又能学习什么?

我们必须学习,但首先要了解我们怎么进入这个悲剧的时代。

在七十年的人生中,我见闻过许多个人悲剧,有些在意料之外,有些则是刻意为之。但所有悲剧最终的原因,都是人类失去了和神沟通的能力。

百老汇一出卖座音乐剧有一句标语:"上帝已死。"上帝已经被进化论取代:我们的命运已经在天择下预先决定,只有受惠最多的民族能在生存奋斗中存活。进化论成为殖民主义、帝国主义、资本主义、极权专制的正当理由。进化论思想被野心家利用,发动20世纪的两次世界大战。糟糕的是,有些科学家依然相信进化论是自然定律,竞争和天择无可避免。这就是时代悲剧的根本源由。

我在1929年出生,当时中国是"半殖民地"。殖民地或许还有个仁慈的主人,但半殖民地的主人则不止一个。半殖民地的人民必须竭尽全力求生。我们入学时学到的是无神论和进化论,书上说上帝是迷信,宗教是群众的鸦片,威尔伯福斯(Samuel Wiberforce)主教是个笑话,达罗(Clarence Darrow)律师则是英雄。我们的老师来自以进化论学说为基础的师范学院,教导我们要强悍,要自力更生,要爱国。不是我们活,就是别人死。如果没有取得优势,我们就无法存活,别人就会消灭我们。达尔文不是发现了进化的自然定律吗?而具优势的人种不也消灭了血缘上最接近的人类吗？

我们是什么人？

我们是汉族，民族主义领袖这么教导学童。我们是世界上的无产阶级，激进的学生被"自由派"的文化界所迷惑。20世纪的历史就是一部"我们"和"他们"努力求生的历史。

我在念高中时学到达尔文的进化论。达尔文认为天择是创造性的过程，天择提升了生物群体的适应程度。生物史是逐步改良的历史，生物群体之间的竞争是进化的主要原则。我们智人是所有生物中最先进、最完美的。我们获得大自然青睐，是因为我们以往在地球生物史上求生奋斗的过程。

杰出生物学家找不到替代天择的说法，来说服研究自然科学的同僚。举例来说，作品已成为发展现代综合主要学说的知名族群遗传学者史密斯（John Maynard Smith）就曾经预测："灭绝的主要原因是来自其他同类。"他提出令人吃惊的想法。但是化石记录应可证明这个武断的结论是错的，恐龙灭绝的理由跟来自哺乳类的竞争毫无关系！

不了解古生物学的人则盲目附和达尔文的说法。我们研究地质的人则比较了解。学者研究化石记录超过一个世纪后，所得的证据已经足以证明达尔文的基础假设是错的！进化不是天择的历史。生存也不是取决于竞争，灭绝只是因为可居住的地方遭到破坏。化石记录研究者不再认为物种间的生物交互作用是进化的重要因素，对新竞争物种形成或旧物种灭绝也没有决定性的影响。进化基本上是对环境改变所做的反应。①

---

① 我曾在数份期刊中发表我对进化的看法，包括："Environmental Changes in Times of Biotic Crisis" (In Raup, D. M. Jablonski eds., *Patterns and Changes in the History of Life*, Heidelberg: Springer, 1986, pp. 297-312); "Darwin's Three Mistakes" [*Geology*, 14 (1986), 532-534]; "Evolution, Ideology, Darwinism and Science" [*Klinische Wochenschrift*, 67 (1989), 923-928]; "What Has Survived of Darwin's Theory?" [*Evol. Trends in Plants*, 4 (1990), 1-3]; "Uniformitarianism vs. Catastrophism in the Exitinction Debate" (in W. Glen ed., *Mass-Extinction Debate*, Stanford: Stanford University Press, 1994, pp. 217-229). 另外我也针对一般读者，在1986年的《大灭绝》中简要叙述了这些看法。本章中许多参考资料已在以上的论文中列出，这里仅列出最新的参考资料。

为什么达尔文获得"在生存奋斗中保留具优势的种族"这个错误的结论?

世界不会改变是一个错误

赫顿(James Hutton)是地质学的创立者。他设想地球一直存在,没有开始,可见的未来也没有终结。但是,其实地球一直在不断改变,而且这些改变的力量现在依然存在。以前有重力,现在也有重力。流下山坡的溪水侵蚀河谷,现在也是如此。火山一直在喷火,灼热的岩浆在古代岩层上形成玄武岩,现在也是一样。地下的力量形成山,现在这种力量表现成强烈的地震。山丘被冲刷成岩石平台,古代海洋接着向内陆入侵,再留下一层沉积物,这个过程现在也在进位中。赫顿哲学是地质学的基本教义。

后来他的原理是被称为"均变论者"。"均"这个字很快就造成误解。赫顿原先认为自然定律是均一的,如果某一天苹果掉在牛顿头上,但第二天则是飞向外太空,物理学就不会存在。不过,在地质学的发展过程中,"均一"这个词的意义改变了。

19世纪中叶赖尔(Charles Lyell)倡导的均变论,大幅跨越均一自然定律的假设。赖尔描述地球表面处于均一状态。各处都有四季,气候也永远相同。开始没有差别,结束也是一样。赖尔认为地球处于无休止的运动中,地球上的环境则是均一的。

赖尔这么认为,是因为当时的地质学家对自然了解不足。他的假设过于简化,因为他没办法得知过去的改变。由于找不到证据来证明,因此赖尔必须假定地球内部动力从未改变,地球气候从未改变等等。赖尔让当时的人相信什么都没有改变。他反对居维叶的骤变论,而且蔑视假设"以往地球曾经冰封"的人。在许多方面,赖尔的理论都是错的。连他也在活着时承认了"地球以往确实曾经冰封",冰川时代理论可说是常识对学院派的一次大胜利。

欧洲北部和中部原野上，散布着大大小小的怪异圆石。这些石块是谁放的？

大学教授在《圣经》中读到大洪水。他们认为洪水可能夹带冰块，冰块融化后，冰冻的碎片沉到水底。一份《圣经》参考文献解释了瑞士中部地区的怪异圆石。居住在冰川边缘的瑞士农民比较清楚。他们目睹冰川来去，也看过冰川退却后留下的大石块。他们听过格林德尔瓦尔德（Grindel Wald）冰川曾经下山，破坏他们祖先的牧草地的故事。冰川当然也可能更深入河谷，将这些圆石带到日内瓦或苏黎世。

没错，为什么不会？

"不对，这是不可能的。"柏林的教授对学生这么说："如果这些怪异圆石是冰川带到低地的，那么整个瑞士和半个德国当时一定覆盖着冰层。不仅如此，整个斯堪的那维亚半岛和欧洲北部大部分地区也都盖在冰雪下。这种说法太荒谬，这是不可能的！"

为什么不可能？

说不可能是因为这些傲慢的欧洲学者没有经验，也没有创意。一位日内瓦土木工程师在山中看过冰川，而且相当大胆，在19世纪初就想到是冰川带来这些怪异圆石。这个荒谬的假设当然不被当时的科学界接受。只有一位年轻的地质学教授阿加西（Louis Agassiz）能够接受冰川时期这个令人惊讶的假设。

阿加西研究化石鱼群的成果使他成为国际知名学者，也获得同侪的敬重。赖尔在牛津大学的老师巴克兰（William Buckland）前往瑞士，观看阿加西搜集的化石鱼，但阿加西带他到伯恩兹阿尔卑斯山（Bernese Alps）去看冰川冰碛石。这位"地质学教宗"终于相信，而这位来自纳沙泰尔（Neuchâtel）的年轻教授于1847年受邀参加英国科学促进会的会议，向惊讶的听众发表他的发现。

赖尔无法和阿加西争辩，但他贬低了这个发现的重要性，即席提出冰川只是区域现象。赖尔继续表示，没有所谓的冰川时期。他假定两极曾经发生漂移，并且认为冰碛石出现在阿尔卑斯山上时，欧洲位于北极圈内。这位杰出专家没有说服这位瑞士民主主义者，阿加西没有放弃他的大胆的学说。他从欧洲前往新世界，发现大陆冰川作用是全球变迁的现象。以前曾出现冰川期，地球各地气候变得比较寒冷。事实上，冰川期中还分为数次冰期与开冰期。赖尔对世界一成不变的假设，早在他的《地质学原理》（*Principles of Geology*）最后一版发行前就已被证明是错误的。尽管如此，赖尔的错误看法依然被当作真理。我在20世纪40年代开始学习地质学时，还学到赖尔的均变论，当时冰川期理论早已成为典范。

达尔文的错误

《物种起源》一书出版于1859年，但达尔文年轻时乘坐小猎犬号考察时，就有了进化的构想。达尔文注意到地球上的生物外貌有改变，表示生物会进化。事实上，生物进化的观念是他的祖父伊拉斯谟斯（Erasmus）所提出，在达尔文的时代广为流传，但没有足够的理论来解释进化的原因。赖尔曾说，地球环境没有实质改变。但是，地球上的生物确实改变了。如果环境没有改变，生物为什么会改变？造成改变的因素是什么？达尔文感到很困惑。

居维叶假设地球环境上曾经发生灾难性的变化。拉马克（Jean-Baptiste Auguste Lamarck）将进化改变解释为适应环境改变的结果。在拿破仑失败之后，英国人达尔文没有兴趣接受法国人革命性的说法。英国也比较保守，他们不喜欢革命，甚至连改变都不喜欢。在大不列颠强权世界中，英国臣民轻易地接受赖尔的神话，相信世界没有改变。

达尔文推翻了拉马克主义。他在《物种起源》中指出："进化和环境变化无关。"接下来他必须通过不同种类的生物交互作用创立进化理论。

达尔文不怎么尊重古生物学家，也误解了地球生物史上的化石记录。他不理会大规模灭绝和爆炸性进化的科学证据,而宣称进化改变一直是缓慢渐进的。他以马尔萨斯的论点来解释进化:只有具有优势的种族可在生存奋斗中保留下来。华莱士(Alfred Wallace)也读过马尔萨斯的著作,并提出相同的理论。生物外形在天择之下不断进化和进步。以智人这个物种而言,进步已经达到顶峰。由于大英帝国的优势地位,达尔文的理论主导全世界一百五十多年,而且即使他的解释已被科学证明是错的,他的主导地位依旧不变。

进化是地球生物的历史,历史上有旧物种灭绝,也有新物种形成。著名古生物学家劳普(David Raup)估计,曾经存在的物种有99%以上已经灭绝。进化理论必须同时解释灭绝和形成,但达尔文不愿花心思处理旧物种消失的问题。他认为适应较差的种族一定是被最接近的物种消灭。达尔文思想造成种族主义,并为德国的国家社会主义提供虚假的科学基础。

达尔文不理会化石记录,或是地球生物史上的实际证据。他不负责任地表示地质记录有缺陷。依据他的看法,大规模灭绝是人为的记录不完全。现在科学研究已经证明他的看法是错的:大规模灭绝事件曾经一再发生,而决定物种死亡或存活的不是天择而是环境变化。

达尔文被他的地质学家朋友赖尔误导,相信地球环境从未改变。达尔文必须找出促成因素,而物种间竞争的天择则是当时唯一合理的假设。达尔文思想带来灾难性的后果。人类经历两次世界大战,曾经发生大屠杀,直到现在仍有战争和种族净化。20世纪人类遭逢的悲剧,都是由于政治领袖抱持的达尔文信条。但现在学校里仍然教赖尔的均变论和达尔文的进化论,完全不理会20世纪地质学和古生物学的进展。

达尔文是错的,但达尔文主义像福音一样广为流传,因为伦敦是世界的知识首都。适者生存立刻被奉为自然定律,将资本主义的无情竞争加以合理化。达尔文的著作对马克思而言也"非常重要"。它正合马克思的意,因为人类史上阶级斗争的马克思主义思想可以获得"自然科学观点"的支持。20世纪最初几十年，美国学术圈相当流行社会达尔文主义，同样的思想还形成了德国的国家社会主义的理论基础。

当然，达尔文不可能为打着他的名义所做的所有事负责。就如萧伯纳曾经说过，达尔文只是运气好。因为是达尔文主义对很多人的自私行为有好处，他们都可以用这个主义来争权夺利。达尔文的好运却是整个社会的厄运。现在我们知道促成进化的因素不一定是竞争，我们不需要宣扬无情斗争求生的心念。促成进化的因素是与环境变化有关系。生物灭绝的原因是栖息地遭到破坏，可能是缓慢渐进，也可能是快速毁灭。生态栖位释出为新生物外形提供适应和进化的机会。

生态栖息地为什么遭到破坏？造成这类环境变化的力量又是什么？

地球是活的，还好有盖亚

金星是死的。它的表面温度超过600摄氏度，简直就像是炼狱。火星也是死的，表面温度低于零下100摄氏度，地表也没有水可以维持生命。我们的地球是活的，而且有生物居住的时间至少已有三十五亿年。由于海洋从未沸腾也没有完全结冰，因此地球上的生物从未完全灭绝。

行星表面温度取决于三点：一是接收到的太阳辐射热；二是行星表面反射散失的太阳辐射热，即反照率效应（albedo effect）；三是温室气体（二氧化碳与甲烷）保留在行星大气中的反射太阳辐射热，即温室效应。

太阳系刚形成时，太阳提供的热不多，气候学家估计早期地球大气的温室效应应该比现今强六百倍，才能使全球气温维持在目前的范围。三十亿年前，太阳辐射热快速增加，达到目前的程度。但太阳辐射热还是有变化，有几位科学家发现证据，认为太阳能能输出的变化可能是近二十亿年造成地球气候重大转变的因素。

洛夫洛克（James Lovelock）认为反照率效应是影响地球气候的重要因素。他使用白色和黑色雏菊的隐喻和寓言，提出盖亚假说。白色雏菊在世界上占大多数时，反照率会变得相当大，全球气温降低。洛夫洛克预测全球冷化造成的生态影响，是减少白色雏菊的族群数目减少，使黑色雏菊在地球上的分布范围加大。黑色雏菊占大多数时，反照率会降低，造成全球暖化，气候变化则会导致白色雏菊增加。

洛夫洛克以两种虚构植物交替主导世界的假设，阐述一种怪异吸引子的概念：各种物种的兴起和消失，形成了反馈机制，使地球成为自组织系统。洛夫洛克的构想相当流行。

但是白色雏菊是白的，而黑色雏菊是没有的。洛夫洛克只是做一个比方而已。洛夫洛克的构想很有吸引力的原因，是盖亚假说的本质是将地球视为"自组织系统"。古生物记录显示固定碳和释出碳的两种生物交替统治地球，这两种生物可以视为洛夫洛克所说的白色和黑色雏菊。盖亚在实际世界中的怪异吸引子不是太阳能反照率，而是太阳能吸收力或温室效应。我在1998年发表气候与地球生物史之间的关联。我发现了生物进化的过程调节地球温度。①

在金星上，由行星内部释出二氧化碳的速率高于由重力圈散逸的速率。如此累积数十亿年后，金星大气中的二氧化碳浓度非常高，可说和炼狱一样。火星的二氧化碳成长率则是负数：散逸速率高于由火星内部释出的速率。温室效应无法维持适合居住的表面温度，仅存的二氧化碳又结冻成干冰，更使状况雪上加霜。

地球大气中的温室气体浓度一直在变化，这种变化是不断改变的地球生物外形调节地球气候的方式。生物生存时使用二氧化碳和水制

---

① 我认为地球是自组织系统，通过生物进化进行调节的理论，是于1987年在对英国科学促进会的演讲中提出的，专文见"Is Gaia Endothermic？"［*Geol. Mag.*，129（1992），129-141］和 *Gaia and Cambrian Explosion*（Nat. History Museum，Taichung，1996）。本章是针对一般读者介绍科学理论。其中有许多可能违反一般直觉的叙述，有疑问或感兴趣的读者请参阅以上这些科学专文中列出的参考资料。

造糖，生物死亡后尸体腐烂，再变回二氧化碳和水。在理想的碳循环过程中，生物死后释出的二氧化碳应该等于消耗的二氧化碳。如果生物过程没有作用，地球大气应该会充满火山释出的二氧化碳。但实际上这个过程不是完全理想的，生物死后有部分尸体变成化石，成为碳化合物。举例来说，在沿海沼泽中，植物残骸会被碳化。在潮汐滩地，蓝菌和绿菌会形成海藻丛，沉淀出碳酸钙。固定碳的过程是地球上最常见的沉积过程：来自死亡植物的碳变成煤，类绿菌沉淀出来的矿物质则形成石灰岩。

　　地球化学证据显示，地球大气中的二氧化碳从来没有过多，也没有过少。地球上的碳循环可以比做市场经济中的货币循环。货币过多会造成通货膨胀。利率提高会抑制借贷，因此可将货币保留在联邦储备银行，造成通货紧缩。通货紧缩可能造成经济衰退，甚至导致经济萧条。因此银行必须适当介入，适时降低利率，再度提振经济。以科学名词来改写这段经济文字，我们可以说大气中二氧化碳过多会造成地球温度上升。在地球气候过热之前，可能埋藏化石碳的生物会统治地球。这类生物可说是"冷气机"，它们能除去大气中的二氧化碳，降低全球温度。全球冷化最后可能导致冰川时期来到。不过盖亚一定会介入，在适当的时候，造成温室气体增加的生物会进化出来，统治地球，这类生物可说是"暖气机"。地球上的生物进化就是"冷气机"和"暖气机"两者交替，形成与调节地球上的气候改变。

　　金星是死的。如果以往上面曾有生物，那么这些生物由行星碳循环中取出火山释出二氧化碳的效率显然不够高。金星变得越来越热，可能曾经存在的生物都灭绝了。火星也是死的，但几十亿年前或许有生物存在。火星最早的生物可能是某些细菌。不过，火星的二氧化碳持续流失，温室效应不足，无法防止火星冰封。最后火星死了，生物也无法继续存活。

　　火星死亡的时间可能是三十亿年前。当时太阳辐射的能量比现在少了许多。没有温室气体的有效保护，火星随之死亡。地球逃脱了火星的命运，当时地球的大气温室效应一定强了数百陪。当时的温室气体是什么？盖亚又是怎么做到的？

地球仍健在都是盖亚的功劳

气候是我们生存的重要环境因素。生物无法在金星的高温下生存，也无法在火星的酷寒中生活。地球上有生物，因为盖亚给了我们"地球调温器"。世界上的海洋从未沸腾，也从未完全结冰。

我推测盖亚的调温器是能调节地球大气中温室气体浓度的生物。温室气体如果消失，地球会成为"冰室"，形成大陆冰川。如果温室气体太多，地球又会变成"暖室"，使两极地区冰帽融化。因此，生物的碳循环扮演重要的角色，避免了地球完全冰封或完全无冰。

大陆冰川来到之后留下冰碛石当作证明。代表北半球上次冰川期的冰碛石在斯堪的那维亚、欧洲中部和北美地区都曾发现。代表更外古代冰川作用的冰碛石在古老的岩层中也可找到。有些是区域性，有些则分布得相当广，必须视为全球显著冷化的证据。最近一次全球冰川期是更新世，这个时期地球上的生物外形与现在最接近。在这次冰川期之前，三亿到三亿五千万年前至少有一次冰川期，六亿到六亿五千万年前还有一次。三亿年前称为石炭二叠纪，因为代表冰川作用的冰碛石是在所谓的二叠纪和石炭纪岩层中发现。六亿年前则是前寒武纪。

冰川时期不是连续长时间的寒冷气候。更新世为时约二百万年，但不是一直非常寒冷。欧洲和北美地区只有在冰期时才覆盖在大冰帽下。冰期之间有间冰期，间冰期的气候比较温暖，甚至可能比现在还温暖。事实上，目前我们有可能是生活在间冰期，未来可能还会出现冰期。

目前我们将冰期和间冰期交替出现归因于控制地表太阳辐射热通量的天文因素。不过一定还有根本的原因，因为地球的气候必须冷却到一定程度，天文因素才能引发冰期与间冰期交替出现。根据许多地质学家的看法，上一次冰川期的根本原因，是近一亿年间地球大气中的温室气体减少。但是另一种学说认为，温室气体增加，造成北极洋积冰融化，而冷湿空气流到高北纬度，造成大雪堆积而成大陆冰川的冰期。

目前大气中的二氧化碳浓度仅约为万分之三。二氧化碳能吸收太阳辐射热，就如温室的玻璃一样，使大气温度提高。理论计算显示大气中的二氧化碳增加一倍，会使地表温度提高好几摄氏度。如果大气中没有二氧化碳，地球表面温度将会降低。我们有科学证据证明大气中的二氧化碳与气候有关，但二氧化碳的浓度为什么会改变？

这个变化是为了平衡供给和需求。地球二氧化碳的根本来源是火山喷发。如果火山喷发物质全都进入大气，那么大气中的二氧化碳将在几千年内增加一倍。即使一部分火山喷发物质从地球大气散失到太空去，大气中的二氧化碳仍然会增加。金星上应该出现过这样的稳速增加现象，但地球历史上却没有出现过这种现象。地球大气中的二氧化碳浓度在近四十亿年间有高有低，但一直维持在一定限度内。

这是为什么？

我修改了盖亚假说，不是白黑雏菊而是二氧化碳量是受地球统治生物控制的。火山是碳的供应者，而生物是消耗者。举例来说，光合作用植物会在细胞内将大气中的二氧化碳转换成碳水化合物。生物死亡后，组织腐烂，又转换成二氧化碳和水，再释回大气中。不过前面曾经提过，死亡组织不一定会完全氧化。来自火山的二氧化碳年输入量，大致和沉积物中碳化合物的沉积量相当。因此就整个地球历史而言，大气二氧化碳浓度从未大幅波动。不过，因为不同生物的种类的发展，而且火山喷发和碳沉积之间也不是完全平衡。大气中的二氧化碳浓度因此也可能会随地球统治生物外形进化而提高或降低。

盖亚的"怪异吸引子"

地球化学研究显示，近三十五亿年间，地球上的活生物总量大致相同，但在进化过程中，活生物的种类一直在改变。由空气中的二氧化碳吸收碳，再将碳埋藏在地下的生物，是盖亚的"冷气机"。将碳化合物转换成二氧化碳或甲烷，加强大气温室效应的细菌，则是盖亚的"暖气机"。

金星和火星没有这样的"冷气机"或"暖气机"来调节表面温度。金星现在温度极高，火星则温度极低。地球之所以适于居住，是因为地球生物的历史可以看做"冷气机"和"暖气机"来来去去的历程。

刚开始，大约四十亿年前，地球上生物极少或完全没有。火山产生二氧化碳的速率相当高，原始世界的大气几乎和金星相同，温度高到无法居住。

这时盖亚介入了：要有"冷气机"。

原始大气含有氮化物、二氧化碳和甲烷，但是没有氧。唯一能在这种极度缺氧环境下生存的生物是厌氧细菌。厌氧细菌死亡后，残骸应该再变回二氧化碳和水，但有一部分成为化石。变成有机碳埋藏在地下。埋藏速率略高于火山释出的速率，结果造成大气中二氧化碳逐步减少以及全球冷化。

到了三十亿年前，厌氧细菌的"冷气作用"太强，危险的寒冷威胁随之而来。

盖亚再度介入：要有"暖气机"。

产甲烷菌就是暖气机。这种细菌食用缺氧环境中的碳酸钙，制造甲烷，这种温室气体的效果甚至比二氧化碳还好。十五亿年后，地球又太热了。

盖亚必须第三次介入：世界又需要冷气机了。

蓝菌，或称为蓝绿藻，现在在潮汐滩地形成海藻丛。它们行光合作用时造成石灰泥沉淀，石化后变成石灰岩。六亿年前，蓝菌同样效果太强，地球又几乎变成大雪球。

盖亚再次介入：要有"暖气机"。

软虫和类似水母的动物变多了。它们将逐渐居于主导地位，软虫仍以吃蓝绿藻维生。现在这几种"暖气机"携手努力，打赢了战争。地球进入和暖时期，"寒武纪大爆炸"即将展开。冰川作用结束时，也是软体动物统治地球的时间。这种动物称为"艾迪卡拉"（Ediacaran），名称源于初次在澳大利亚发现这类化石的地点。

艾迪卡拉破坏了四处可见的海藻丛群落，结果造成二氧化碳释入大气和钙进入海洋。现在艾迪卡拉也做得太过分了，地球太热了，盖亚又必须制造"冷气机"，进化发展似乎出现了生物"大爆炸"。

真的有大爆炸吗？

多年以来，寒武纪地质岩层以下一直没有发现过化石。一般认为生物是在五亿五千万年前寒武纪开始时突然出现。不过令人困惑的是，动物界绝大多数族群都有化石出现在寒武纪。似乎这些不同生物是同时出现，"寒武纪大爆炸"一词也是用来描述这种现象。即使是古尔德（Stephen Jay Gould）这类新进化论者，也认为生物是突然出现。

宗教基本教义派紧抓这个证据，论为这就是上帝同时创造所有生物的证据。

不过，所谓的大爆炸只是表象，而不是事实。地球生物实际上诞生于三十五或四十亿年前，连动物也是十亿年前开始进化。不过，身体没有坚硬部分的动物很少形成化石。隐藏在潮汐滩地底下的软虫，留下了形成化石的软虫踪迹。首先发现的骨骼化石是海绵，硅质的针状体在八亿年的岩石中形成化石。当时海水是对硅质能饱和，对碳酸钙不能饱和，所以不能有普通的碳酸钙的骨骼化石。

中国和世界各地近年来发现许多软质部分印在泥土上的化石，在不同时间出现，这些新发现显示，某些最初出现在寒武纪的骨骼化石，其实已经进化了五亿年，只是它们的祖先没有钙质骨骼。"寒武纪大爆炸"不是生物突然出现。"大爆炸"只代表生物构造的革命性发展，而这项发展是起因海水突然碳酸钙饱和，所以许多生物能以用它来做骨骼化石而可保存下来。有骨骼生物突然出现，也可能不是巧合。它们之所以如此进化，是因为盖亚需要冷气机。

在"寒武纪大爆炸"之后,生物继续发展。坚硬部分的形态不断改变,出现了许许多多新物种。改变一直是渐进的。偶尔环境会出现严重干扰,发生大规模灭绝。最后存活者的后代找到栖位,重新在世界上生活下去。

早期古生代相当温暖,盖亚需要更多"冷气机",因此出现了陆地植物。温暖的低地树木丛生。树木不断生长,由空气吸收二氧化碳,树木死亡,碳变成煤埋藏在地下。

盖亚的冷气机再度做得太过头。热带森林在石炭纪生长时几乎完全耗尽大气中的二氧化碳,结果导致三亿五千万年前的石炭二叠纪冰川期。

盖亚的"暖气机"进化出来了。热带森林在冰川期酷寒中无法存活,被冻土植被和沙漠植物取代。稀少的植物死亡后,它吸收的二氧化碳也能送回大气,火山活动则提供更多的温室气体。地球温度可以再次提高。两极冰帽融化,陆架海洋淹没了大陆。

极端温暖的气候并没有形成良好的居住环境。海洋的热分层现象造成周期性洋流停滞。氧通常借助海洋循环由海面到达深处,供海底的需氧生物呼吸。一亿到一亿五千万年前的停滞现象,造成海水缺氧,危害海洋生物,最后导致海底动物大量死亡。

盖亚又必须介入了!它再度找来已有相当效果的"冷气机"—树木,不过这次是另外一种,也就是显花植物。光合作用吸收大气中的二氧化碳。另一种"冷气机"——钙质浮游生物也进化出来了。这种分布极广的微生物吸收海水中的碳酸钙,形成石灰岩。

植物和钙质浮游生物造成大气中的二氧化碳耗尽。近一亿年间,全球温度逐渐降低。最后到四千万年前,南极冰帽形成扩大。南极冰帽的开始扩张、南极底流(AABW)也使温度更加降低。不仅如此,南极底层水的流动更将营养带到热带,使钙质浮游生物更加茂盛,更进一步减少地球温室气体。地球越来越冷,终于二百万年前大冰川期来临,北半球各大陆开始冰封。

时间与机会

盖亚稳定了地球气候。厌氧细菌于三十五亿或四十亿年前开始降温。产甲烷菌由三十亿到三十五亿年前开始加温。接着是蓝菌降温,持续到六亿年前。艾迪卡拉动物群介入,使地球没有变成大雪球。全球暖化可能相当快速,五亿五千万年前发生了寒武纪大爆炸。无脊椎动物首先进化出来,接着是脊椎动物,最后是陆地植物。热带沼泽变成煤,三亿五千万年前,大气中的二氧化碳几乎完全耗尽。冰川前进,地球大部分地区被冰雪覆盖或变成冻土或荒漠。火山供应的二氧化碳没有完全被固碳生物吸收,盖亚的温室恢复作用。气候变得非常温暖. 所以显花植物和钙质浮游生物于一亿五千万年前开始进化,盖亚最新的冷气机效果相当好,最后二百万年前大冰川期来临。现在我们智人统治地球,一直在燃烧化石燃料。我们人类是盖亚最新的暖气机吗?

盖亚的怪异吸引子造成的气候变迁有历史的必然性。不过,寒冷与温暖时期持续的时间都比历史上的气候时期长得多,循环也不规则得多。盖亚的温室会不会也受到机会的特性一再干扰?会不会就如环保人士所说,海洋中的浮游生物有一天会全部死亡?地球气候会不会热到海洋沸腾,让各种生物都无法生存?

没错,生物史上确实有机会使然的时候。地质史上有短暂的"死劫海洋"①时期。但是海洋从来没有沸腾过,盖亚自然有办法保护地球。

不巧的是,六千五百万年前白垩纪末期,一枚彗星撞击地球。撞击坑洞直径超过200公里,蘑菇云应该高达数公里。当时造成连续数

---

① "死劫海洋"这个词指的是地质史上近乎完全没有生命的海洋。原文Strangelove,源于一部科幻片中想发动核子战争的角色"奇爱博士"。参见 K. J. Hsu and J. A. McKenzie, "A 'Strangelove' Ocean in the Earliest Tertiary", *Am. Geoph. Union. Geoph. Mono.*, 32 (1984), 482-492。

年黑暗，地球上所有光合作用全都停顿，包括海中的钙质浮游生物。落尘污染导致海洋酸化。pH 值改变使浮游生物无法繁殖。生物帮浦故障，使大气充满二氧化碳，造成温室暖化。这种状况曾被环保人士引用，借以警告大众温室灾难的危险。

> 如果杀死海中所有浮游生物，或使海洋温度太高，让浮游生物无法生存（因为浮游生物需要凉爽环境），海洋就无法吸收更多二氧化碳，那会怎么样？请证明！这会使海洋温度更高，杀死更多浮游生物，温度再提高，杀死更多浮游生物，温度再提高，形成连锁反应……我们造成气候改变的速度超过自己的想象。①

这个恐怖景象其实太过夸大，因为还有盖亚。

的确，钙质浮游生物停止生产应该会引发食物链崩溃。海洋生物族群应该会大幅减少。如果这个状况到达顶点，海洋可能几乎毫无生气，形成死劫海洋。

地球历史上发生过这种状况吗？

有。六千五百万年前曾有死劫海洋。发生在地质史上其他几次生物危机时。科学家研究海洋生物骨骼的碳同位素成分时发现了证据。②

它是否造成气候迅速变化？

是的。生物危机发生后，海洋温度在数百年或数千年间提高了 5 摄氏度左右。科学家研究海洋生物骨骼的氧同位素成分时发现了证据。③

海洋曾经沸腾过吗？

---

① 这篇环保人士的演讲词 "The Future of Human Kind on the Planet Earth" 由 Daniel Gish 誊录。
② K. J. Hsu and J. A. McKenzie, "Carbon-isotope Anomaly at Era Boundaries", *Geol. Soc. Am.*, *Specical. Paper*, 247 (1990), 61-70.
③ K. J. Hsu, "Terrestrial catastrophe caused by cometary impact at the end of Cretaceous", *Natrue*, 285 (1980), 201-203.

没有。海洋从未沸腾过。海洋温度迅速提高后会迅速下降，因此十万年间的平均值和正常的平均值相差无几。

盖亚如何防止温室灾难？

钙质浮游生物大量死亡后，养分没有消耗，累积在海水中。因此造成某些浮游生物大量增加的条件。它们的生物功能是减少大气中的二氧化碳，以及稳定海水的酸性。科学家研究生物危机后沉积物中的浮游生物群聚时发现了这种科学证据。[1]

彗星撞击是否曾经能造成长期影响？

当然有！六千五百万年前白垩纪末期，地球遭到彗星撞击，海洋中的钙质浮游生物几乎完全灭绝。两极地区的养分仍被送往热带水域。另一种吸收矽土而不吸收碳酸钙的单细胞生物放射虫，成为主要浮游生物。由于它们不由大气吸收二氧化碳，因此大气的温室效应越来越强。全球温度持续上升约二千五百万年，我们可以说盖亚的冷气机故障了，一直到四千万年前始新世末期才恢复。最后，钙质浮游生物族群复原，气候恢复冷化，造成最近一次冰川期。

盖亚是几亿年周期性的调温器，但盖亚的温室不是我们唯一的。太阳神也有周期，她也可以有千百年周期性变化的调整地球的温度。

---

[1] K. J. Hsu, "Cretaceous/Tertiary Boundary Sediment", *Geol. Soc. America*, *Special Paper*, 229 (1988), 143-154.

第十一章
太阳与气候

> 在为时数十年乃至数百年的长时间自然气候变迁中,太阳扮演了重要的角色。
> ——霍伊特(D. V. Hoyt)和沙滕(K. H. Schatten),
> 《太阳在气候变迁中的作用》(*Role of Sun in Climate Change*)

近年来的观测显示日射量(solar irradiantce)会随太阳黑子循环周期变化,黑子周期越长,日射量越低;黑子周期越短,日射量越高。起初很小的差距经过回馈机制放大,造成多次高频率的气候变迁循环。将这些因素综合起来之后,就是科学上有记录、人类历史上也可印证的一千二百或一千三百年循环。

太阳的关联

我从1994年开始追寻历史上气候变迁的根本原因。气候变化模式已经相当清楚:从近五千年历史上发生的四次小冰川期可以看出,先是六百多年的全球冷化,接着是六百多年的全球暖化[①]。

[①] 曼德布洛特(Benoit Mandelbrot)在《大自然的分形几何》(*On Fractal Geometry of Nature*)一书中将舒适和寒冷时期称为"约瑟效应",这源于《圣经》中约瑟在埃及时经历七年歉收后随之七年丰收的故事。这个周期是比较短的。

这些历史上气候变迁的原因究竟是什么？

影响地球气候的三个变数分别是温室效应、反照率效应，以及太阳能输入。盖亚的温室或许产生了造成冰川期的重大变化，但冰川期每隔几亿年就会出现一次。但在每一个冰川期时代还有几万年周期的冰期和间冰期。举例来说，在更新世冰川期中，气候是以二万三千年、四万年和十万年的周期在冷暖间摆荡。这些周期与米兰科维奇循环（Milankovitch cyclicity）有关，也就是在地球环绕太阳运行时，太阳能输入值会有变化。[1]气候与太阳循环之间的相关性，显示出太阳的关联。但是历史上一千二百年或一千三百年的周期显然太短，无法以盖亚的温室效应或米兰科维奇循环来解释。另一方面，为时一千年左右的交替间隔，又显然比厄尔尼诺现象、太阳黑子或干旱的循环周期长上许多。历史上的变化相当显著，在冰核、山岳冰川的前进和退却、湖泊水面的上升和下降，以及冰川冰块或湖底沉积物中的尘土层中，都可以观察到相关的记录。这些变化对文明史和语言的扩散都有很大的影响，在某种程度上也影响了人类的进化。

电脑专家曾经计算近年来大气二氧化碳增加所造成的温室效应。不过，他们的假设没办法用于解释历史上很少燃烧化石燃料的时代为何也有气候变化，也没办法解释大气二氧化碳浓度变化的证据。再排除了温室效应之后，剩下的可能性只有地球的反照率或太阳能通量的变化。

我和加州理工学院的翁玉林教授讨论过这个问题，他跟我提到他的海王星光度研究工作。近几十年来，有三次光度循环与太阳黑子周期有关。[2]行星的光度就是行星反照率效应的值，因为太阳能被反

---

[1] J. D. Hays, J. Imbrie and N. J. shackleton, "Variation in the Earth's Orbit：Pacemaker of the Ice Ages", *Science*, 194 (1976), 1121-1132. 另外一本针对一般读者撰写的优秀书籍是 *Ice Ages：Solving the Mysteries*，作者为John and kathryn Palmer Imbrie，出版于1979年。

[2] J. I. Moses, M. Allen and Y. L. Yung, "Neptune's Visual Albedo Variations over a Solar Cycle", *Geophys. Res. Lett.*, 16 (1989), 1489-1492.

射,会使行星的光度增加。翁教授考虑一个可能性:由太阳黑子周期形成的循环性太阳能流量,加上由行星光度可以看出的反照率回馈机制,造成了地球历史上的气候变化。

但变化是怎么产生的?有没有证据可以证明太阳与气候有所关联?

寻找太阳黑子周期和气候的关联曾经是相当受喜爱的休闲娱乐。亨廷顿就曾经写过这方面的书。[1]他引用许多不正确的资料,得到很少人敢再提起的许多可笑结论。最后提出气候随太阳活动变化的理论。亨廷顿的理论是错了,但二十个世纪以来科学已经进步很多了,太阳的关联还是没有能排除。[2]

我联络了苏黎世瑞士联邦理工学院天文学教授斯滕弗卢(Jan Stenflo)。斯滕弗卢相当谨慎,他认为太阳活动的小幅年度变化应该不会对全球气温有直接影响。但另一方面他也同意,太阳的影响不是线性的,些许异常可能触发反馈机制。举例来说,周期性的反照率变化可能形成雪球效应。太阳黑子活动造成反照率提高,导致冬季提早下雪。冰雪覆盖的地表反照率提高,又造成气温进一步下降。如此持续一段时间后,原本无足轻重的太阳变动,就可能使地球气温大幅降低。斯滕弗卢还进一步让我注意到弗里斯—克里斯滕森(Friis-Christensen)和拉森(Lassen)最近的发现。这两位丹麦科学家发现,近一百五十年来的全球气温周期变化确实与太阳有关联。[3]

我们都知道20世纪的全球平均气温和温室效应无关。大气二氧化碳浓度一直在提高,但其中有数十年的全球冷化,使20世纪的全球暖化趋势中断。20世纪60和70年代的冷化时期,造成了不小的恐

---

[1] E. Hungtinton, *Earth and Sun: An Hypothesis of Weather and Sunspots*, New Haven: Yale University Press, 1923.
[2] 参见 D. V. Hoyt and K. J. Schatten, *The Role of the Sun in Climatic Change*, Oxford: Oxford University Press, 1997。
[3] J. Gribbin, "Climatic Change—the Soloar Connection", *New Scientist*, 23 (1991), 22.

慌。有几位作者预测小冰川期即将来临。①不过全球平均气温又开始上升时②，这些书很快就淹没在"温室灾难"的集体歇斯底里中。

菲利克斯（Robert Felix）最近寄给我一本他写的书，书名是《不是火而是冰》③。他在书中告诉我们，我们看到雪花应该感到害怕，因为下一次冰川期可能随时会开始！可能是下星期、下个月、明年，冰川期一定会到来，只是时间问题。菲利克斯以自己不隶属于任何大学、科学机构或企业为荣，但也就是因为他没有这些身份，所以他的书学术水准不够。尽管如此，这本书的出版，更凸显出这个题目的争议性：到底全球是在暖化，还是小冰川期即将来到？最近我很惊讶地发现，许多专家也有这样外行的看法。前国际海洋物理科学学会书记长斯蒂芬森（R. E. Stephenson）在报告中提出四百五十位科学家在五次气候变迁研讨会中的结论，表示过去一百四十年来海洋没有暖化的趋势。④斯蒂芬森的说法当然太过极端。20世纪的全球暖化现象已经相当明确。不仅如此，我们还必须解释过去的温暖与寒冷时期。排除其他可能性之后，剩下的只有太阳关联这个假设。

太阳黑子极小期

希腊的默冬（Meton）认为在太阳上的黑点较多时，希腊下雨的日子也比较多。⑤从此以后，许多人提出了太阳黑子与气候的各种关联，有的是对的，有的则是错的。其中有一个通过考验获得普遍认可的说

---

① Lowell Ponte, *The Cooling*, London: Prentice Hall, 1976; R. A. Bryson and T. J. Murray, *Climate of Hunger*, Madison, Wisc.: Univ. Wisconsin Press, 1977.
② S. H. Schneider, *Global Warming*, New York: Vintage Books, 1990; R. Gelbspan, *The Heat Is on*, New York: Addison-Wesley, 1997.
③ R. W. Felix, *Not by Fire, but by Ice*: Bellevue, WA: Sugarhouse Publishing, 1977.
④ R. E. Stephenson, *The American Almanac*, October 1977 (www.members.tripod.com/-american_almanac/sources.htm).
⑤ 如需参阅此处及以后讨论的参考资料，请参见 Hoyt and Schatten, 同前书。

法，是两百年前由施瓦贝（Heinrich Schwabe）所提出的。他发现太阳表面黑点数目有变化，而且其变化有循环性。后来史密斯（C. P. Smyth）和斯通（E. J. Stone）发现太阳黑子数目和全球气温呈负相关，他们以为太阳黑子较多时，气候比较寒冷。其他人并不赞同，有数百篇论文跟着发表。其中以科彭（Vladmir Koppen）的论文最为杰出。他将讯号和杂讯分离后，发现不仅有负相关的时期，也有正相关的时期：

1600—1700 年，负相关
1720—1800 年，正相关
1800—1840 年，负相关
1840—1880 年，正相关
1880—1920 年，负相关
1920—1965 年，正相关

　　正相关间隔一百二十年或八十年再次出现，而负相关则是间隔二百年或八十年再度出现。看起来似乎有某种循环性，但讯号太过复杂，难以理解。

　　不仅是不同时间间隔的资料有不同的相关性，正负转变似乎也与风向有关。举例来说，拉必兹（K. Labitze）和鲁恩（H. van Loon）发现，吹西风时，太阳活动和两极气温呈正相关，吹东风时则是负相关。为什么会这样，没有人知道！

　　除了太阳黑子数目的循环，还有时间长达两倍、四倍乃至于八倍的气候循环。其中最为人所知的是美国西部、欧洲和非洲地区的二十二年干旱循环，资料可上溯到公元 1600 年。从尼罗河记录和中国与中世纪观测记录所得的统计数字，可以得到稍有不同的结论：有为时十至十二年和二十至二十二年的短周期，也有为时七十七年或八十年的长周期。这些变迁可能与太阳能输入的变化有关，但它的循环太短，无法和造成大规模历史冲击的千年循环相比。

中国天文学家从汉朝就已开始观察太阳黑子。不过有系统的观测要等到1607年望远镜发明之后，才在欧洲展开。从此以后，德国、英国和意大利的天文学家都开始进行研究，但第一个重要贡献是施瓦贝发现太阳黑子的十年周期。黑尔（Geotge Hale）使用分光镜分析发现，太阳黑子出现的原因是较低的温度和强磁场。

传统上认为太阳黑子是不祥的象征。蒙德（Ed Maunder）对太阳黑子活动和气候之间的关系做出有趣的推论。这位英国天文学家指出，1645—1715年，也就是小冰川期最寒冷的八十年间，观察到的太阳黑子相当少。埃迪（John Eddy）于1976年再度让我们注意到蒙德的发现。他创造出"蒙德极小期"这个词代表太阳黑子活动最少的时期。埃迪认为在长时间静止期时，地球温度降低，而在中世纪气候最适期太阳黑子活动最多的时期，地球比较温暖，并于20世纪再度变得温暖。

为什么会这样？

有一组相关的观测是全球平均气温和太阳黑子周期长度之间的相关性。20世纪曾经进行经验性的观测。克洛（H. W. Claugh）曾经分析公元300到1900年的记录，发现周期长度不一定是十一年，可能短到七至八年，或者长到十二至十三年。不仅如此，长短周期的交替似乎也有周期性，周期长度为八十三年或三百年。从此以后，太阳周期长度变化和气候之间的关系已由弗里斯—克里斯滕森和拉森的观测结果证实。最近两次全球冷化分别出现于1870—1900年和1945—1975年，这两段时间的太阳周期也较长。这两位丹麦科学家发现了日射量变化造成这种现象的证据。太阳黑子周期较长，日射量减少时，北半球年平均气温较低。1800年出现最低0.5度的异常现象时，太阳能不足量大约为每平方米3瓦，也就是比平均值低了千分之二左右。这样的能量不足现象再经过反馈机制放大，造成了缔造历史记录的温度差异。

在蒙德极小期时，太阳黑子周期长度无法测量，因为此时完全没有太阳黑子。它的长度可能是极小期前的时间，延续十五、十四、十二、十五年。在太阳黑子周期特别长的时期，气候十分寒冷。因此可以返测证宾弗里斯—克里斯滕森和拉森的结论：太阳黑子周期较长时，气候比较寒冷。

还有一个现象可以反映以往的太阳活动，就是碳十四同位素推测日期与实际日期的误差。由于以碳十四推测日期所假设的前提是碳十四的生成速率恒定，以及其放射性半衰速率恒定，因此推测日期很可能与由其他方式估算的日期相差很多。科学家也在找寻这类误差与太阳活动之间的关联。[①] 戴蒙德和桑奈特以这种方法确认出五段太阳活动极小期，分别是1300年左右的沃夫极小期、1500年左右的史波尔极小期、1700年左右的蒙德极小期，以及1800年左右的达尔顿极小期。这几个极小期都是出现在上一次由1280—1860年的小冰川期中。相反地，前一段温暖时期，也就是1100—1280年（中世纪最适期），则是太阳活动较多的时期（中世纪极大期）。

中国历史上也讨论过太阳黑子活动极小时期。中国历史和欧洲历史的资料大致相符，中国的观测状况为：

1780—1818年　观测到一些，对应于达尔顿极小期（1780—1820年）

1720—1779年　观测到逐渐增加

1667—1719年　清初极小期，对应于蒙德极小期（1645—1715年）

1556—1666年　明末极大期

1388—1555年　明朝极小期，对应于史波尔极小期（1400—1550年）

1356—1387年　明初极大期

[①] P. D. Damon and C. P. Sonett, "Solar and Terrestriall Components of the Atmospheric C-14 Variation Spectrum", in C. P. Sonett et al. eds, *The Sun in Time*, Tucson：Univ. Arizone Press, 1991, pp. 360-388.

1278—1355 年　元朝极小期，对应于沃夫极小期（1250—1350 年）

1076—1278 年　南宋极大期，对应于中世纪极大期（1100—1250 年）

对应结果显示中国历史资料相当有价值。距今一千年以前的中国历史记录比较不准确。即使勉强算是有周期性，也相当不规则：

974—1076 年　北宋极小期
807—974 年　唐末曾经观测到
513—806 年　唐朝极小期（566—579 年曾经观测到）
478—513 年　北魏极大期
401—477 年　六朝极小期
187—400 年　东晋极大期
17—187 年　东汉极小期

我们可以从历史上推断出来，在两次小冰川期，也就是 1280—1860 年，以及公元前 60 年到公元 600 年这两段时期之间，太阳活动处于极小期，而在中世纪温暖期时，太阳活动较多。[①] 另一方面，两者之间并没有很准确的线性相关。

共振与差频

我于 1991 年在加州理工学院担任客座教授时认识翁玉林教授。他当时在那里任教，但每个星期都来听我的课。几年之后，我开始研

[①] K. J. Hsu, "Sun, Climate Hunger, and Mass Migrateon", *Science in China*, 41 (1998), 449-472.

究气候变迁与太阳的关系时,在美国加州帕沙迪纳又遇到他。翁教授帮了我很大的忙,因为他也发现了同温层云层厚度和太阳黑子周期间的关联[1]。他甚至还提供给我科学上的解释。和云室中凝结的水蒸汽一样,同温层的水蒸汽比较容易在带电粒子周围凝结。在太阳活动极小期,较多的带电粒子可以进入大气,被地球磁场困在其中,凝结的水蒸汽更多,使云变得更厚。云层变厚减少太阳能输入,使太阳黑子极小期时的全球气温降低。经过一连串推论之后,翁教授获得了结论,我断定他发现的效应相当小。

"但这个效应可能会被回馈机制放大。"

"什么回馈机制?"

"例如 ENSO。"

"ENSO 是什么?"

"就是厄尔尼诺现象南半球震荡。我们发现云层循环与 ENSO 循环有关。"

"但 ENSO 的周期是两到三年,远比太阳黑子周期短得多。"

"这就是关键所在。你知道傅立叶分析吧?"

"知道啊,但它跟气候有什么关系?"

"19 世纪初的法国杰出数学家傅立叶发明了一种数学分析方法,证明周期性波动实际上是数个振幅、频率和相位的正弦波的总和。ENSO 和太阳黑子循环是两个高频率正弦波,在太阳活动和气候中还有其他循环。有二十二年周期的干旱循环、有八十到九十年周期的葛氏(Geissberg)循环、有八十五年和三百年太阳黑子周期循环。历史上气候变迁的长周期一定来自各种频率的循环性事件的总和或共振。"

我从帕沙迪纳回到家中时相当困惑。我不懂为什么高频率振动的

---

[1] Kuang Zhiming, Jiang Yibo and Yung Yukling, 1998, "Cloud Optical Thickenss Variations during 1983-1991: Solar Cycle or ENSO?" *J. Geoph. Reserch*, galley proof copy from Yung.

共振会产生低频率，甚至也不确定自己完全了解共振。我翻开字典查了"共振"这个词，不过没什么帮助："共振"是"发生共振的特性"，而共鸣（指声音）是"由于振动或反射增强而使音量增加"。

什么振动？又是什么反射？

我又查了百科全书。"共振"是定义为物理学名词："代表声音因谐振而延长或增强"。

谐振又是什么？

我问了我儿子，他是一位职业钢琴家："安德鲁，请问什么是共振？什么是和谐振动？"

"当你在钢琴上按出一个音，你听到了一个声音，这个基本声音称为基频 f_0。但其中不只是这个声音，另外还有泛音或谐音，频率是基频的二倍、三倍或四倍，这些称为谐振。以音乐术语来讲，我们说一个音的高频谐音和另一个音的高频谐音是共振。"

"可以举个例子吗？"

"你知道和弦是什么吗？"

"你是说和音吗？我不是很懂。"

安德鲁走到钢琴前，弹出一个大三和弦。"这个和弦由 C、E 和 G 三个音组成。"

他继续说："中央 C 的基频 f_0 是每秒振动 261.63 次。"并在纸上写下来：

C 谐音的泛音频率为：
f_0、$2f_0$、$3f_0$、$4f_0$、$5f_0$；
E 谐音的泛音频率为：
$(5/4)f_0$、$2(5/4)f_0$、$3(5/4)f_0$、$4(5/4)f_0$、$5(5/4)f_0$；
G 谐音的泛音频率为：
$(3/2)f_0$、$2(3/2)f_0$、$3(3/2)f_0$、$4(3/2)f_0$、$5(3/2)f_0$；

"安德鲁，等一下，我跟不上了。E 谐音为什么是 $(5/4) f_0$、$2 (5/4) f_0$ 等等？"

"C-E 是音程，我们称为大三度音程。音程是以两个音的频率比来表示，这个比例通常是两个小整数的比例。举例来说，大三音程的频率比为 5/4，也就是 E 的基频与 C 的基频比例为 5 比 4。C-G 音程是五度音程，频率比为 3/2。C-C′ 的音程当然就是八度，比例为 2/1。"

"这跟共振有什么关系？"

"耐心点，我会讲。现在和弦你懂了吗？"

"懂了，继续吧。"

"另外一个频率 f_b 称为和弦的基础低音。和弦中每个音的谐音是另一个音的整数倍。C 的基频是基础低音频率的四倍，也就是 $f_0 = 4f_b$。"

"等一下，我对数字反应没那么快。"

"好，我还是写下来好了。如果用 f_b 取代 f_0，就可看到

C 的谐音频率为：

$4f_b$、$8f_b$、$12f_b$、$16f_b$、$20f_b$、$\underline{24f_b}$；

E 的谐音频率为：

$5f_b$、$10f_b$、$15f_b$、$20f_b$、$25f_b$、$30f_b$；

G 的谐音频率为：

$6f_b$、$12f_b$、$18f_b$、$\underline{24f_b}$、$30f_b$、$36f_b$。

现在可以看到，C、E 和 G 的所有谐音都是整数倍，或是基础低音 f_b 的谐音。

"按下比中央 C 低两个八度的琴键时，"安德鲁边说边按下和弦，"听见基础低音和泛音了吗？"

"那又怎样？你还没解释共振。"

"好，按下 CEG 和弦时，C 的第五谐音的频率是基础低音的二十

倍，和 E 的第四谐音的频率相同，这两个音就是形成共振的谐振。"

"另外还有 C 的第六谐音和 G 的第四谐音共振，还有 E 的第六谐音和 G 的第五谐音共振。"

"这样表示你懂了。共振会使音量加大。高频率泛音的共振会使这个音听起来特别明显。"

"好，你说比较明显的高频循环可能来自两个以上频率较低的循环的泛音共振。现在我知道共振是什么了。高频率（每两年半一次）的厄尔尼诺现象南部海洋循环，可能是像太阳黑子循环这类低频率循环（每十年一次）和某种海洋循环的共振结果。但我想知道的不是这个，我想知道高频率循环如何结合形成低频率循环。"

"你想知道的是差频，而不是共振。"安德鲁提出建议。

"那差频又是什么？"

"差频是两个频率较高的声音形成的低频音，差频的频率就是这两个频率的差。"

"这是什么意思？"

"假设我敲一支音叉，它的振动频率为每秒六次，接着再弹一条弦，振动频率为每秒五次。除了这两个声音之外，我还会听见低频杂音，振动频率是六减五，等于每秒一次。这就是两个振动的差频振动。"

"我们在为钢琴调音时就会听见差频，"安德鲁继续说道："举例来说，音叉发出的 C 音频率为每秒 261.63 次。声音不准的钢琴的 C 音频率可能是每秒 259.27 次。频率差是每秒 2.36 次，这就是差频的频率，我可以听到这个声音。我听到差频时，就调紧钢琴琴弦，让钢琴发出的 C 音同样是每秒 261.63 次。如此一来，这两个音波会发生共振，我就听不见差频，表示钢琴调音完成。"

"安德鲁，这真的很有意思。所以你可以将两个频率非常相近的波结合起来，产生周期很长的波。"

"这样表示你懂了。管风琴制造者就是运用这个原理来制作管风琴。如果用一支管子来产生非常低的音，管子的直径必须非常大，往往大到不容易制造。不过可以用两支大小适中的管子产生的高频音造成差频,借以产生基础低音 C 的低频率。"

这堂音乐课让我体会到大自然的复杂。大自然有各种高频率循环:太阳黑子循环、干旱或洪水循环、葛氏循环、太阳黑子周期循环、太阳黑子极小期循环等等。没有单一个循环机制和气候变迁对应,而是许多种循环加总的结果。大自然中有共振,也有差频。高频率循环的总和可能形成千年周期性变化。我在想,一千二百或一千三百年周期循环是否可能是十年或一百年周期循环结合而成的差频?

太阳神

1996 年我在科罗拉多矿业学校任教时,正在研究"太阳的关联"。当时我拜访了住在堪萨斯州的老朋友麦克尼利(Jesse McNellis)。晚餐时我正和杰西和法兰谈到我的气候与文明记录。杰西听得很细,还说他的朋友佩里(Charlie Perry)也很感兴趣。我们打电话给他,但他正好到外地了。我回到苏黎世一两个月后,收到一个包裹,佩里寄给我一份他的论文《太阳光度模型与古代气候资料之比较》[①]。

佩里提出的理论认为历史上的气候循环与太阳活动有关。他假设十年周期的太阳黑子循环为基础循环,这个循环的二次方倍数为二十、四十、八十、一百六十、三百二十、六百四十、一千二百八十年,这样的几何级数称为基础谐波。其中最多到五次方的谐波组合,可以形成周期为三百二十年左右的气候变化。依据佩里以电脑程式计算的结果,要形成千年周期的循环,必须加入六百四十和一千二百八十年的高次方谐波。

千年周期为什么必须以太阳黑子周期的基础谐波产生,我写信给佩

[①] C. A. Perry, "Comparison of a Solar-luminosity Model with Paleoclimatic Data", Ph. D. Diss. Kansas University, 1994.

里请他解说。佩里于1999年8月来找我。他一向相当热心，刚刚参加过关于气候变迁的国际研讨会。他说现在专家们与前几年的普遍看法不同，现在有很多人愿意接受气候变迁可能是因日射量变化造成的说法。

我给了佩里一份我的初步原稿。依据历史日期，他写了一个基础谐波的电脑程式来建立气候模型。在执行运算时，他采用了全球气温与太阳黑子周期长度成反比的假设。他假定上次冰川期的周期为十二年，冰川后时期的周期为十年，用电脑绘出近二万五千年间的气候变迁理论曲线。[1]透过这种方式，他列出公历纪元开始以来的小气候最适期和小冰川期：

现代气候最适期：1830—2000年

小冰川期最寒冷期：1600—1830年

小冰川期中的温暖期：1450—1600年

小冰川期寒冷期：1280—1450年

中世纪最适期最后温暖期：1200—1280年

中世纪最适期的寒冷期：950—1200年

中世纪最适期的最温暖期：550—950年

公历纪元初的小冰川期：公元1—550年

他还能建立黑暗时代和四千年前左右两次小冰川期的气候模型。

这个模型与实际状况大致符合，但有微小的差异。举例来说，佩里的模型显示现代气候最适期开始于1830年。英格兰等人则指出"1400到1800年这段时期通常称为小冰川期"[2]。19世纪有两次

---

[1] C. A. Perry and K. J. Hsu, "Geophysical, Archaeologyical, and Historyical Evidence Support a Solar Output Model of Climate Change", *Proc. Nat. Acad. Sci.* NAS, 97 (2000), 12433-12438.

[2] M. J. Ingram, G. Farmer and T. M. L Wigley, "Past Climates and Their Impact on Man", in *Climate and History: Studies in Past Climates and Their Impact on Man*, edited by T. M. L. Wigley, M. J. Ingram and G. Farmer, Cambridge: Cambridge University Press, 1981, pp. 3-50.

冰川前进，小冰川期的结束可以定在第一次前进1830年（或第二次前进1865年）。我选择定在1860年，是因为阿尔卑斯山冰川从这个时间开始稳速退却。我们可以选择第一次退却的日期。事实上，格陵兰冰核的氧同位素分析是同意了佩里的返测。研究显示19世纪初的数十年非常寒冷，而目前的暖化趋势则开始于1830年左右。①

中世纪最适期的开始也不是很明确。佩里的模型将开始时间定在550年。依据斯堪的那维亚林木线变化和冰川前进所得的资料显示，当地暖化早在至少600年就已开始②。不过冰核资料则显示温暖时期开始于700年③。加拿大和密歇根州花粉资料指出，最温暖时期为700—1300年之间④，但阿拉斯加的冰川和林木线则显示温暖时期为500—800年之间。若不是暖化现象并非全球同时出现，就是记录的精确程度有限。从气候对历史的影响看来，暖化应该开始于6世纪末或7世纪初的变动时期。斯拉夫和阿勒曼尼人迁徙到不易耕种的地区。维京人开始劫掠及迁徙。阿拉伯人离开沙漠，建立帝国。维吾尔人离开蒙古北部。羌人建立西藏王国。隋朝和唐朝在五胡乱华之后再度统一中国。为了方便起见，我将600年定为中世纪最适期的开始。如果未来的科学研究获得一致结论支持，佩里提出的550年，我很愿意接受他的看法。

许多古代文明崇拜太阳神。他们的生活比我们现代人更接近大自然，相当了解太阳神的力量。以往的科学家太过低估日射量对气候的影响。体认太阳扮演的角色不是为了推卸我们对盖亚的责任，而是让我们更谦逊。我们连短时间的天气都没办法影响，我们跳求雨舞对改善旱季没什么帮助。认为我们燃烧化石燃料会改变地球气候的想法，

---

① S. C. Porter, "Glaciological Evidence of Holocene Climatic Change", in *Climate and History: Studies in Past Climates and Their Impact on Man*, edited by T. M. L. Wigley, M. J. Ingram and G. Farmer, Cambridge: Cambridge University Press, 1982, pp. 82-110.
② 几位斯堪的那维亚半岛科学家的著作，引用者为Ingram等人，同前书。
③ Dansgaard与其他人的著作，引用者为Ingram等人，同前书，p. 18。
④ 北美地区科学家的著作，引用者为Ingram等人，同前书，p. 18。

只是凸显了人类的自大。我们不了解太阳神的喜怒。近一百五十年来的全球暖化或许不一定和工业产生二氧化碳造成的温室效应有关。斯帝芬森曾经提出：

> 尽管汉森（Jim Hansen）、萨根（Carl Sagan）、施奈德（Stephen Sohneider）、安德森（James Anderson）、所罗门（Susan Solomon）、罗兰与莫利纳（Rowland and Molina）、雷德福（Robert Redford）、史翠珊（Barbra Streisand）、美国前总统卡特、罗马俱乐部、联合国环境规划署、1992年里约地球高峰会、蒙特利尔协议、京都协议、世界观察组织、绿色和平组织、世界野生动物基金会、英国菲利普亲王，甚至美国前副总统戈尔大声疾呼，人类并没有成为一种地球物理力量，也没有创造任何方法或产物，形成全球暖化。①

他的说法或许是错的，但我们还没办法证明他是错的。20世纪的全球暖化很有可能是太阳能输出变化的自然结果，因为我们刚刚脱离小冰川期。

佩里的电脑模型预测21世纪趋势将会逆转。在24世纪下次小冰川期到来之前，全球冷化将成为趋势，中间还有些许起伏。如果未来五十年内全球暖化趋势没有缓和，我们就可确定燃烧化石燃料确实是主要因素。我们应该保持警觉，尽力降低全球二氧化碳排放量。反过来说，暖化趋势也可能如佩里预测一般逆转过来。现在判断两千年以来欧洲北部冬季最寒是不是偶发现象还言之过早。有趣的是在英国下了一星期雪，就足以让触角敏感的媒体科学家警告我们下次冰川期可能到来。如果他们说对了，如果佩里预测的全球暖化趋势即将反转是

---

① R. E. Stephenson, "The American Almanac", October 1977, www.members.tripod.com/-american_almanac/sources.htm.

对的，我们必须承认太阳神的威力无边，连盖亚的"暖气机"——人类都难以抵挡。

在此书德文本出版后，十年全球温度变化从 2000 年后似乎缓和，但并不如佩里的分析的预测之多，同时气候研究也证明了问题是非常复杂的，从北极洋冰溶化看来，全球气温变暖是有了很大的表现，但长期的后果是很难预测的，是否如尤因（Ewing）和杜恩（Dunn）的学说推断，北极洋冰溶化后造成冷湿气流使北欧北美冬季大雪过多，走上大冰期的路线？

第十二章
气候学的意识形态、宗教与政治

> 上帝离开人类也能存在，如果人类不会变化发展，求得生存，那神秘力量也会让他们灭种绝代的。
> ——劳伦斯，《恋爱中的女人》(Woman in Love)

意识形态是一套信仰和崇拜，说明拥有超乎常人的控制能力时，意识形态就会变成宗教。气候学是研究气候的科学。不过，气候学已经遭到政治的污染，被行动派人士用来倡导自己的意识形态。我在前面十一章中谈的都是气候学，现在要来谈谈意识形态、宗教和政治，作为本书的总结。

温室暖化还是温室冷化？

地球上的状况并不是永远不变，例如气候就有起伏波动。近一亿年的长期趋势是由两极地区无冰的温暖时期进入最近的大陆冰川作用时期，并且持续恶化之中。人类是在地球进入冰川期时进化出现，我们的祖先古代智人和尼安德特人同时生活在最近一次冰川期中。曾经覆盖北美和欧洲北部大部分地区的冰帽，于一万五千年前开始快速融化。一万年前新仙女木期冰川前进之后，冰川期结束。现代人类生活在温暖时期，也可能是间冰期，下一次冰川时期或许正在逐渐逼近。

我对全球冷化的恐惧在 1981 年到新西兰拜访巴雷特（Peter Barrett）时缓和下来。他和美国同事在罗斯海冰棚钻了三个钻孔。钻孔深入海底超过 500 米，科学家得以一窥这片南半球大陆的远古气候。

两百万年前，北极圈覆盖在冰雪下，但南极洲在四千万年前已经覆盖在冰雪下。从那时到现在，冰帽扩大缩小了许多次。上次冰川期，罗斯海冰棚一直冰冻到海底。后来气候比较温暖，现在只有一部分的冰棚固定到海底。

巴雷特警告我："如果全球暖化趋势持续下去，罗斯海冰棚就会脱离，到时应该会发生灾难。"

"什么样的灾难？"

把冰块丢进全满的玻璃杯，水会溢出来。罗斯海冰棚离开陆地，这么一大块冰漂到南部海洋，全球海平面一定会上升。许多沿海城市会被淹没，而且会快到让人措手不及！

"全球暖化趋势为什么一定会持续下去？我还觉得下次冰川期很快就要来了。"

"如果大自然有机会依照自己的步调运作，当然有可能这样，但我们干扰了大自然，工业产生的二氧化碳逆转了趋势。"

"为什么？我认为大气二氧化碳增加会使云层变厚，降低地球气温。我在念书时，钱伯林（T. C. Chamberlin）还认为火山排出的二氧化碳是上次冰川期的元凶[①]呢！"

"许教授，不是这样的，"巴雷特不耐烦地打断了我，"你的想法过时了，电脑模型研究结果完全相反。大气中的二氧化碳和甲烷等温室气体会吸收由地球表面反射的热。温室效应会造成全球暖化，而不是冷化。"

为了跟上最新的气候学发展，我查了许多资料。巴雷特的说法是

---

① T. C. Chamberlin, "An Attempt to Frame a Working Hypothesis of the Cause of Lacial Periods on an Atmospheric Basis", *J. Geol.*, 7（1989），545-584，667-687，751-787.

对的，电脑研究告诉我们，温室效应造成全球暖化。我很快就相信工业产生二氧化碳造成了全球暖化。①

核能电厂和气候变迁

我年轻时住在美国，一家石油公司雇用我。人类燃烧化石燃料产生能源，这个产业由此获利，但这种方式非常浪费！该公司的资深工程师赫伯特（King Hubbert）相当担忧我们会在几世纪内烧完几亿年间积存下来的石油。我们前往美国各地，宣传燃烧化石燃料的错误。不仅如此，燃烧化石燃料还会造成污染和温室效应。赫伯特希望使用洁净燃料，也就是核能，我也相当赞同他的看法。

即使对政治不怎么热衷，我还是一直有个印象，认为反核行动的发起者都是反对核子战争的左派反战分子。我女儿开始佩戴"我们不要核能"的牌子时，我认为她的想法是"妇人之见"。但后来接触过核能产业人士之后，我改变了想法。

第一次接触是我担任联合国核废料处置专门小组成员的时候。20世纪80年代中期，我收到国际科学联合会议（ICSU）秘书长贝克（Jim Baker）的一封信，告诉我伦敦倾废公约通过决议，中止海底核废料处置。不过，如果有科学家专门小组一致建议解除中止，并经会议多数通过，可以恢复倾倒。因此，国际海洋总署要求组成这样的专门小组。国际原子能总署（IAEA）将提名十六人，ICSU则提名八人。当时我担任国际海洋地质委员会主席，贝克请我加入这个专门小组，并且提出其他人选，尤其是来自发展中国家的科学家。

成员共二十四人的专门小组成立，我们于1986年在维也纳首次开会。

---

① 参见 Chen-tung Chen and Ellen Drake, "On Carbon Dioxide Increase in the Atmosphere and Ocean and Possible Effects on Climate", *Ann. Rev. Eargh Planet. Sci.*, 14 (1986), 201-235。

议程中第一项任务是认定放射性对健康的危害。

当时有三派看法：

一是如果放射性剂量低于临界值，放射性对人类无害；

二是放射性对健康的危害与放射性剂量成线性比例；

三是放射性对健康的危害与放射性剂量成指数比例。

根据医学专家表示，依据目前的证据显示，其相关性为线性。同时我们也得知，不论剂量多么小，放射性都是有害的。在海底弃置放射性废料造成的微小放射性剂量不断累积，最后会让某些人在某些地方于某些时间死于癌症。这样的死亡数字与自然放射性造成的癌症死亡数字相比之下很小，甚至可以说非常小，但风险确实存在，而且无可否认；倾倒废料会造成某些人于某些时间在某些地方死亡。

我们接着讨论在深海海床倾倒放射性废料，放射性是否会回到生物圈。令我惊讶的是，专门小组中居然有不同的看法。数学家认为没有这种可能，但是海洋学家都知道有深海循环现象。深海一样有风暴，原因是异常天气状况扰动了通常相当平静的海底，将深海海水带回较浅的地方。这项讨论很有意思，但不同的专家坚持各自的偏见。

经过两天资料交流后，我们开始讨论《伦敦倾废公约》提出的重要问题：

> 依据你看到的资料，继续将放射性废弃物倒入海洋是道德的行为吗？

这是不道德的，我很确定。

我们知道没有所谓的放射性临界值。倾倒废料将使放射性剂量回到生物圈，造成某些人在某些地方于某些时间死于癌症。我们倾倒废料造成别人死亡，就是杀人，就算不是二级杀人，至少也是过失杀人。杀人是不道德的。

第十二章　气候学的意识形态、宗教与政治

不过，我的看法很快就被掩盖下来，IAEA专家主导的态势相当明显。ICSU科学家是学术人士。他们是学者，不是废料倾倒这类实际事务的专家，他们的见解没有特别的利害关系。相反地，IAEA专家是所谓的"内行人"。他们在核能产业工作，或是在主管核能产业的政府机关任职，因此拥有相关专业。他们之间相当熟识，形成了联合阵线。IAEA十六位专家相继发言，否认倾倒是不道德的行为。他们说：

> 倾倒放射性废料造成的癌症死亡数字比自然界放射性造成的死亡数字少得多。
> 能源是现代社会不可或缺的资源，核能是无可取代的。因倾倒放射性罹患癌症死亡的人不是白白死亡，他们是为全人类的福祉牺牲。
> 倾倒废料造成的放射性剂量累积到致死程度的风险比坐飞机遇难的风险小得多。这么微小的风险可以接受。
> 现在已经有放射性废料，你们觉得该怎么处理？将核废料储存在陆地上不比倾倒在深海来得道德。

我很清楚这些说法，我看过报纸，也看过电视。但是IAEA专家还是不停地争辩。ICSU科学家，尤其是来自第三世界国家的科学家胆怯了，他们顺从了比较懂的人。两小时后，主席宣布专门小组达成共识，在深海倾倒核废料不是不道德的。

在这个关头，我站了起来：

> 所谓共识是所有人一致同意某个观点。我们现在没有达成共识，因为我不同意。杀人是不道德的，更何况被杀的人完全不想成为杀人的营利者的牺牲品。

主席惊呆了，他必须达成共识。IAEA 的专家们反而因为"陪审团一个人的坚持"而恼羞成怒。他们开始大声咆哮：

每个人都必须接受风险，尤其是风险这么小，你没坐过飞机吗？

你坐在椅子上接受到的放射性比倾倒产生的放射性还多。

你们瑞士最糟糕了。你们的核能电厂为奥地利人发电，你们在大西洋倾倒核废料。

我必须回答这不是风险问题，也不是放射性多少的问题，这是道德问题。我承认我们"瑞士最糟糕"，但我代表的是国际海洋学会，不是瑞士政府。

争辩继续下去，但我并没有因来自各方的攻击而让步。最后主席必须接受没有达成共识的事实。报告中表示这个问题无法回答：

我们是科学家，因此没有资格进行道德评判。

我并非完全同意。我们每个人都可以进行道德评判。但是，我没有继续反对，而是勉强接受了这个折衷结果。

不过这个问题并未就此结束。一年后，我们再度在伦敦集会，准备完成我们的报告。这项为期数天的工作内容主要是修改文件中的只字片语，辛苦但相当制式化。最后一天，政府代表以观察员身份列席参加。星期五下午三点半左右，我们即将在喝完最后一次下午茶后最后一次会议。此时主席宣布，来自三国政府的代表提议小幅更动报告。他们提议的内容分发下来。我很惊讶地发现所谓"小幅更动"的内容不空行地打满了五页，而且还要我们在午茶时间读完这些内容，在最后两小时决定。

政府代表只是观察员，他们没有权力修改我们的报告，当然更没

有权力在这种时候提出。其中建议的修改大多确实是小幅更动,但到了第五页,我注意到它建议将报告中的文字

> 专门小组成员均为科学家,自认没有资格对继续倾倒是否道德的问题进行道德评判。

修改为:

> 将放射性废料倾倒在海底,在道德上不低于将此类废料储存在陆地上。

这不是修改专门小组一致意见的文字,而是下流的手段。
我们回到座位时,主席要求我们以发言表决接受修改。我提出了抗议:

> 我不同意修改内容。我们已经仔细讨论过倾倒废料是否道德的问题,只达成我们没有资格进行道德评判的折衷共识。我们从来没讨论过在海底倾倒放射性废料是不是比将废料储存在陆地上来得道德。

可以想见之后两个小时的发言内容。在维也纳讲过的旧内容又一遍遍重复,但我没有放弃。最后,专门小组没有提出一致共识。政府代表在伦敦倾废会议上没办法引用专门小组的报告来提出他们的看法,说明倾倒并非不道德,或是"在道德上不低于储存在陆地上"。最后会议以二十六比六表决反对解除禁令。

目前倾倒依然处于中止状态。我在坚持意见上扮演的角色很小,但我学到了一件事:关系到获利时,核能产业是没有道德观念的。

分形几何

那几年，我坐飞机来往世界各地，发现了时间的分形几何。

我提出大小如哈雷彗星的物体撞击地球，引发大规模灭绝时，许多人表示我提出的假设是不可能的，他们的意见是对的吗？

罕见事件的特殊之处不在种类，而在规模。风暴、洪水、地震都不是罕见事件，但十年频率的风暴、百年频率的洪水，或是千年频率的地震则是罕见事件。研究统计数字时，我们也可看到相同的模式。小陨石相当常见，夏天时每天晚上都看得到这种陨石。大陨石就很少见，造成亚利桑那州陨石坑的大型陨石，大约每一两千年才有一次。造成恐龙灭绝的超大型陨石，每五至十亿年才出现一次。事件的频率与规模成反比，我们可以引用科学事实来证明这个传统说法：

有可能发生的事，时间久了一定会发生。

最后我得知，曼德布洛特（Benoit Mandelbrot）已经发现这种关系，而且成为他定义分形几何的基础。[①]大规模意外前一定有许多超小型意外和一些小型意外。我联络一位在大型保险经纪公司工作的亲戚，提出询问。没错，保险公司认为某种风险为线性时，就会出现亏损。依据小规模长期意外计算出来的保费，难以保障早晚会出现的大型事件。最后使我反对核能产业的事件发生于1986年苏联切尔诺贝利。我的恐惧不是没有根据。有可能发生的事都一定会发生，而且有可能会再度发生。

---

① B. Mandlebrot, *Fractal Geometry of Nature*, San Francisco: Freeman, 1977.

我关于恐龙灭绝的书出版于 1986 年①，而且成为畅销科普读物。当时我半开玩笑地宣称恐龙是在全球暖化的温室灾难后死于心脏病。有些人认真看待我的幽默。一个知名团体邀请我去演讲时，我相当惊讶。这是个上流社会团体，成员包含国会议员、银行家和实业巨子，他们请我去谈谈温室暖化。这些热衷推广核能的人从来没关心过环境，现在却大力反对燃烧化石燃料。

　　我相信我的朋友巴雷特提出的温室灾难状况。我代表国际地质科学联合会参与国际科学联合会的全球变迁计划全体会议时，我支持几位社会科学家的提议，针对使用会产生二氧化碳的燃料课征百分之二十五能源税。但我发现核能产业也跟着起哄，游说这类法案时，只感觉很不舒服。这个行动的背后是否有什么隐含的动机？

　　的确有。核能电厂的获利能力已经停滞一段时间。美国停止兴建新核能电厂已经超过十年，某些不经济的电厂必须关闭。德国一位能源产业大亨还宣布，不应该再兴建新的核能电厂，因为核能电厂的获利能力值得怀疑。不过如果化石燃料的成本因为 25% 的附加费用而提高，能源产业的经济状况不会改变吗？我开始感到怀疑。

　　我发现我是在为核能产业做公关时，决定不跟他们配合。我不谈温室灾难和恐龙灭绝，改谈不可能的必然性：恐龙灭绝和大陨石撞击有关，虽然这类撞击的发生概率非常微小。但大陨石真的来了，而且恐龙真的灭绝了。我学到的不是温室灾难消灭了恐龙，而是时间的分形几何。核能电厂灾难的发生概率确实非常小，但我们必须记住：**有可能发生的事，时间久了一定会发生**。切尔诺贝利就是警讯。如果哪一天日内瓦西边的超凤凰反应器爆炸，瑞士就不再适合居住。②我们就像坐在一筒炸药上。

---

① K. J. Hsu, *The Great Dying*, New York: Harcout, Brace and Jovanovich, 1986.
② K. J. Hsu, "Evaluation of Nuclear Risks on the Basis of Observational Data", *Nature*, 328 (1987), 22.

这次演讲并没有为我争取到核能产业界的朋友。

恐怖情境

我们几乎每天都会在报纸上看到绿色和平组织的活动。他们示威反对核能。他们坐在火车铁轨上，阻挡由核能电厂运出放射性核废料的货车通过。他们驾船到法国在南太平洋进行核子试爆的目标区。不过，他们也是核能产业宣传温室灾难恐怖情境的最佳盟友。《生态学家》(*The Ecologist*) 期刊编辑戈德史密斯 (Edwin Goldsmith) 曾经预言，燃烧化石燃料将危害地球上所有生物。

我的行动派人士朋友吉什 (Daniel Gish) 有一天给我一份环保人士1990年演讲的誊写稿，其中有一段恐怖情境。里面提到全球暖化会杀死浮游生物，使海洋沸腾，我们面临人类可能在未来数十年灭绝的危机，除非采取激烈手段。由于研究过"死劫海洋"[①]的地质记录，我告诉吉什这段警告完全没有根据。大自然在六千五百万年前进行的实验已经告诉我们，就算海洋中的浮游生物全部消失，海洋最多也只会提高几度。不仅如此，透过喜爱耸动话题的媒体，环保人士还传播这些无意义的说法，连学有专精的科学家都被搞迷糊了。

赛博尔德 (Eugene Seibold) 和我是在加入海洋钻探计划时认识的。后来他成为科学政治界的领袖，当选欧洲科学基金会 (ESF) 主任委员。有一天他打电话给我："许教授，我们想召开一系列科学研讨会，要选几个与社会有关的主题。与会者希望是国际性、跨学科的代表。我们想采用新形态，运用戈登研讨会和达伦研讨会的经验。我已经找到物理学家和化学家参与 ESF 研讨会，现在想请你主办地球

[①] K. J. Hsu and J. A. McKenzie, "A 'Strangelove' Ocean in the Earliest Tertiray", *Am. Geoph. Union. Geoph. Mono.*, 32 (1984), 482-492.

科学研讨会。"

"没问题，你想什么时候召开？"

"大约一年后。"

"你可以给我多少经费？"

"请你提个预算，我们会付酬劳给受邀演讲者。"

"你要他们谈什么？"

"当然是全球暖化。你将在斯德哥尔摩代表我们。你知道温室灾难的末日状况。我们有些社会科学同事提议课征百分之二十五化石燃料税，我们必须搜集一些事实！"

"没问题，我可以帮忙。"

"现在任务交给你，一切拜托你了。"

这样我又成了赛博尔德的"右手"。这个重要的日子订在1992年12月，他带着广播和电视记者来到，在瑞士达沃斯（Davos）主持研讨会开幕。

我听说过国际气候变迁专门小组（IPCC）的工作，并邀请了这个机构的首席科学家发表主题演说。这位专家相当谦虚，他说他们的工作是量化假设，而不是验证假设。他们的结论已经通过电脑软件预先设定。如果他们假设全球暖化是因温室效应引起，结果就不可能否定这个假设。他们的电脑报表只会告诉他们大气中的温室气体增加多少时，会有多少程度的暖化。这位主题演说主讲人叹道，有些数学家接受化石燃料或汽车产业的资金。他们制作出假定温室效应会引起全球冷化的电脑软件，电脑就会计算出他们需要的结果。

经过一小时简报后，IPCC科学家在荧幕上打出正式结论。荧幕右边是一张图表，显示全球暖化趋势与大气二氧化碳浓度之间的关系也就是"温室灾难"状况的基础。荧幕左边是另一张图表，显示大气二氧化碳浓度提高时期的实际气温变化状况。预测与实际观测结果之间的相关性低得让人惊讶，在大气二氧化碳浓度持续提高时，中间有两三段全球冷化时期。①

一位听众问道:"为什么两者之间相关性这么低?"

"不清楚,我们或许可以说两者之间可能有延迟效应。全球气温上下起伏一个世纪,直到 20 世纪 70 年代中期以后大气二氧化碳浓度才达到关键值,从这个时间之后就是正相关了。"

"这样解释是不是太牵强了?"

"或许吧,不过我们找不出其他解释。"

我们的主讲人是研究模型的数学家,没有时间看关于太阳活动与气候间关联的众多科学文献。这篇演讲让我相当困惑。报纸、杂志和广播电视都报道了 IPCC 的结论认为目前的全球暖化现象与燃烧化石燃料已是科学定论。现在 IPCC 科学家却告诉我们,他们的研究成果只是数学习题,不是科学结论。

美国国家科学院于 1997 年召开了二氧化碳与气候变迁座谈会②,但也没有获得一致结论。

美国国家大气研究中心的威格利(T. M. Wigley)一向相当支持此点。他提出了一个不需回答的反问句,而且提出了答案:

> 地球为什么会暖化?
> 因为我们相信人类活动明显改变了大气中的温室气体和烟雾剂成分,也相信目前观察到的暖化现象中,至少有一部分是人类所造成。

威格利这么相信,但这只是他的意识形态。他犯了严重的逻辑错

---

① 参见 K. J. Hsu, "Natural and Anthropogenically Induced Hazards—Report on A European Science Foundation Conference", Davos, 8-12 December 1991, *Global Environmental Change*, publicshed by Butterworth-Heinemann Ltd., 1992, pp. 345-348。

② "Colloquium on Carbon Dioxide and Climate Change", Proceedings National Academy of Sciences, 94 (1997), 8273-8377.

误,没有将个人观点跟科学事实分开。人类活动确实可以改变了大气中的温室气体成分,但进一步将全球暖化归因于人类活动则只是他的信念。

基林(Charles Keeling)是座谈会论文集的特约作者。他有名是因为他在夏威夷冒纳罗亚(Mauna Loa)火山上的测量结果证明人类活动确实明显改变大气中的温室气体成分。不过,他也并没有"相信观察到的暖化现象是人类所造成的"。针对沃夫(Timothy Whorf),基林提到全球气温变化是自然现象,不是燃烧化石燃料所造成的灾难。

美国国家科学院论文集的召集人邀请麻省理工学院专家林德森(Richard Lindzén)解答"二氧化碳增加是否会造成气候变迁"这个问题,他的结论是:

> 目前常见的气候模型都难以确实判定大气的二氧化碳的微小变化是否可以造成明显的气候变迁。

大多数的科学家,如果没有被媒体上的片面之词蒙蔽,都会同意林德森的看法。所谓"温室灾难"是特定利益团体放出的媒体伎俩。核能产业利用数学家假设的"温室灾难"和环保人士的意识形态,构成足以对抗化石燃料产业的政治武器。我个人相当赞同环保人士朋友的目标。我们对地球大气无止境的污染确实应该遏止。不过身为科学家,我仍然相信寻求事实。我们现在不能确定太阳能输入变化和温室效应对目前观察到的全球暖化所扮演的相对角色,不过资料已经相当清楚,地球上的温室气体对历史上的气候变迁没有影响。

气候、经济与政治

上一个千年的全球气温有起有落,但大气中的温室气体一直维持恒定。上一章中曾经提到,太阳活动的影响相当重要。在日射量减少的寒冷时期,生活相当艰苦,尤其是农民的生活。小冰川期使生产力不足的地区变成荒地。欧洲北部和亚洲北部人类大规模出走的周期性太过规律,无法单纯归因于蛮族的习性。比寒冷更可怕的是干旱,在全球冷化时期,中国的中原地区变成巨大的沙盆。

太阳能输入增加时期的全球暖化应该是件好事。事实上却不是这样,因为当时全世界遭到征服战争破坏。20世纪两次世界大战正是发生在全世界脱离小冰川期之后。人类在冷战时期沉迷于互相保证毁灭,此时全世界也享受着温暖的阳光。罪恶的根源不是需求,而是贪婪。

戈德史密斯大力反对今日的利润导向社会哲学,他鼓吹所谓的礼俗社会(社区),反对所谓的法理社会(社区):

> 社区具备各方面的功能,而不仅是经济功能,这些功能包括宗教与心灵、社会与公共功能,而且社区成员对美学有兴趣。经济受到控制。在传统世界中,经济活动包含在社会关系中,人不卖东西,不为尽量提高报酬或任何生产因素而提供食物和人工制品,只为满足亲属关系责任而提供食物和人工制品……因此可以看出经济活动受到控制,地位低于其他更有意义的活动。

现在已经不是这样了!

究竟发生了什么事?

社区消失了,家庭消失了,文化消失了。我们创造出完全粉碎的社会、分裂的社会。社会中有新的组织、公司或机构,仅具备经济上的功能。这些机构只有一个目标,就是赚钱和维持生存。整个国家是否受害不重要,一切是否遭到破坏、气候是否改变都不重要。这些都和生意无关!没有人要求他们关心道德、气候或生态。他们必须拥有竞争力。我们现在身处的社会就是这样。不是他们特别糟糕,因为有人要他们这么做,而且他们必须这么做。如果你不这么做,你就必须离开。尤其是现在,状况变得相当糟糕。我们现在就是这样,也就是说,我们创造出一种状况，使我们所有必要需求的重要性低于短期经济需求。有人告诉我们这是正常的，大家都说这样值得向往。

不过，如果要存活下来，我们需要的东西恰恰与此相反。我们真正需要的，是把经济活动放在社会、生态、气候，以及我想加上去的道德等必要需求之下。没有其他替代方案。①

我一字不改地引用他的作品，因为我衷心地赞同他的看法。他的看法也就是我的看法，只不过我的文笔没有那么好。戈德史密斯看得很清楚，我们不应该通过全球化尽量提高获利，而应该将经济活动放在社会、生态、气候和道德等必要需求之下，工业化社会的贪婪会使地球变得不适于居住。

我于1991年参与达伦研讨会的生物与社会组。②一半的与会者是生物学家，另一半为社会学家、经济学家和政治家。社会科学家持乐观看法，他们将这个问题视为分配不平均的问题。他们的解决方案是发展贫穷国家的经济，让贫穷国家向富有国家购买粮食，让富有国家的科学家创造奇迹，确保食物供应永远无虞。自然科学家则抱持悲观看法，他们倡导人口控制，以节制食物需求。

美联社的杰达（Geotge Gedda）最近引述美国国务院全球事务办公室次卿沃思（Timothy Wirth）之语表示："目前有将近十亿人因人口增加和食物储备量不足而陷入饥饿或严重营养不良。国家之间合作发展类似于三十年前大幅提高稻米产量、协助喂养亚洲迅速增加人口的农业技术突破，可以说是'绝对必要'。"

沃思指出全世界目前与未来最大的问题是饥荒，这点是正确的。不过生态学家恐怕不会同意我们需要另一次"绿色革命"的说法。"生态学家"杂志曾经引用联合国食物与农业组织的报告，指出"绿色革

---

① 此处引用1990年戈德史密斯的讲稿，听写者为Daniel Gish。
② 参见D. J. Roy and others eds., *Biosciences and Society*, New York: Wiley, 1991。

命"带来的负面影响。破坏陆地表面的保护性植被、使用重型机具、只种植单一作物、忽视土壤保育，以及其他不当方式，已经破坏全世界四分之一耕地。另外，地球上约有10%的灌溉土地流失或遭到盐化和碱化等严重破坏。绿色革命提高产量的另一个先决条件，是必须使用大量对环境有害的人工肥料和农用化学药品。发展中国家于20世纪60和70年代耗费大量资源，进口、生产、补贴和分发这类肥料。到了80和90年代，习惯于使用这类"快速解决方案"的农民突然发现土壤遭到侵蚀、变得贫瘠和有毒性，而且没有足够的资源购买化学肥料。

达伦研讨会中的社会科学家不清楚科学功能的限制，但与会的生物学家却很清楚。他们相当务实，了解食物供应的根本限制。植物生长不能没有水，但全世界现在已经出现短期或长期干旱。农业学家毕琼斯（Roar Bjonnes）指出目前发生干旱的主要原因，就是绿色革命。他还引用一份联合国报告，预言"未来国家之间发生战争的下一个原因，不是石油，而是水"。

我以古生物学家的身份参与达伦研讨会，也和研究生命科学的同事抱有相同的看法。有干旱的地方就有饥荒。高产量作物必须有水才能生长。国家之间为了水而引发核子战争时，世界末日也将到来。

我们该怎么防止人类灭绝？

19世纪后半，工业革命传入瑞士时，木材出口商砍伐森林，森林砍伐后的土地成为畜养牲口的草地。双重收益相当可观，但后果十分可怕：山崩和土石流很快就破坏了草地。瑞士政治家体认到这种状况的严重性，于19世纪很快地做出反应。他们修改宪法，禁止砍伐森林。

我们20世纪人类又是如何对待水的呢？我们一直在开采水！我们一直在取用从上次冰川期储存至今，而且无法再生的资源。这种状况应该是常识，但我想讲几件事来强调现在的状况。

（一）阿拉伯联合酋长国一家私人企业制造瓶装水，销售到孟加拉和泰国。孟加拉的年降雨量超过 10000 毫米，是世界上雨水最多的地方。阿拉伯联合酋长国的年平均雨量仅 200 毫米。因此，有人从沙漠开采制造饮用水，卖到因季风雨而淹水的国家！这样不是很奇怪吗？

不是，从全球化经济的利润角度看来一点也不奇怪。

这家私人企业从深度约为 250 米的破裂蛇纹岩中取水。将这种"矿泉水"装瓶，运到孟加拉出售，赚取利润，因为没有法律规范这种"开采水"的行为。没错，经过十年或更久之后，当地的水就会"采完"。这个在阿拉伯联合酋长国颇具影响力的工厂主人，只需要雇用德国公司到另一个山谷的破裂岩石中寻找更多的水。他们有系统地赚取利润，同时有系统地破坏整个国家的水资源。

这些牟利者还不只一个。阿布扎比的民众喝的是淡化的水，因为地下水已经遭到硝酸盐肥料污染，又被抽取出来用于灌溉。冲积河谷中的地下水水位每年下降约 10 米，在某些地区，地下水水位甚至低于地面数百米。地下水回补量只有开采量的 10%。从冰川时期至今储存在阿拉伯联合酋长国的地下水完全用罄之后，末日即将来临。

（二）联合国世界卫生组织和儿童基金会花费二十年时间和数百万美元，刚刚完成一项计划，让孟加拉农村民众饮用地下水，取代已遭污染的地表水。但问题是那里的地下水可能致人死亡。

喜马拉雅山脚的岩石含有一种称为"砷黄铁矿"的矿物质，这种矿物质会风化成水溶性砷化合物。通过渗流区的雨水溶解砷，因此地下水也遭到污染。砷含量高达容许值一千倍的有毒地下水，被输送到长 900 公里、宽 500 公里的区域。目前已有二十万人死于砷中毒，每年还会有一万五千人死亡。

世界卫生组织和儿童基金会试图以开采水解决这个问题，但是找不到干净的地下水，孟加拉的贫民继续死于砷中毒，有钱人则饮用来自阿拉伯联合酋长国的矿泉水。许多科学家争相进行研究，但很少科学家提出以收集雨水取代地下水的计划。

(三)以色列政府鼓励农业生产自给自足,抽取地下水用于灌溉。几年前我到当地时知道,以色列许多地方的地下水位已经低于地面40—50米,而且还在继续降低。地下水的品质越来越差,许多地方的地下水已经不适合用于农业。以化学方法去除土壤盐分已经势在必行。

政府做了什么?

他们现在计划以处理过的废水辅助灌溉,但仍然容许开采水和灌溉废水。不久的将来,以色列就没有地下水可以开采了。

(四)美国人做得比较好吗?

没有,真的没有吗?

我和美国堪萨斯州劳伦斯市美国地质调查所的佩里谈过之后,他告诉我美国有管理水的州法律。举例来说,在堪萨斯州,要钻挖水井使用地下水,必须申请许可。20世纪60年代通过一机构一水井法律之后,地下水消耗率反而更快。70年代,状况变得相当严重,据估计该州可饮用的地下水将在2000年前用罄。因此该州制订新的法规,但法规并未解决问题,只是将末日延后到2020年。

真是了不起!

和社会科学家认为食物供应问题只是分配不均的想法如出一辙,水管理规划人员则是提议将一处的水输送到另一处。西班牙曾想引用法国罗讷河(Rhône)河水。长期看来,掠夺水必将徒劳无功。由于法国南部半干旱地区同样亟需灌溉用水,在西班牙的运河完工之前,罗讷河可能就会干涸。

小时候我读过关于两只松鼠的伊索寓言。忙碌的乔天天跑进跑出,寻找地上的坚果。散漫的比利则有其他的兴趣。冬天终于到来,忙碌的乔存下的粮食够全家过冬,但散漫的比利则全家一起饿死。我们人类其实不比散漫的比利聪明。我们没有储存水以备全球冷化来临,我们只是一直在消耗自然资源,不断开采水。

我们应该立法禁止开采水。应该随时监控地下水位,让年消耗量不得高于收集雨水而得的回补量。

地球之死

我最喜欢的作家劳伦斯曾经在一段漂亮的文字中提到地球之死的可能性：

> 不管是什么神秘的力量创造出人类宇宙，那它在一定的意义上都是超人的力量，有它自己的终端，人类无法用其标准来判断。最好还是把一切都留给广漠的、富有创造力的、非人的神秘吧！
>
> 人类还是与其自身搏斗为好，而不要与宇宙搏斗。"上帝离不开人类。"这是法国某位宗教大师说过的话。但是这肯定是谬误。上帝离开人类也能存在，就像上帝当初淘汰了鱼龙、柱牙象也照样存在一样。这些东西不能做适应环境的进化，因而上帝，这个造物之神，将它们抛弃了。同样，如果人类不会变化发展，求得生存，那神秘力量也会让他们灭种绝代的。①

上帝会抛弃人类吗？

曾经存活在地球上的物种，有99.9%以上已经灭绝，上帝抛弃了它们。智人没有理由例外。反过来说，我也不像某些生态学家那么忧心忡忡，宣称工业制造二氧化碳会使海洋沸腾，这又太不合理了。

对于以农业经济为主的社会而言，全球冷化是一场大灾难。欧洲北部气候变得寒冷潮湿，使农业人口朝南迁徙，成为蛮族入侵者。在此同时，寒冷干旱的气候则在地中海地区和中国造成饥荒与混乱。同样地，智人很有发明才能。我们在数次小冰川期循环中存

---

① 摘自劳伦斯，《恋爱中的女人》。

活下来。我们不仅向外扩散，数量也增多了。拜人类的聪明才智所赐，我们种植的作物足以供应全世界人口，只要在政治上有人注意到人口成长必须有所节制。就我看来，真正的问题不是气候，而是人类的贪婪。

我们可以继续实行市场经济，以最大利润当作目标，但我们不能继续无止境地消耗自然资源。水是最珍贵的日常用品。小冰川期早晚会到来，如果佩里的预测正确，在21世纪结束前，全球冷化将会来临。作物会歉收，欧洲和北美地区将有许多人死于寒冷气候。撒哈拉地区、中东、印度河河谷和中国将会因干旱而造成饥荒。世界其他地区生产的谷物或许足以供应全世界人口。我们人类会彼此共享还是会互相争夺？历史上许多贪婪的例子让我们感到灰心。

水资源短缺将是最严重的问题。公元1世纪的小冰川期时，中国人迁徙到降雨较多的南部。他们征服了当地族群，开垦处女地，变成稻田。上次小冰川期时，中国南部已经没有处女地可以砍伐。饥饿的农民在乡间流浪，劫掠其他人，推翻了皇朝。如果小冰川期再度到来，这些饥饿的农民要到哪里去？中国有十几亿人口，如果土地无法生产作物，他们可能会在乡间四处流窜，和历史上的祖先一样，或者可能会出现五亿海上难民。农民也可能会朝水资源丰富但剩余土地不多的东南亚前进。

侵略是战争的起源。我们该如何防止不顾一切的交战双方使用核子武器？智人是否能在核子浩劫后存活下来？遭到放射性污染的世界是否还能让生物居住？在盖亚、天和上帝的恩惠下，智人应该不会在自然因素下灭绝，只会因为我们自己的贪婪而带来杀身之祸。如果我们不懂得思考，"上帝会用更优秀的生物取代我们，就像马取代柱牙象一样"[①]。

---

① 如果劳伦斯是古生物学者，他应该会这么写："上帝将以更优秀的生物取代我们，就像马取代三趾马一样。"

拯救世界的水三极管

我小时候住的房子建造于 17 世纪。有一口水井提供饮用水。我们把洗澡水倒在院子里，让它在地下过滤。每天早上有一辆牛车会来挨家挨户收水肥，当作稻田的肥料。在人口数量不多时，这种老式水循环运作得很不错：人类以地下水做为水源，透过地面排水道排放废水。不过，工业革命大大改变了世界。人口爆炸需要快速地供应与排放水。由水井取水的速度没办法满足需求，牛车排除污水的速度也不够快。新科技使用地面上的水，同时不论是否经过处理，就将污水排入溪流、运河、湖泊或海洋中。20 世纪最伟大的科技进展是建造水坝。20 世纪平均每一天决定建造一座水坝。水坝为人类提供水和能源，建造水坝则提供了就业机会。从 20 世纪 30 到 70 年代，建造大型水坝成了开发和经济起飞的代名词。很少人质疑这样的做法，善意的决策者则为了民众的"共同福祉"继续建造水坝。这个趋势于 70 年代达到最高峰，每天发包兴建两到三座大型水坝。但后来建造水坝对社会造成的负面影响太过明显，无法忽视。"公平"这个词取代了"共同福祉"的想法之后，民意随之转向，究竟是谁受惠？又是谁的利益受损？水坝建造私有化之后，民主国家的抗议行动获得初步成果，同时在获利考量之下，建造工程开始缩减。不过，善意的国际援助机构，尤其是世界银行，依然在发展中国家提供资金给大型工程，一直到 1992 年的摩尔斯报告（Morse Report）批评世界银行之后才告结束。1994 年，四十四个国家的三百二十六个环保团体签署《马尼贝里宣言》（*Manibei Declaration*），要求中止世界银行的水坝建造工程。1997 年，由于大型水坝的拥护者和反对者之间互相猜忌，难以互信，因此世界银行和世界保育联盟于 1998 年 4 月在瑞士格朗（Gland）举行会议，讨论相关问题。研讨会中达成的一致结论，后来成为世界水坝委员会的宪章。①

建造水坝是为了因应四方面的需求，分别是农业、能源、供水和洪水治理。不过，水坝对生态系统、生物多样性和民众生计往往会带来不利影响。委员会特别注重探讨公平问题，因为负担最多社会与环境成本的民众，往往没有享受到水坝带来的益处。举例来说，水坝对中国的发展贡献很大，但在1950年至1990年为了建造水坝，有一千万人被迫迁离。移居数十年后，这些人有将近一半仍在世，但是陷入"极度贫穷'。

尽管水坝委员会对大型水坝持负面看法，但也拿不出替代方案，而且让我们抱有大型水坝不可或缺的印象。事实上有解决方案，但世界水坝委员会否决了水三极管（aquitransistor）这种新发明。这种装置可以安装在地底，控制水流的方向和速率，类似电晶体在电路中放大电流的功能。②水三极管可以取代水坝，具备提供灌溉用水和市区用水、抽取地下水产生电力，以及将地表水快速排入地下，防范洪水等功能。

对于建造地表水库而言，水坝是必要的。雨水可以快速集中，储存在湖泊中，因此建造水坝是防洪的标准方法，尤其是美国田纳西河谷管理局的运作相当成功。储存的雨水可以很快地抽出，用于灌溉、市区用水或水力发电。事实上地球上大多数的水是地下水（约有95%）。因此疏松材料是容量最大的天然储水槽。如果水进出地下水槽的速度够快，就不需要有蓄水湖泊，也就不需要建造大型水坝。快速集中并储存在地下沉积物中的雨水可以防止溢出，储存在其中的水也可抽出，用于灌溉、市区用水或水力发电。运用地下的疏松材料储

---

① 参见 *Dams and Development*, A report of the World Dam Commission, London：Earthscan Publisher, 2000。
② 我拥有六项水资源技术专利。第一项为美国专利6120210，2000年9月19日。在集成水路中使用疏松材料储存及输送水，用于土地开垦、农业与市区用水。最后一项集成水路的水三极管于2001年12月17日在瑞士提出申请，但目前尚未通过。

第十二章 气候学的意识形态、宗教与政治

存水，并以水三极管让水快速进出储水槽，我们就不需要建造水坝形成蓄水湖。

我七年前发明这个东西，也希望公开这个构想，让这个构想协助拯救地球。不过我很快就不抱太大的希望，因为这个构想太过另类，不可能在科学期刊上发表，业界也不可能采用。我必须提出专利申请。当年摩根（J. P. Morgan）和范德比尔特（Cornelius Vanderbilt）提供3000美元给爱迪生（Thomas Edison），开始研制电灯泡，但不会有人投资开发公用事业技术的革命性发明。因此私人企业是不可能的。接着我试着争取欧洲、美国、亚洲和非洲政府的注意。我这几年的经验足可写成一部厚厚的血泪史。最后只有中国政府愿意听听我的想法。

中国近二十年来的GNP成长超过7%或许不是偶然。文化大革命后出生的世代在中国政府担任重要干部时，对于新的构想和技术其实比西方私人企业重要干部更感兴趣，因为在西方比较强调借助A与Z快速获利。中国总理办公室于2000年3月邀请我向专门小组展示我的发明。在小组一致赞同下，国务委员办公室协助我联络水资源和地下水工程等相关机构，开始进行雨水集中和地下水回补计划。我们的计划是将雨水储存在水三极体中，用于绿化2008年北京奥运村。希望在本书付梓时，我们能够取得合约。

我想以乐观的口吻为这本书做总结。农业经济社会完全依赖气候。不过工业革命之后，气候对文明史的影响可说微不足道。不仅农业生产力大幅提升，人类也得以投入其他行业，增进人类的福祉。由于美国独立革命和美国宪法，道德再度成为政治中不可或缺的要素。我们不仅战胜了饥饿，也约束了贪婪。由于心智的教育和技术的发展，我们智人或许将运用我们的智力发明新技术，不仅拯救地球，也拯救我们自己。

后　记

在奥雷尔·菲斯利（Orell Fuessli）出版社主编曼弗瑞·海夫纳（Manfred Heifner）力邀下，本书的德文译本于 2000 年出版。但我相当惊讶的是，我的经纪人找不到出版商愿意出版原始英文手稿。大胆挑战当今对气候暖化的普遍观点，似乎是违反潮流。乔治·奥威尔曾经写道：

> 任何人胆敢挑战普遍受到认可的正统，都会以惊人的效率遭到压制。本质上违反潮流的观点，基本上很难获得公平对待。

科学家研究气候的方法有许多种，包括历史研究法、过程导向法以及模型建立法等。认真的科学家则是三种方法兼而采之，先由历史中撷取线索了解过程，再将过程以数值模型加以检验，最后将预测内容和历史两相比对，进一步修改模型。科学家即使采用相同的方法，解释同一组数据资料，科学推论也鲜少毫无争议。因此，如果一般大众对某个科学问题的看法完全一致，反而让人感到惊讶。举例来说，现在大众普遍认为，目前全球暖化的主要原因是人类燃烧化石燃料，造成温室效应恶化。

政治人物利用了社会大众的这个共识。他们耗费许多心力制定条约、法规，成立政府内与政府间机构、组织、非政府组织等，同时开始征收化石燃料税。身为气候学研究人员，我发现足以支持"温室暖化"这种说法的证据相当少。我原本以为自己是"孤狼"，但有位朋友传给我一篇斯蒂芬森所撰写的翻案文章《海洋学家看全球暖化的非科学现象》时，我感到相当惊讶。

我认识斯蒂芬森，他是我的朋友也是海洋研究学者。他担任国际海洋物理科学协会秘书长多年，于 2001 年去世。我担任海洋研究科学委员会（SCOR）执行委员时，跟他在工作上有所接触。斯蒂芬森是优秀的科学家，这篇文章写得相当好。除了其中某些情绪宣泄之外，这篇文章应该可以在科学期刊上发表，但事实上并没有出现。因此我更惊讶于这篇文章竟然出现在所谓的"边缘刊物"上，与其他反对环保行动人士的文章放在一起。

我能理解斯蒂芬森提出的许多论点。他指出所谓"温室暖化"的看法越来越普及，是因为它可成为倡议者借以发挥的话题。1988 年那个炎热的夏季，美国航天太空总署戈达德（Goddard）太空飞行中心的詹姆斯·汉森出席美国国会委员会的会议，把他的看法当成科学事实，以权威性的方式加以呈现之后，大众的恐慌也随之点燃！对于美国联邦实验室的科学家，以及美国联邦机关出资的机构，以及非政府组织的职业行动人士而言（如世界观察组织、世界野生动物基金会、峰峦俱乐部、绿色和平组织等）汉森的证词和美国国会的政治接受程度可说是天赐良机。美国气候变迁处等新的联邦机关成立，其他组织也很快地跟上脚步。联合国成立了环境规划署（UNEP），由社会科学家（而不是自然科学家）诺埃尔·布朗（Noel Brown）担任首任署长。该署立刻成立了跨政府气候变迁小组，由国际气象组织提供经费。相对地，国际气象组织很快也成立了世界气候研究计划（WCRP）。大笔经费源源不绝而来，这个政治偏见在媒体报道下变成了"科学共识"。斯蒂芬森号召地球物理学家起而对抗联合国环境规划署、跨政府气候变迁小组、国际气象组织和媒体所传播的错误资讯。后来我看到美国国家科学院前任院长弗雷德里克·塞茨（Frederick Seitz）号召签署《俄勒冈请愿书》，有两千多位科学家响应，呼吁谴责全球暖化的政治手段。

斯蒂芬森的文章没有出现在科学期刊上，因为许多期刊的编辑操纵审查制度，排除他们认为"政治上不正确"的稿件。我也有过这种经验，我曾经投了一篇稿件给《全球与地球变迁》期刊，名为《全球暖化对中国人是好事吗？》尽管曾在全球各大知名期刊发表过三百多篇论文，但是我收到了四十年学术生涯中第一次退稿。编辑没有接受这篇文章，因为它"可能抵触这份期刊的发行宗旨"，也就是提醒社会大众关于全球暖化的危险性。我发现政治正确已经成为判定科学的准则之后，感到相当震撼。这篇论文后来于1996年在台湾的《地球、大气与海洋科学》期刊上发表。后来，中国科技部副部长惠永正看到了这篇文章。他当时受到压力，必须提出文件反驳温室暖化的论点，因为美国方面以温室暖化为理由施压，要求中国接受西屋公司的核能电厂合约。惠副部长在我的论文中发现一个相当合适的论点，他将这篇论文翻译成中文，并发表在《中国科学》杂志上。知道有人评定手稿是否适合发表的标准居然不是科学价值，真的很让人灰心。

我们生活的全球社会是以利润为导向。斯蒂芬森知道，我也知道，这些经费流向了"全球暖化"研究。大学里的科学家一直在追逐这些钱。新的环境科学学系或学院成立，科学家又发现新的大手笔资金来源。我以前也和许多同事一样没有原则。退休前十年，我在斯德哥尔摩国际地圈与生物圈计划（IGBP）的成立大会上担任SCOR代表。我担任国际地质科学联盟（IUGS）的全球变迁工作小组主持人，并成为国际地圈与生物圈计划委员会中的国际地质科学联盟代表。我在联合国教科文组织中推动成立全球变迁计划。在欧洲科学基金会的要求下，我召开了第一届欧洲气候变迁与自然灾害研讨会。当时我可算是行动派人士。

全球暖化受到大众注目的原因是1990年跨政府气候变迁小组的报告，指出过去一个世纪间，大气中的二氧化碳增加了百分之三十以上，全球平均气温则提高了1.2—1.5摄氏度。假设温室暖化是造成气温上升的唯一原因，跨政府气候变迁小组的模型建立者预测到2040年前，大气中的二氧化碳将再增加50%，全球平均气温则将再提高3—4摄氏度。先假设大气中增加的二氧化碳完全来自燃烧化石燃料，根据这个假设算出的数字给社会大众一个极深的印象，认为燃烧化石燃料是目前全球暖化的主因，以目前的速率继续燃烧化石燃料，将造成可怕的后果。

但社会大众其实被误导了，因为大家并不了解科学领域中模型建立法的真正本质。

模型建立者是数学家，跨政府气候变迁小组的模型建立者只想到建立数学模型，没有很注意气象学者使用历史研究法或过程导向法得出的科学推论。依据"全球暖化是燃烧化石燃料所造成"这个假设得出一些数字，是个量化数学程序。数学预测必须经过验证，这个模型才有科学价值。跨政府气候变迁小组的预测数字经过验证了吗？

大气中二氧化碳的增加幅度已经透过全球测量加以验证，但二氧化碳增加是燃烧化石燃料所造成则仍然只是假设。地球上的碳循环还包含火山作用、浮游生物增长等等。连跨政府气候变迁小组科学家也不敢确定目前全球暖化现象是燃烧化石燃料所造成。跨政府气候变迁小组科学家曾在第一届欧洲气候变迁与自然灾害研讨会发表专题演说，指出大气中的二氧化碳量已稳定增加了一百五十年。不过，全球平均气温在这一百五十年来则是有高有低。1975年之前，大气中二氧化碳浓度与全球平均气温完全没有关联。同位素分析也显示，大气中二氧化碳增加并非完全来自燃烧化石燃料。举例来说，挪威奥斯陆大学的西格施塔德（T. V. Segalstad）发现，目前大气中有95%以上的二氧化碳来自火山排放量增加。

跨政府气候变迁小组的1990年这份报告过度夸大了全球暖化。他们在1995年的报告中更正先前的估计，并将气温上升幅度修改为0.3—0.6摄氏度，而不是原先的1.2—1.5摄氏度。国际气象组织于

1999年在"全球气候状况"的陈述中指出,气温上升的最大幅度为0.6—0.8摄氏度。目前全球平均气温比一百年前高确是事实,但这并不足以证明全球暖化确实是人类造成。倡导者不说明化石燃料造成全球暖化只是假设,这是蒙蔽大众;他们绝口不提跨政府气候变迁小组科学家所做的结论,认为电脑模型已经证明全球温度和大气二氧化碳浓度有关的假设是错误的,这是刻意欺瞒!美国前副总统戈尔制作《不愿面对的真相》这部影片时,曾经展示这类线性关联的图表,却伪造了科学数据。他或许有资格获得诺贝尔和平奖,却不能获得诺贝尔科学奖。

斯蒂芬森在文章中用了相当强烈的字眼,提到"联合国环境规划署、跨政府气候变迁小组和国际气象组织对全世界撒的漫天大谎不公不义,是严重的罪行,为全世界许多人带来毫无根据的焦虑"。他的说法并非全然无理,但我也跟他有同样的感觉。社会大众被误导了。行动派人士基于某种理由,受到政府机构与组织、非政府组织、著名机构支持,再加上名人的背书,以科学的名义一手掌控社会大众的观点。在此同时,许多科学家,包括海洋学家、气象学家、大气化学与物理学家,以及气候学家等,则对温室暖化口号广为流行感到相当不快。

但社会大众怎么知道这些?

如果一个人平常只看报纸或网络新闻、公共电视台、BBC等频道,他可能永远都不知道。因为所有期刊、编辑和出版商,以及各种电子媒体全都由报道者变成了倡导者。媒体上完全没有争论,气候变迁质疑者全面败退。所谓博学科学家的评判,也远远称不上清楚明确。在《美国国家科学院学报》上发表的一份研讨会报告中,就曾指出这一点。20世纪确实有全球暖化现象,但全球暖化可能是也可能不是人类造成,因为所有科学家都知道,早在人类开始燃烧化石燃料之前,就曾经出现过全球暖化现象。

社会大众被误导的程度令人难以置信。上星期有位朋友写信给我,转来一封他很敬重的知名环保行动人士写来的信。信中宣称"这是气象史上首次连续出现两段暖化期，第一段是上次冰川期结束与现在的间冰期开始，第二段则正在持续中。过去几亿年间来从来没发生过这种状况"。另外还有所谓的"曲棍球杆"模型。这个模型宣称以往的全球平均气温一直维持均等，到人为暖化发生作用后才开始变动。这段话完全不对。气候变冷变暖一直是数十亿年地质史中的常态，而且在此之前，过去一万年来已出现过许多次全球暖化现象。曾担任东英格兰大学气候研究室主任的兰姆（Hubert Lamb）研究气候与历史多年。1979年，东英格兰大学曾举办关于这个主题的研讨会。过去一千五百年间的气候有两个最值得注意的状况，就是中世纪暖化期和小冰川期。在这两段时期中，气候并不是一直很热或很冷，而是有起有落。每次起伏为时数百年，但每段时期的开始或结束时间则各有不同看法。不过大家都一致认为小冰川期结束于19世纪。20世纪的全球暖化只是延续这个自然趋势，根本没有所谓的"曲棍球杆"！

去年秋天举行的哥本哈根会议中，戈登·布朗以英雄之姿博取声望，带领欧洲国家指定碳排放容许配额。传播媒体报道这次会议因为中国的温家宝总理而徒劳无功。他在这个议题上的顾问正好是我的学生，他跟我说了在这件事情上中国的看法。指定配额只是阻碍发展中国家人民福祉的政治阴谋。目前中国有三分之二人民日常生活必须依靠煤，他们用煤煮食、取暖，以及推动铁路运输等。更进一步来说，我们也不需要停止燃烧化学燃料，因为可以将碳排放捕集后用于喂养蓝绿藻，制造生质燃料，而蓝绿藻行光合作用时，也能吸收大气中的二氧化碳。

在本书德文版（*Klima Macht Geschicte*）出版前不久，太空人查尔斯·佩里写信给我。他从一位共同的朋友那里得知我的作品，并且发现我的地球物理、考古学和历史证据足可支持他用以解释气候变迁的太阳输出模型。我们一起为《美国国家科学院学报》撰写了一篇文章（2000，v. 97，12433-12438）。佩里以为期十年的太阳黑子循环周期当做基频，画出此基频的第七和弦曲线，呈现出近一万五千年来的全球气温变化。佩里的曲线中的温度最小值，与我所知近五千年来的四次小冰川期相符。不仅如此，这条曲线还预测全球暖化应该会在20世纪末结束，并于21世纪第一个十年内开始出现温度下降。因此，我决定不再寻求出版手稿，但后来我读到劳森（Nigel Lawson）最近的作品 An Appeal to Reason（Duckworth Overlook，2008），他手中的气候记录显示，近八年来的全球平均气温既未如跨政府气候变迁小组预测的继续升高，也未如佩里模型预测的急遽降低。

去年的寒冷气候已使大众的看法摆荡到另一个极端。伦敦第四频道首先播出一系列颇具争议性的电视节目，后来由劳伦斯·索罗门写成书籍 The Deniers: The World Renomned Scientists Who Stood up against Global Warming Hysteria, Political persecution, and Frand。佛罗里达州也出现一则新闻标题"全球暖化已经结束"，俄罗斯写得更夸张："寒冷时代已经到来"。以往违反潮流的想法现在变得更加恶名昭彰，出版商也开始寻求中间立场。由于大众看法逐渐转向，劳森得以出版以往"离经叛道的想法"。 在此同时，出现了一些新的事实，我也不能继续无视于近年来全球暖化的后果。冰川逐渐退缩，两极冰帽也在缩小。我觉得最值得担忧的一件事，则是结冰的沼气湖泊融化。人类造成的全球暖化确实存在。虽然全球气温近十年来的升高幅度较小或小于预期，但如果超过某个临界点，暖化趋势的反馈机制可能会将极小的信号放大许多倍。

可惜的是，这些欺瞒者已经使科学蒙受不白之冤。东英格兰大学曾经提出历史上的气候变迁完整记录，该校气候研究主持人成为"曲棍球杆"模型的支持者，被发现造假欺骗大众。另外，有一个校际委员会也发现，跨政府气候变迁小组领导者曾对喜马拉雅山脉冰川融化提出不实的陈述。英国皇家科学学会发表声明指出，由于我们对影响全球气候的众多因素所知有限，因此在科学上不应该预测2040年的全球温度。而更糟的则是机会主义者和犯罪分子为牟取利益而不断渗透。我有一位老朋友曾经为反对核能电厂而参加示威，现在却跟西门子的总裁站在同一阵线。另一位曾经极力反对燃烧化石燃料的朋友，现在则享受到回报，在世界上最大的风力能源公司担任 COB。甚至还有报纸报道，意大利黑手党也加入这场混战，由替代能源创投公司牟取利益。

　　这份原稿在这十多年间未能出版，我也因此免于卷入"全球暖化争议"。联经出版公司将原稿译成中文后，我再次审视尘封已久的原稿，并决定在这本书于 1998 年完成之后将它出版。此次审视仅针对与尼安德特人进化有关的章节做了较大幅度的修改，因为近十年来的 DNA 研究已经印证了我的推测。现在我的结论仍与本书完成时相同：人类尚未开始燃烧化石燃料时，地球上就曾出现气候变迁，而且气候创造历史，因为自然气候变迁对人类文明史的影响确实存在。人类文明史上曾经出现"中世纪温暖期"和"小冰川期"；在史前史的数千年间曾经出现气候变迁；从人类的祖先出现在地球上至今，地球已历经过数次冰川期与间冰期。

作者于英国黑索米尔镇（Haslemere）

新知文库

01 《证据：历史上最具争议的法医学案例》[美] 科林·埃文斯 著　毕小青 译
02 《香料传奇：一部由诱惑衍生的历史》[澳] 杰克·特纳 著　周子平 译
03 《查理曼大帝的桌布：一部开胃的宴会史》[英] 尼科拉·弗莱彻 著　李响 译
04 《改变西方世界的26个字母》[英] 约翰·曼 著　江正文 译
05 《破解古埃及：一场激烈的智力竞争》[英] 莱斯利·罗伊·亚京斯 著　黄中宪 译
06 《狗智慧：它们在想什么》[加] 斯坦利·科伦 著　江天帆、马云霏 译
07 《狗故事：人类历史上狗的爪印》[加] 斯坦利·科伦 著　江天帆 译
08 《血液的故事》[美] 比尔·海斯 著　郎可华 译　张铁梅 校
09 《君主制的历史》[美] 布伦达·拉尔夫·刘易斯 著　荣予、方力维 译
10 《人类基因的历史地图》[美] 史蒂夫·奥尔森 著　霍达文 译
11 《隐疾：名人与人格障碍》[德] 博尔温·班德洛 著　麦湛雄 译
12 《逼近的瘟疫》[美] 劳里·加勒特 著　杨岐鸣、杨宁 译
13 《颜色的故事》[英] 维多利亚·芬利 著　姚芸竹 译
14 《我不是杀人犯》[法] 弗雷德里克·肖索依 著　孟晖 译
15 《说谎：揭穿商业、政治与婚姻中的骗局》[美] 保罗·埃克曼 著　邓伯宸 译　徐国强 校
16 《蛛丝马迹：犯罪现场专家讲述的故事》[美] 康妮·弗莱彻 著　毕小青 译
17 《战争的果实：军事冲突如何加速科技创新》[美] 迈克尔·怀特 著　卢欣渝 译
18 《口述：最早发现北美洲的中国移民》[加] 保罗·夏亚松 著　暴永宁 译
19 《私密的神话：梦之解析》[英] 安东尼·史蒂文斯 著　薛绚 译
20 《生物武器：从国家赞助的研制计划到当代生物恐怖活动》[美] 珍妮·吉耶曼 著　周子平 译
21 《疯狂实验史》[瑞士] 雷托·U. 施奈德 著　许阳 译
22 《智商测试：一段闪光的历史，一个失色的点子》[美] 斯蒂芬·默多克 著　卢欣渝 译
23 《第三帝国的艺术博物馆：希特勒与"林茨特别任务"》[德] 哈恩斯-克里斯蒂安·罗尔 著　孙书柱、刘英兰 译

24 《茶：嗜好、开拓与帝国》[英]罗伊·莫克塞姆 著　毕小青 译

25 《路西法效应：好人是如何变成恶魔的》[美]菲利普·津巴多 著　孙佩妏、陈雅馨 译

26 《阿司匹林传奇》[英]迪尔米德·杰弗里斯 著　暴永宁、王惠 译

27 《美味欺诈：食品造假与打假的历史》[英]比·威尔逊 著　周继岚 译

28 《英国人的言行潜规则》[英]凯特·福克斯 著　姚芸竹 译

29 《战争的文化》[以]马丁·范克勒韦尔德 著　李阳 译

30 《大背叛：科学中的欺诈》[美]霍勒斯·弗里兰·贾德森 著　张铁梅、徐国强 译

31 《多重宇宙：一个世界太少了？》[德]托比阿斯·胡阿特、马克斯·劳讷 著　车云 译

32 《现代医学的偶然发现》[美]默顿·迈耶斯 著　周子平 译

33 《咖啡机中的间谍：个人隐私的终结》[英]吉隆·奥哈拉、奈杰尔·沙德博尔特 著　毕小青 译

34 《洞穴奇案》[美]彼得·萨伯 著　陈福勇、张世泰 译

35 《权力的餐桌：从古希腊宴会到爱丽舍宫》[法]让-马克·阿尔贝 著　刘可有、刘惠杰 译

36 《致命元素：毒药的历史》[英]约翰·埃姆斯利 著　毕小青 译

37 《神祇、陵墓与学者：考古学传奇》[德]C. W. 策拉姆 著　张芸、孟薇 译

38 《谋杀手段：用刑侦科学破解致命罪案》[德]马克·贝内克 著　李响 译

39 《为什么不杀光？种族大屠杀的反思》[美]丹尼尔·希罗、克拉克·麦考利 著　薛绚 译

40 《伊索尔德的魔汤：春药的文化史》[德]克劳迪娅·米勒-埃贝林、克里斯蒂安·拉奇 著　王泰智、沈惠珠 译

41 《错引耶稣：〈圣经〉传抄、更改的内幕》[美]巴特·埃尔曼 著　黄恩邻 译

42 《百变小红帽：一则童话中的性、道德及演变》[美]凯瑟琳·奥兰丝汀 著　杨淑智 译

43 《穆斯林发现欧洲：天下大国的视野转换》[英]伯纳德·刘易斯 著　李中文 译

44 《烟火撩人：香烟的历史》[法]迪迪埃·努里松 著　陈睿、李欣 译

45 《菜单中的秘密：爱丽舍宫的飨宴》[日]西川惠 著　尤可欣 译

46 《气候创造历史》[瑞士]许靖华 著　甘锡安 译

47 《特权：哈佛与统治阶层的教育》[美]罗斯·格雷戈里·多塞特 著　珍栎 译

48 《死亡晚餐派对：真实医学探案故事集》[美]乔纳森·埃德罗 著　江孟蓉 译

49 《重返人类演化现场》[美]奇普·沃尔特 著　蔡承志 译

50 《破窗效应:失序世界的关键影响力》[美]乔治·凯林、凯瑟琳·科尔斯 著 陈智文 译

51 《违童之愿:冷战时期美国儿童医学实验秘史》[美]艾伦·M.霍恩布鲁姆、朱迪斯·L.纽曼、格雷戈里·J.多贝尔 著 丁立松 译

52 《活着有多久:关于死亡的科学和哲学》[加]理查德·贝利沃、丹尼斯·金格拉斯 著 白紫阳 译

53 《疯狂实验史Ⅱ》[瑞士]雷托·U.施奈德 著 郭鑫、姚敏多 译

54 《猿形毕露:从猩猩看人类的权力、暴力、爱与性》[美]弗朗斯·德瓦尔 著 陈信宏 译

55 《正常的另一面:美貌、信任与养育的生物学》[美]乔丹·斯莫勒 著 郑嬿 译

56 《奇妙的尘埃》[美]汉娜·霍姆斯 著 陈芝仪 译

57 《卡路里与束身衣:跨越两千年的节食史》[英]路易丝·福克斯克罗夫特 著 王以勤 译

58 《哈希的故事:世界上最具暴利的毒品业内幕》[英]温斯利·克拉克森 著 珍栎 译

59 《黑色盛宴:嗜血动物的奇异生活》[美]比尔·舒特 著 帕特里曼·J.温 绘图 赵越 译

60 《城市的故事》[美]约翰·里德 著 郝笑丛 译

61 《树荫的温柔:亘古人类激情之源》[法]阿兰·科尔班 著 苜蓿 译

62 《水果猎人:关于自然、冒险、商业与痴迷的故事》[加]亚当·李斯·格尔纳 著 于是 译

63 《囚徒、情人与间谍:古今隐形墨水的故事》[美]克里斯蒂·马克拉奇斯 著 张哲、师小涵 译

64 《欧洲王室另类史》[美]迈克尔·法夸尔 著 康怡 译

65 《致命药瘾:让人沉迷的食品和药物》[美]辛西娅·库恩等 著 林慧珍、关莹 译

66 《拉丁文帝国》[法]弗朗索瓦·瓦克 著 陈绮文 译

67 《欲望之石:权力、谎言与爱情交织的钻石梦》[美]汤姆·佐尔纳 著 麦慧芬 译

68 《女人的起源》[英]伊莲·摩根 著 刘筠 译

69 《蒙娜丽莎传奇:新发现破解终极谜团》[美]让-皮埃尔·伊斯鲍茨、克里斯托弗·希斯·布朗 著 陈薇薇 译

70 《无人读过的书:哥白尼〈天体运行论〉追寻记》[美]欧文·金格里奇 著 王今、徐国强 译

71 《人类时代:被我们改变的世界》[美]黛安娜·阿克曼 著 伍秋玉、澄影、王丹 译

72 《大气:万物的起源》[英]加布里埃尔·沃克 著 蔡承志 译

73 《碳时代:文明与毁灭》[美]埃里克·罗斯顿 著 吴妍仪 译

74 《一念之差：关于风险的故事与数字》[英] 迈克尔·布拉斯兰德、戴维·施皮格哈尔特 著 威治 译

75 《脂肪：文化与物质性》[美] 克里斯托弗·E.福思、艾莉森·利奇 编著 李黎、丁立松 译

76 《笑的科学：解开笑与幽默感背后的大脑谜团》[美] 斯科特·威姆斯 著 刘书维 译

77 《黑丝路：从里海到伦敦的石油溯源之旅》[英] 詹姆斯·马里奥特、米卡·米尼奥-帕卢埃洛 著 黄煜文 译

78 《通向世界尽头：跨西伯利亚大铁路的故事》[英] 克里斯蒂安·沃尔玛 著 李阳 译

79 《生命的关键决定：从医生做主到患者赋权》[美] 彼得·于贝尔 著 张琼懿 译

80 《艺术侦探：找寻失踪艺术瑰宝的故事》[英] 菲利普·莫尔德 著 李欣 译

81 《共病时代：动物疾病与人类健康的惊人联系》[美] 芭芭拉·纳特森-霍洛威茨、凯瑟琳·鲍尔斯 著 陈筱婉 译

82 《巴黎浪漫吗？——关于法国人的传闻与真相》[英] 皮乌·玛丽·伊特韦尔 著 李阳 译

83 《时尚与恋物主义：紧身褡、束腰术及其他体形塑造法》[美] 戴维·孔兹 著 珍栎 译

84 《上穷碧落：热气球的故事》[英] 理查德·霍姆斯 著 暴永宁 译

85 《贵族：历史与传承》[法] 埃里克·芒雄-里高 著 彭禄娴 译

86 《纸影寻踪：旷世发明的传奇之旅》[英] 亚历山大·门罗 著 史先涛 译

87 《吃的大冒险：烹饪猎人笔记》[美] 罗布·沃乐什 著 薛绚 译

88 《南极洲：一片神秘的大陆》[英] 加布里埃尔·沃克 著 蒋功艳、岳玉庆 译

89 《民间传说与日本人的心灵》[日] 河合隼雄 著 范作申 译

90 《象牙维京人：刘易斯棋中的北欧历史与神话》[美] 南希·玛丽·布朗 著 赵越 译

91 《食物的心机：过敏的历史》[英] 马修·史密斯 著 伊玉岩 译

92 《当世界又老又穷：全球老龄化大冲击》[美] 泰德·菲什曼 著 黄煜文 译

93 《神话与日本人的心灵》[日] 河合隼雄 著 王华 译

94 《度量世界：探索绝对度量衡体系的历史》[美] 罗伯特·P.克里斯 著 卢欣渝 译

95 《绿色宝藏：英国皇家植物园史话》[英] 凯茜·威利斯、卡罗琳·弗里 著 珍栎 译

96 《牛顿与伪币制造者：科学巨匠鲜为人知的侦探生涯》[美] 托马斯·利文森 著 周子平 译

97 《音乐如何可能？》[法] 弗朗西斯·沃尔夫 著 白紫阳 译

98 《改变世界的七种花》[英] 詹妮弗·波特 著 赵丽洁、刘佳 译

99 《伦敦的崛起：五个人重塑一座城》[英]利奥·霍利斯 著 宋美莹 译

100 《来自中国的礼物：大熊猫与人类相遇的一百年》[英]亨利·尼科尔斯 著 黄建强 译